イギリス保守主義研究

戸澤健次著

成文堂

は じ め に

　2015年5月7日に投開票されたイギリスの総選挙で，デイヴィド・キャメロン（David Cameron）首相率いる保守党が大方の予想を覆して大勝した。保守党は議席を24のばし，331議席となって650の下院定数の過半数を単独で制した。一方，5年前から連立政権を構成してきた自由民主党（以下自民党）は，選挙前から予想されていた通り，壊滅的敗北を喫し，議席数は選挙前の56から8に激減し，ニック・クレーグ（Nick Clegg）党首は直ちに辞任した。野党第1党の労働党も苦戦し，26議席を失って232議席となり，党首のエド・ミリバンド（Ed. Miliband）も党首辞任を余儀なくされた。

　保守党は，マーガレット・サッチャー（Margaret Thatcher）が首相を辞任した1990年以後，20年もの間，国民世論調査で常に労働党の後塵を拝し，1992年以後トニー・ブレア（Tony Blair）とゴードン・ブラウン（Gordon Brown）の率いる労働党政権下で野党時代を送った。サッチャリズムの時代が過ぎ去り，それまで幾世紀にもわたってイギリス政治史を彩ってきたイギリス保守主義の政治的命脈が尽きてしまったのかという問題意識も浮上する中で，イギリス保守主義政治は，政策の面からも党派の面からも困難な課題に直面していた。

　政策面からは，まず第1に，「大きな政府か小さな政府か」という古典的な問題が挙げられる。この問題は，21世紀の今日にあっても何ら解決済みの問題ではなく，保守党は，党内に政策論争の火種を抱えている。しかもこの問題の根は深く，遠くは，保守党が近代的装いをまとった頃，つまり，自らを保守党と名乗るようになった1830年代から，経済的自由主義を標榜する保守主義と，大地主や土地貴族の利益を擁護する保護主義的保守主義の論争が見られた[1]。

　第2に，政体の政治体系論的課題が深刻の度を増していると言える。一方で，欧州連合（EU）は世界政治の中心的役割を担い，2015年現在28か国に及ぶ国家連合の重要性は増大し続けているものの，イギリス国内ではEU脱退の圧力が増大し，与党保守党内にも，脱EUを声高に主張するグループが存

在している。共通通貨ユーロ"euro"の導入にはイギリス世論は常に反対であったが，EUへの残留に関しては，賛否両論が交わされており，保守党支持者も意見が割れているものと思われる。キャメロン首相は，2017年までに，EU残留をめぐって国民投票を行うと約束している。その結果次第ではEUの重要国家の1つであるイギリスの脱退が発生することになる。

イギリスにはEUからの脱退を望むグループも明らかに存在しており，2015年の総選挙でも一つの重要な注目点であったが，この勢力，イギリス独立党（UKIP）は選挙前の人気にもかかわらず，1議席しか獲得できなかった。ただし，この議席は小選挙区制の結果であって，得票率なら9.5％を得ていた。比例代表制なら60議席分にあたる。

一方で国家主権が国家連合の形で拡大する中で，逆に，地方への分権，イギリス的表現では権限移譲（devolution）の問題もその重大性を増しつつあると言える。ブレア政権下で行われたスコットランド，ウェールズ，北アイルランドへの権限移譲の試みは，北アイルランドを除き，一定の成功を見たと思われるけれども，かなり強大な自治権を獲得したスコットランドでは，さらに連合王国（UK）からの独立を目指す地方政党スコティシュ・ナショナル党（SNP）が勢いを増し，今次の総選挙では59議席中56議席を獲得し，目覚ましい結果を残した。2014年9月18日に，スコットランドでは独立の可否を問う住民投票が行われたが，結果は，わずかの差で，残留希望者が過半数となった。しかし，国家主権をさらに小さな単位に縮小しようとする勢力が増大していることは疑いない。

保守党内にも，pro-EUを国家主権の不拡大の立場から批判し，権限委譲

1）ここでいう自由主義的保守主義は，サッチャリズムに代表されるいわゆる"小さな政府"を標榜する保守主義であって，近似の概念とは区別される必要がある。アメリカ政治における"リベラル"の意味するものは，元来は政府からの自由であったであろうが，実際には，人工中絶支持（pro-choice），同性結婚支持（pro-gay marriage）のような文脈で理解される。また，政府の介入を極限まで制限しようとする"リバタリアン"も，方向は同じであるけれども，政府権力の扱い方で大きく異なる。日本の文壇でリベラル保守主義と表現されるものは，英米で用いられるcaring conservatismに近い概念として用いられているようである。保守党に見られる伝統的な自由主義的保守主義は，laissez-faireを目指す統治原理である。

を，国家主権の侵害ととらえて反対するグループが存在する。このグループはイギリス独立党と親和性がある。

　第3の問題としては，移民政策が党内の世論を分裂させている。中東諸国からやってくる移民や難民の問題も深刻であるものの，現在重要性を増しつつあるのは，EU域内で国境の壁が低くなって，ヒト・モノ・カネ・仕事が比較的自由に移動できるようになり，パスポートも不要な人々がEU内のドイツやイギリスに大挙して移住しようとする問題も深刻さを増している。

　このような重要な政策に関してイギリス保守主義がどのようなかじ取りを行おうとしているのか，21世紀の政党として生き残るための政策が待望されている。

　保守主義が当面の課題とするのは，政策面だけではない。二大政党制が，自民党の躍進によって流動化した面があるけれども，さらに，スコットランドにおいてSNPが56議席を占めたという結果は，保守党の掲げてきたOne-Nation Conservatismの「国民（nation）」が何を意味するのかをあいまいにさせる意味があった。同様に，EUへの主権放棄を含むすべての政策に反対するUKIPの主張に，保守党はどのように反論できるのか。

　21世紀初頭に，「保守主義はもはや死んでしまったのか」と問題にされたにもかかわらず，2015年になって再び，単独過半数の議席を与えられた保守党は，今後さらに生き残りをかけて政策と党派を維持できるであろうか。

　本書は，筆者がこれまで，折に触れて考察してきたイギリス保守主義に関する小論の断章である。政治原理においても，政治制度においても，日本の政治を考えるとき，自然にイギリスの局面に関心が向かうのには，それなりの理由がある。とりわけ，イギリス保守主義は，18世紀以来，歴史の様々な問題を潜り抜け，今日まで命脈を保ってきた。我々が複雑な歴史を生き延びてきたイギリス保守主義から学ぶ点は，それを受容するにしろ批判するにしろ，多々あるものと思われる。本書を手にする読者が，同様な思いになってくれたなら，筆者としては望外の喜びである。

2016年1月　戸澤健次

目　　次

はじめに……………………………………………………………………… i
第1章　近代イギリス保守主義の起源………………………………… 1
第1節　保守主義の類型……………………………………………… 1
第2節　イギリス保守主義の源流…………………………………… 7
第2章　ベンジャミン・ディズレーリとロバート・ピール……… 11
第1節　ピールとカトリック解放…………………………………… 11
第2節　ピールと第一次選挙法改正………………………………… 14
第3節　ピールと穀物法撤廃………………………………………… 15
第4節　ディズレーリと保護貿易主義……………………………… 18
第5節　ディズレーリと第二次選挙法改正………………………… 20
第6節　トーリー・デモクラシーと帝国主義……………………… 22
第7節　イギリス保守主義の二大源流……………………………… 28
第3章　ランドルフ・チャーチルとトーリー主義………………… 38
第1節　ディズレーリのトーリー・デモクラシー………………… 40
第2節　ランドルフ・チャーチルのトーリー・デモクラシー…… 43
第4章　ウィンストン・チャーチルの保守主義…………………… 54
第1節　第三次チャーチル内閣までのチャーチル………………… 54
第2節　第三次チャーチル内閣の経済・社会政策………………… 59
第3節　チャーチル首相の最優先事項……………………………… 62
第4節　チャーチルの退陣…………………………………………… 70
第5節　第3次チャーチル内閣におけるリーダーシップ………… 71
第5章　サッチャリズムの批判的検討……………………………… 74
第1節　批判の枠組み………………………………………………… 76
第2節　政策に関する批判…………………………………………… 79
第3節　アプローチに関する批判…………………………………… 82
第4節　イギリス保守主義の伝統におけるサッチャーとピムの位置… 90

第6章　サッチャリズムとフォークランド戦争 ……………………… 96
　はじめに……………………………………………………………………96
　第1節　開戦への道………………………………………………………97
　第2節　サッチャーの戦争…………………………………………… 107
　第3節　フォークランド戦争の総括………………………………… 118
　おわりに………………………………………………………………… 132
第7章　サッチャリズムとIRA ……………………………………… 134
　はじめに………………………………………………………………… 134
　第1節　北アイルランドの歴史的位置とIRA ……………………… 136
　第2節　サッチャー政権下のIRA …………………………………… 142
　第3節　サッチャリズムとIRA ……………………………………… 157
　おわりに………………………………………………………………… 161
第8章　サッチャリズムと教育改革………………………………… 164
　はじめに………………………………………………………………… 164
　第1節　教育改革の宣言……………………………………………… 165
　第2節　改革の断行…………………………………………………… 173
　第3節　サッチャリズムの教育理念………………………………… 184
　おわりに………………………………………………………………… 190
第9章　デイヴィド・キャメロンの試行錯誤……………………… 192
　第1節　キャメロンの生い立ちと政治哲学………………………… 194
　第2節　ジョンソンの登場…………………………………………… 199
　第3節　2010年代のイギリス政治…………………………………… 205
　おわりに………………………………………………………………… 209
参考文献……………………………………………………………………… 210
あとがき……………………………………………………………………… 215

第1章　近代イギリス保守主義の起源

第1節　保守主義の類型

　本章で若干検討するように,保守主義の定義はいまだに明確とは言えない。一般的に言って,守るべき価値を擁護しようとする主義が保守主義であり,変革すべきものを改革しようとするのが革新主義であるとすれば,誰にでも何程かの保守主義的要素が備わっているであろうし,革新主義的要素もまた何がしか見だされるであろう。保守といい,革新といってもそれは程度問題なのであろうか。

　古今東西の政治を概観するとき,実際にはある時,あるところでは,守られるべき価値など踏みにじられて新しい政治体系が荒々しく作り出されてきたし,別の時代に別の国では,変革されるべき悪弊が何百年も存続してきた。国家は,ある時には保守的な思想が支配的となり,またある時は革新的思想を導入して興亡を繰り返してきたといってよいであろう。

　保守主義政治思想の研究に関しては,積年の蓄積がある。ここでその学的成果の一部を整理してみよう。筆者の見るところ,近代的保守主義研究の嚆矢といえるのは,さかのぼって1912年に発表されたヒュー・セシルの『保守主義』と思われる[1]。

　セシルは,本書で保守主義の類型化を試みている。まず,人間心情の自然な発露として,未知なものを恐れ,変化を嫌う傾向があることを率直に認め,未知なるものへの不信感,慣性の法則にしたがって慣れたものを選ぶ傾向,これを自然的保守主義と呼び,時空を超えて普遍的に見られると指摘した。

---

1) Lord Hugh Cecil, *Conservatism*, London, Home University Library, 1912：ヒュー・セシル,栄田卓弘訳,『保守主義とは何か』,早稲田大学出版部,1979年。

これに対して，近代の始まりとともに発生した市民的自由や平等を求める変革運動に対して，不信感，拒否感，嫌悪感などを示した人々の思想を，自然的保守主義としては説明できない，意識的で複雑な政治的保守主義の誕生として説明した。政治的保守主義はまた，歴史的に見れば近代的保守主義でもあった。

セシルは著書で，イギリスにおいて，この近代的・政治的保守主義の鼓吹者となったのは，隣国フランスの急進的変革運動を閲し，革命の最中に『フランス革命の省察』[2]を発表したイギリスのエドマンド・バークであったと断言している。バークのフランス革命に対する分析を解説する中で，セシルは，イギリスの近代的保守主義のイデオロギー的側面を指摘している[3]。このバークの言説が現代の保守主義論者の思考の枠組の一角を形成してきたと言っても過言ではない。近代的・政治的保守主義について議論する場合，「保守主義の基本原理，信条，定義とは何か」，「イギリス保守主義の特徴とは何か」といった問いかけに答える形で，多くの研究者が議論を展開してきた[4]。保守主義の本質，基本原理，定義に関しては，その特徴が列挙される場合が多い。

セシル自身，イギリス保守主義を形成した要因として，①自然的保守主義，②トーリー主義，③帝国主義の3点を挙げている[5]。ハーンショーは12項目の基本原理を示し[6]，ラッセル・カークは，保守主義の信条に関して6点挙げ

---

2) Edmund Burke, *Reflections on the Revolution in France*, London, James Dodsley, Pall Mall, 1790；エドマンド・バーク，中野好之訳，『フランス革命の省察』，みすず書房，1973年；半沢孝麿訳，みすず書房，997年。

3) セシルはバークの教説のエッセンスを次のように述べた。「第一に，バークは，宗教の重要性と国家によるその承認の価値を主張した。第二に，政治的または社会的改革の過程で個人に加えられる不正を心の底から憎み，非難した。第三に，革命的平等観を攻撃し，身分上や地位上の差別には実在性と必然性があると主張した。第四に，私有財産を，それ自身神聖であり，社会の福祉にとって不可欠の制度であると支持した。第五に，人間社会を機械とみるよりはみしろ有機体，つまり神秘的なものを多く含む有機体とみた。第六に，社会の有機的性格についてのこの意識と密接に関連があるのだが，過去との連続を維持する必要と，変革をおこなうさいにはできるだけ徐々におこない，できるだけ秩序の混乱を少なくすることが必要だと力説したのである。」栄田卓弘訳，『保守主義とは何か』，42ページ。

ている[7]。邦語の文献でもっともよく整理されているものは北岡勲著の『保守主義研究』と思われる。著者はここで，保守主義の内包と外延というアプローチで，上述の保守主義全般に対する定義づけ，概念規定に挑んでいる。それによると，保守主義の内包は①保守主義とは「変化を嫌う人間性」である，②保守主義とは，「現存の社会秩序の維持」である，とされる。この内包的定義のうち①は，セシルが自然的保守主義と呼ぶ普遍的な現状維持好み，変化嫌いの心情の表現であり，②は，自然的保守主義から発し，社会が近代化に臨んだ時に，バークによって意識的に理論づけられた近代的・政治的保守主義であると言う。続けて保守主義の外延とは，保守主義の区別であり，①純粋保守主義，②伝統主義，③気質的保守主義，④資源的保守主義，⑤近代保守主義または政治的保守主義の5つの定義が与えられ，①から③は，内包的定義で変化に不信感を持つ人々が共有するものとされる。④が過去の自

---

4) 重要な文献としては，セシルのほか，F. J. C. Hearnshaw, *Conservatism in England*, London, 1933；Karl Mannheim, Das conservative Denken：Soziologishe Beiträge zum Werden des politisch-historischen Denkens in Deutschland, in *Archiv für Sozialwissenschaft und Sozialpolitik*. Bd. 57, 1927；カール・マンハイム，森博訳，『歴史主義・保守主義』，恒星社厚生閣，1969 年；Clinton Rossiter, Conservatism in America, New York, 1955；Russell Kirk, *Conservative Mind, From Burke to Santayana*；H. Regnery Co., 1953；Peter Viereck, *Conservatism：From John Adams to Churchill*, Van Nostrand, 1956；Do., *Conservatism Revisited：The Revolt Against Ideology*, Transaction Publishers, NJ, 1949：北岡勲，『保守主義研究』，御茶ノ水書房，1985 年；同，『イギリス保守主義の展開』，御茶ノ水書房，1985 年；小松春雄，『イギリス保守主義史研究，御茶ノ水書房，1961 年』等，数多く挙げられる。21世紀に入っても保守主義研究に関する限り，バークの思考を原点とするイギリス近代保守主義への洞察から説き起こすことが通例となっている。

5) セシル，前掲書，203 ページ。

6) ハーンショーの示した基本原理を列挙すると，①過去の尊重，②有機体的社会観，③一体の共同性，④憲法の継続性，⑤革命の忌避，⑥漸進的改革の容認，⑦国家の宗教的基盤の尊重，⑧支配の神聖性，⑨権利に対する義務の優先，⑩国民性の重視，⑪忠誠心，⑫常識・現実主義・実用主義の受容，以上である。Hearnshaw, op. cit., p. 22.

7) カークの示した基本信条は以下の通り。①両親並びに節理が社会を支配しているという信念，②伝統的生活の多様性と神秘性に対する愛着心，③文明社会は身分と階級が必要という信念，④私有財産と自由は密接に関連しているという信念，⑤洗礼の尊重及び理性への不信，⑥変化と改善との識別。Russell Kirk, op. cit., pp. 7-8.

覚的擁護の心情で，⑤が近代的・政治的保守主義に属すると説明される[8]。

以上のようなアプローチで，我々は近代的保守主義がどのような過程を経て生まれたか，それにはどのような特色があるのかなどの問いに答えることができるようになった。しかしながら，ここに大きな問題が3点ある。保守主義の以上のような理解の仕方では，必ずしも明確な答えが見だせないように思えるからである。

第一の問題は，近代的・政治的保守主義は，生身のイギリス保守党とどのような関係にあり，保守党政治の研究は保守主義研究とどれだけ重なり合うのか，という問題である。イギリスの場合，政治家が政治哲学の遂行者と重なる例が多く，保守主義の研究がすなわち保守党の研究と重なる場合もある。しかし，わが国で，自由民主主義研究と自由民主党政治を同一視することが，ためにならないように，イギリスでも保守主義と保守党政治は混同すべきではないのではなかろうか。

第二の問題は，イギリスの歴史的文脈とアメリカのそれとで大きな相違がみられるため，Conservatism in England と Conservatism in America では，同一の分析道具では測れないという問題である。例えば，アメリカ保守主義は疑いなく個人の自由と固く結びついて議論され，伝統的保守主義は，アメリカの孤立主義あるいは一国主義を支持するけれども，イギリスの保守主義の歴史的展開では，保守主義は，自由主義とも民主主義とも大きな軋轢があったとみるのが普通であるし，外交における栄光ある孤立主義は確かに存在したけれども，18, 19, 世紀から20世紀前半のイギリスは，疑いもなく，帝国主義の領袖であった。また，アメリカでは20世紀末から今世紀初頭にかけて，いわゆるネオコン[9]の活躍が目立ち，政府の重要ポストまで彼らが占有するに至ったが，このネオコンは，保守主義史の文脈でどのように考えられるのか，イギリス政治との関連はどうなるのかについても理解しがたい状況がある。

さらに第三の問題として，保守主義を議論する時，欧米を中心としてなさ

8）北岡勲，『保守主義研究』，前掲書，6-13ページ。

れるのが通常であるが，ロシア，中国あるいはラテン・アメリカ諸国，アフリカ諸国は論外なのであろうかという問題である。このことについても考察が加えられるべきであろう。

　これまで，我々は保守主義に2つのカテゴリーがあり，一つは自然的保守主義で，古今東西，普遍的に見られるものであり，他の一つは政治的・近代的保守主義でフランス革命期以後，意識的に形成された政治理論であることを確認し，後者の保守主義の特色を多くの研究者が明示しようと努力を重ねてきたことを理解した。実は，保守主義の議論の中で，出色の議論が半世紀も前に提起されている。ハーバード大学のS. P. ハンティントンが1957年にAPSR誌に発表したもので，この論文を吟味すると，それまでの保守主義哲学議論がかき消されるような内容であった。ハンティントンは，論文の中で保守主義の理念の検討を行い，一つは，他の研究者と同じく，貴族主義的要素の強い保守主義の存在を認める。しかし，他の一つは，独自の理論というべきものであった。通説の貴族主義的保守主義を定義しようとすると，アメリカでは，中世的社会秩序や階層的貴族社会が存在しないゆえに，アメリカの保守主義の定義づけが困難になる。ハンティントンは，そこで，正義，秩序，均衡，穏健のような普遍的価値を措定し，これを意思と理性で守ろうとするのが保守主義であるとし，いわゆる"態度としての保守主義"の概念を打ち出し，擁護されるべきは特定の歴史，国家に限定されない，つまり，ロシアが意識的にロシア社会を擁護することも，中国が自らの社会に内包する諸価値を守ろうとすることも立派な保守主義とする新機軸を打ち出したので

9）ネオコンは，neoconservatism（新保守主義）の略語であるが，日本のメディアでネオコンと表現される場合，多くはneoconservatives（新保守主義者）のことを指す。ネオという以上，本来の保守主義があるはずで，伝統的なアメリカ保守主義は，イギリスの近代的保守主義とは全く異なる歴史過程で醸成された，個人の自由を守り，一国主義に基づいて，孤立外交と親和性がある政治哲学で，独立以来のアメリカ国家体制を擁護しようとする。ネオコンは，個人の自由と国家の自由を守るために，社会福祉政策を拒絶せず，他国への干渉を自由や民主主義の普遍化を図る意味で積極的に推進する傾向が強い。ジョージ・ブッシュ政権下では，リチャード・チェイニー副大統領，コンドリーザ・ライス国務長官，ポール・ウォルフォウィッツ国防副長官などがネオコンとして国内外の政策に重要な役割を果たした。

ある[10]。

　ハンティントンの定義を用いるならば，現体制の優れた部分を擁護するものはすべて保守主義となり，本章で提起した問題の2番目と3番目は答えを見出すことができる。第2の問題では，イギリスとアメリカとでは，保守主義という同じ用語を用いても，その意味が異なることを問題にしたが，両国の歴史的発展過程が異なる以上，それぞれの歴史において，守るべき社会の普遍的価値の内容が異なることは十分ありうる。アメリカ保守主義がもっぱら自由を守らんとする主義であるのに対し，イギリス保守主義は自由を求める新興階級に対してどのように対応していくかに知恵を絞るものであった。どちらもそれぞれの国で，国家体制の安定化を図る目的は共通していたといえるであろう。

　ラテン・アメリカやアフリカの諸国でも，自分の社会に内包する価値に目覚めた理論家が，意識的にその存在価値の擁護を理論化するならば，ハンティントン的な保守主義の可能性は十分に考えられる。そうなると，保守党の名称も，欧米諸国に限らないことになるであろう。

　もっとも，現在のところ，国際社会のオピニオンリーダーである欧米諸国の歴史的背景が現代世界に最も大きな影響を及ぼしていることから，近代的保守主義は，もっぱら西洋社会の近代化過程で生じたカウンター社会現象と位置づけられていると見ることができる。

　では，第一番目の政党政治と保守主義哲学の関係はどのように考えたら良いのであろうか。イギリスでは，保守主義政治哲学に関する書籍，保守党政治に関する研究書も，おびただしく存在し，現在も出版され続けている。内容を見てみると，多くの場合，政党政治の議論でも，政治哲学上の問題も頻繁に議論されているし，保守主義史や保守主義政治哲学に関する研究書でも，必ず，政治的実践によって議論が現実問題として取り扱われている。

　ベヴァリッジ報告以来の福祉国家論，サッチャリズム等，イギリスでは政治理論と実践が重なり合って議論されてきた歴史があり，イギリス保守主義

---

10) Samuel P. Huntington, Conservatism as an Ideology, The American Science Review, June 1957, p. 454ff.

を論ずる場合，イギリス保守党を視野に入れざるを得ず，イギリス保守党政治を検討する場合には，イギリス保守主義哲学を批評の俎上に載せざるを得ない状況がある。本書の諸章で，イギリス保守主義研究と称しつつ，保守党政治の検討に腐心しているのは，以上のような考えによる。

第2節　イギリス保守主義の源流

　フランス革命の前後，すなわち18世紀末から19世紀初までの時代に，イギリスを二分する政治勢力は，トーリー党とホイッグ党であった。トーリー党は，まさしくバークが描いたように，国王と国教会とを骨格とする国家体制を擁護し，中世以来の階統制社会構造を優れた制度と認め，抽象的な自由・平等の理念を否定する王党派であった。一方，ホイッグ党は，大貴族と大資本家と非国教徒を中心とする議会派であり，議会活動を通じて経済活動を容易にするために経済的自由主義を主張し，また，自派勢力の経済力に見合う政治的権利として選挙権の拡大を要求した。

　その後，周知のように，1830年代にトーリー党は保守党，ホイッグ党は自由党とそれぞれ名称を改め，20世紀に入ると2大政党のほかに第3の勢力・労働党が誕生し，20世紀後半になると，政界の主要なアクターは保守党と労働党になった。

　このようにイギリス政党史を俯瞰すると，素朴な疑問が考えられる。20世紀後半，政治の対立軸は保守主義を標榜する保守党と，イギリス的社会主義（漸次的改革）を推進する労働党であった。自由党は，20世紀初頭の政変で分裂し，さらに第1次大戦直後にも大きく2つの勢力に分裂した。自由党の少なからぬ部分がこの騒動の過程で，保守党に加わったといってよい。すると自由主義はどこに吸収されたのか，保守主義はどう変化したのか，という疑問が生じる。

　第二に，近代的保守主義の鼓吹者と認められるエドマンド・バーク（Edmund Burke）は，トーリーではなく，ホイッグに属していたことをどう考えるのかという問題である。バーク自身は，ホイッグには旧ホイッグと新ホイッグと

が存在していると説き,彼自身は旧ホイッグに属し,新ホイッグの経済的自由主義者と区別しようとした。

　第三にウィンストン・チャーチル（Winston Churchill）は,20世紀初頭にいとも簡単に保守党から自由党に鞍替えし,さらに第一次世界大戦後,再び保守党に戻った。政党間を渡り歩くことができたのはなぜか。また,歴史をさかのぼって,ピールが保守党を追い出された後,ピールと行動を共にした政治家がピール派を構成し,のちにこぞって自由党に加わり,その後自由党総裁となり,首相となった人物も現われた[11]。

　保守主義といい,自由主義といってもかくも簡単に看板の架け替えが行われうるものであろうか,という疑問である。

　以上の疑問に対して,明快な答えを用意してくれるのが,前節で検討を加えた半世紀前にハンティントンが示した保守主義の一つの解釈である。それによれば,いかなる社会,いかなるどの時代にあっても,正義・秩序のような普遍的価値を意思と理性で守ろうとするのが保守主義であるとし,いわゆる"態度としての保守主義"の概念を定義づけに用いたのである。

　ハンティントンが指摘したように"態度としての保守主義"をイギリスの保守主義史的文脈に適用すると,19世紀から20世紀前半までの保守主義はまさしく,自由主義と民主主義の潮流に対抗しあるいは順応し,イギリス中世の価値観を高く評価するものであったが,第二次世界大戦後の20世紀後半になると,労働党の掲げるイギリス社会主義に対抗し,19世紀から20世紀前半までの価値観を保守しようとする保守党と自由党の勢力の政治信条がともに保守主義となった。

　保守主義をハンティントンの一つの定義に従って相対化すると,種々の疑問に答えることができる。第1の疑問に対しては,20世紀後半からは,自由党は保守党に吸収されたと考えられ,するとイギリスの政治的保守主義は,以前は対立していた自由主義と保守主義が保守党の中で共存するようになっ

---

11) ピールのグループは1846年から59年までピール派と呼ばれたが,1850年にピールが不慮の事故で死去したのち,全面的に自由党に加わった。ピール派から,アバディーン内閣が二次,グラッドストーン内閣が四次まで政権を担当した。

たと考えるべきことがわかる。第2の疑問は,保守主義の鼓吹者バークが,批判されうる党派ホイッグに所属していたことをどう考えるのかという問題であった。これに対しては,19世紀的文脈の中でトーリーが保守主義,ホイッグが自由主義といっても,20世紀的観点から見れば,トーリーとホイッグの相違は大きなものではなく,ともに保守主義の範疇に入ることを考慮すれば,イギリス保守主義のファウンディング・ファーザーともいうべきバークが,ホイッグに所属していても大きな矛盾ではないと言える。

同様に,第3の疑問,チャーチルやピール派がいとも簡単に保守党から自由党へと渡り歩いたが,これはどう考えるべきかという問いに対しても,20世紀後半から21世紀的文脈からいえば,19世紀に見られた保守主義と自由主義の対立は,どちらも当時の国家体制側の主張であって,保守主義の一環となる。だからこそ,ピール派がこぞって自由党に鞍替えしても何の問題もなかったし,チャーチルは,当時の二大政党の枠組みの中で比較的自由に党派を変えることができたのである。20世紀後半に,保守党は,トーリー的伝統とホイッグ的伝統を包含する政党となったが,その底流はすでに19世紀の保守党の中に源流として見られるものであった。次章で,我々は,19世紀の保守党内に2つの源流を探し当てるであろう。

イギリス保守主義を検討する際に,政治スタイルの相違が大きな特色となることもある。サッチャー(Margaret Thacher)が示した,対決的スタイル(confrontation),確信的スタイル(confidence)に対して,同時代のフランシス・ピム(Francis Pym)が示した妥協的スタイル(compromise),合意的スタイル(consent)[12]は,次章で検討するディズレーリ(Benjamin Disraeli)とピール(Robert Peel)にも当てはまる。ディズレーリは,確信的スタイルで,穀物法撤廃法案を一時は葬り去るが,第二次選挙法改正の時には,妥協を武器として改革法案を下院で通過させた。一方,ピールはどうしようもなくなると

---

12) サッチャリズムの政治スタイルに関してはフランシス・ピムが著書の中で顕著な特色として論じている。Francis Pym, *The Politics of Consent*, London, 984:フランシス・ピム,戸澤健次訳,『保守主義の本質』,中央公論社,1986年。なお,次の文献にも政治スタイルについて論究がある。岡山勇一,戸澤健次,『サッチャーの遺産』,晃洋書房,2001年。

妥協して変革を受け入れる妥協的スタイルを繰り返し，カトリック開放や第一次選挙法改正を受容した。半面，穀物法撤廃のような論争の種となることが予想される法案の成立に向けた時には事前の根回しを一切せず，党内対立を辞さない強硬な態度で臨んだ。党内で権威が確立したリーダーとして，時には，対決的スタイルを用いたことがわかる。この政治スタイルは，保守主義政治哲学の理念内容とは直接関係なく，その執行方法に関する特色であるすぎない。例えば，グラッドストーン（William Gladstone）は疑いなく，確信的で，非妥協的な政治家であって対決を恐れない政治家であったのに対して，ディズレーリは，上述したように確信的スタイルは取ったけれども，対決的スタイルは採用せず，あくまでウィットに富む弁舌で合意を獲得する合意的スタイルを貫いていた。イギリス政治に彩りを加えるこの政治スタイルへの探求は，本書では割愛し，もっぱら政治哲学の展開に関心を傾けることとする。

　ここで，イギリス保守主義の源流についての検討を始める前に，次の２点を確認しておきたい。第１は，イギリスでは，幸いなことに，政治指導者が政治哲学上の争点に明るく，政党政治の検討と政治思想の検討は極めて近い領域で行われうるということである。日本で，自由民主主義の政治哲学の検討をする場合に，政治哲学の研究と自由民主党政治を検討することとは大きな差異があるが，この点で両国はきわめて対照的と思われる。

　本書の視点からは，第２に，ハンティントンの普遍的保守主義の定義も理解しつつ，実際には，もっとも近代，現代の世界に大きなインパクトを与えた体制擁護の保守主義理論は，イギリスを対象にして議論を重ねてきたフランス革命前後以来の時代における政治的保守主義であることを指摘し，イギリス保守主義の検討が今でも全く意義を失っていないことを確認しておきたい。

第 2 章　ベンジャミン・ディズレーリと
　　　　　ロバート・ピール

第 1 節　ピールとカトリック解放

　ピールは 1809 年に 21 歳で下院議員になって以来，翌年にはパーシヴァル（Spenser Parseval）内閣の陸軍・植民地省政務次官の立場を与えられ，1812 年から 18 年までリヴァプール（Robert Banks Jenkinson Liverpool）内閣アイルランド担当相，1822 年から 27 年までリヴァプール内閣内相，1828 年から 30 年までウェリントン（Arthur Wellesley Wellington）内閣内相，1834 年から 35 年まで第一次ピール内閣首相，1841 年から 46 年まで第二次ピール内閣首相と，政府の重職を歴任した。

　アイルランド担当相（閣外）としては，カトリック解放運動とイングランドからの独立を目指すアイルランド・ナショナリズムの盛り上がりに対して，1813 年には「反乱及び平和維持法」を制定して断固たる強気の政策を展開し，1817 年には有名なカトリック解放反対演説を下院で開陳した[3]。当時のアイ

3）1817 年 5 月 9 日，ピールはヘンリー・グラタンが提議したカトリック救済法案に関する下院演説で 3 つの理由を挙げてこの法案に反対し，現状維持を支持する理由を 4 点挙げて演説を締めくくった。解放に反対する理由は，(1) ひとつ妥協すれば，更なる要求が突きつけられることになり，カトリック教徒の要求がとどまることはない。(2) カトリック教徒が破壊的になっても，その活動に対する歯止め装置はない。(3) 歴史的経過から見ても，アイルランドはイギリスの利害に不可分に結合しており，イギリスの利益を無視することはできない，というものであった。現状維持を正当とする補足的理由は，1) 国家に抵抗する人物を国会に招き入れることは不要である。2) もし，こうした反国家的勢力が権力を掌握すればそれを覆すことは難しい。3) 今回のカトリック解放案は，社会運動に関わる大衆とは無関係なので，この解放によって大衆運動を沈静化させることはできない。4) アイルランド相がプロテスタントで副大臣や政策顧問がカトリックでは，実際上不都合ではないか，ということであった。Robert Peel, The Speeches of the Late Right Hourable Sir Robert Peel（London：George Routledge, 1853；Reprint New York：Kraus Reprint, 1972）4vols., vol. 1, pp. 74-84.
　ピールのこの日の演説を高く評価したオックスフォード大学は，大学割り当ての下院議席をピールに申し出，ピールは，内相としてカトリック解放に踏み切る直前まで，この選挙区から下院に選出された。

ルランドの状況は，1845年46年ほどではなかったものの，1816年に住民が主食とするジャガイモが不作で飢饉が発生した。ピールは農民救済のために働き，37000ポンドの食料費を調達し，有能な行政官であることを証明した。幸運なことに1817年は天候に恵まれ，ジャガイモは豊作であったので，飢饉問題は解消した。一方，アイリッシュ・カトリックは，1811年に「カトリック会議」を結成してカトリック教徒による選挙への投票など政治的権利の獲得を訴えたが，イギリスからの分離独立を目指すダニエル・オーコンネル（Daniel O'Connel）の接近により急進化し，ピール担当相は1814年カトリック会議を解散させた。

　1822年からリヴァプール首相が27年に病気で退陣するまで，ピールは閣内相の内相に就任した。この間も，カトリック問題に関してはかたくなに解放を拒み，アイリッシュ・ナショナリズムを徹底的に押さえ込んだ。内相としても能吏の名をほしいままにし，法制改革，刑務所改善，労働組合承認に加えて，警察組織の確立に大きく寄与した。

　ピールは，1827年に組閣しようとしたキャニング（George Canning）に対して，新首相がカトリック解放に傾きすぎることを理由に内相を辞した。カニング組閣に際して，リヴァプール時代の閣僚経験者約40名が大臣就任を拒否し，カニングは，野党のホイッグ党から3名の大臣を任命して組閣を終えることができた。最初から窮地にあったカニング首相は，数ヵ月後，病を得て急死してしまった。

　カニングのあとを継いでウェリントンが国王ジョージ四世に組閣を任されたとき，ピールは，内相への就任を承認した。この1828年から30年までの間にピール内相は，それまであれほどかたくなに拒否してきたカトリック解放法案を自ら下院に提議して可決させ，なぜ内相は変心したのかとその背信を批判された。カトリック解放令は，カトリック教徒のジェントリーと中産階級に選挙権と被選挙権を付与するとともに，公職につくための宗教的制約をはずすものであった。しかし，同時に解放令は選挙権を得る財産資格を年2ポンドの自由土地保有から年10ポンドに引き上げた。そのため，事実上，住民の圧倒的多数を占める小作人は宗教的理由以外の理由で選挙権付与から

しめだされていた。

　カトリック解放法案は 1929 年 3 月に上程され，きわめて短期間に上下両院を通過し，4 月には法律として制定された。ピールは，本心では確かにカトリック解放とアイルランドの分離運動に反対であったので，内相の政策転換は，反対党の政治家のみならず，国民全体も理解しがたい状況であった。が，ピール自身は，事態の推移を注意深く見守り，どうすることもできない現実の前に，自分の主義主張を貫くよりも国家全体の利益を優先しなければならないと考えるにいたった。ピールが見た現実とは，一言でいってアイルランド情勢の激変という事実であった。それまで散発的であったアイルランドの騒乱は，オーコンネルの指導によって 1823 年に設立された「カトリック連合」のもとによく組織化され，合法性の範囲内で反政府活動を活発化していた。さらに 1828 年 6 月には衝撃的な現実がピール内相に突きつけられた。補欠選挙をアイルランドのクレア州で挙行したところ，オーコンネルが立候補してキャンペーンを張り，圧倒的な差で当選してしまったのである。オーコンネルはこの時点では宗教規制のため議員に承認されなかったものの，クレア州の選挙は，アイルランドの 2 ポンド以上の自由土地所有の地主が，決定的にカトリック連合側にあることを示した[4]。この結果を見て，ピールはカトリック解放が不可欠であり，不可避であると確信するに至ったのである。

　ピールは，1929 年 1 月 12 日に，カトリック解放を議題とすることを渋る国王に向けて，ウェリントン首相にメモランダムを提出し，「こうした状況下で政府は二つの方針しか取れません。一つはローマ・カトリック教徒に対してさらなる特権は与えないというものであり，他の一つはカトリック問題に終止符を打つべく，何らかの彼らにとって満足できる妥協案を提供することであります。……それゆえ，陛下に対する私の提案は，カトリックに特権を供与することではなく，まず，内閣に議題としてこの問題を十分審議させるべきではないかということであります[5]」と述べた。そして閣議を経て提議されたカトリック解放法案の説明演説でピールはこう述べた。

---

4) Eric J. Evans, *Sir Robert Peel : Statesmanship, Power and Party* (London : Routledge, 1991) pp. 24-25.

「これ以上妥協することを拒否したらどのような結果がもたらされるかわかりません。最も暴力的なものになるに違いありません。代替案としての法案は，財産と人数と何よりも高い教育水準に支えられたカトリック教徒に両院の議席を与えるもので，これらアイルランドの財産と教育のある多数の人は下院で与党を支持することが期待できます。いずれにしても国家にとって危険なことは何もないと思われます[6]。」

第2節　ピールと第一次選挙法改正

　ウェリントン内閣は，アイルランド政策の大転換 volte-face にもかかわらず，すぐには瓦解しなかった。しかし，党内に新しく40名を越すグループが結成され，少数内閣に陥ったのに加えてウェリントン首相は1830年の総選挙に当たり，明確に議会改革の必要性を否定した。選挙の結果，チャールズ・グレイの率いるホイッグ党が勝利し，1832年に議会改革を実現させた。第一次選挙法改正も簡単には通過しなかった。下院で可決されても上院で否決されることが明白であった。国王ウィリアム四世は50名を越すホイッグ系貴族院議員を任命することを迫られ，トーリー党が代替案を提出できる環境にあった。が，ピールは1832年5月，結局改革案を策定せず，結果としてウェリントンを見放す形となった。1830年代の議会改革の熱気の中でピールは次のような見解を表明した。「議会外の勢力の声を背景に，議会改革を推進する愚行がもたらす悲惨な結果から，ホイッグ党を救済しなくてはならない[7]。」この見解は，ピールが現状の改革に情熱を傾けるタイプでないこと以外に，2点のことを示している。一つは，ピールは穏健な保守主義者 modest conservative と呼ばれるように，彼は議会外の大衆行動を忌避嫌悪している。ウルトラと呼ばれたトーリー党内右派に対しても，ラディカル（急進的）という

---

5) Robert Peel, Memoirs of Sir Robert Peel, ed. By Lord Mahon and Edward Cardwell（London：1856-57）2 vols., vol. 1, pp. 284-294.
6) Peel, Speeches, vol. 4, pp. 728-729.
7) Evans, op. cit., p. 33.

だけで親しめなかった。他の一つは，ピールは，必ずしも党利党略の人ではなく，国家利益を優先し，政策面では是々非々で判断することができたことである。

現状分析力に長けたピールなら，経済力を増す中産階級の議席を受け入れざるを得ないことは十分理解できたであろう。したがって議会改革に手を抜いたのは，おそらく二度目の180度政策転換の非難を避けたいためであったろうと思われる。実際，2年後の1834年末に首班指名が自分に回ってきたとき，今日では当然のようになった選挙用政党マニフェストの原型ともいえる「タムワース宣言 Tamworth Manifesto」を発表し，この中で，今後の政権運営に当たって，1832年の改革を『覆ることなき最終的解決』として受け入れることを明言している[8]。

第3節　ピールと穀物法撤廃

「タムワース宣言」は，ホイッグ党内で不満を抱く政治家に対し，ピール政権は議会改革を尊重することを明言して，トーリー党へ移籍しやすい環境を用意した。実際，1832年の議会改革から41年の保守党勝利の総選挙までに，約60名のホイッグ政治家がトーリー党に鞍替えした[9]。それだけでなく，宣言は，党内のウルトラと呼ばれた墨守主義的土地貴族に対しても，これ以上の改革を続行しないと説いて安心させ，さらに党内外の非国教徒に対して，ジョン・ラッセル（John Russell）の提議した非国教徒への差別救済法案に反対しないと述べ，トーリー党政府への支持基盤を拡大しようとしたのである。

1830年代を通じ，ホイッグ党内のグレイ（Charles Grey），メルバーン（William Lamb Melbourne），ラッセルなどの大貴族の不協和音もあり，ホイッグ貴族とオーコンネルの率いるアイリッシュグループとの離齬もあり，ホイッグ党が支持基盤を薄くしていったのに対して，ピールを党首とするトー

---

8) Ed. By David C. Douglas, English Historical Documents（London：Eyre & Spottiswoode）vol. XII, pp. 127-131.

9) Evans, op. cit., p. 43.

リー党は党勢の伸張に成功した。1841年の総選挙は，19世紀の政党政治を概観するとき，最も画期的な選挙の一つであった。ホイッグと自由党の連合勢力は，スコットランドと北アイルランドで勝ったけれども前回より大きく後退し，イングランドとウェールズではトーリー党に大敗した。保守党367議席，ホイッグ・自由連合は291議席であり，女王ヴィクトリアは直ちにピールに組閣を許し，ピールは総選挙の結果に従って第1党から選ばれた最初の首相となった。トーリー党が安定多数を占める下院では，自党が承認すれば，すべての法案の可決は容易であるはずであった。

　スクワイア（大地主）やジェントリー（独立自営農民）のみならず，いまやかつてホイッグであった貴族，産業資本家をも抱きこむ大所帯となった保守党（1830年代にトーリー党党首のピールは自党を保守党と呼んで，国王の特権と地主の利益を擁護するトーリー主義から脱却しようとした。）は，1846年に再度180度政策転換を行い，従来，ブルジョアが支持し，地主が反対した穀物法撤廃法案を，保守党政府が提議・可決して，自由貿易時代を招くこととなった。

　カトリック解放は，差し迫った危機に直面して背に腹は替えられないと踏み切った改革であり，第一次選挙法改正については元来不支持であったが，これを最終的解決として妥協し，受容したのに対し，穀物法撤廃はピールが若年のころから確信を強めてきた政策であった。ピールは，政治家は国家全体の利益のために働き，国家が経済的に繁栄することが諸問題の解決に不可欠であり，経済発展のためには工業の振興が最重要な課題となる，そして工業の発展のために相互の貿易国が関税を引き下げ，あるいは撤廃することが避けられず，そのため，穀物に関税を課す穀物法は緩和・撤廃の方向が望ましいと確信していた。ピールの公式，非公式の発言を点検すれば，1820年代に早くも彼は保護主義を脱却し，安価な食料が国民の消費能力を高め，工業製品への関税が低下すれば，外国への輸出が容易になると考えていたことがわかる[10]。

　穀物法は，1815年にイギリスの農民が生産に意欲がわくように，外国から

---

10) Graham Goodlad, Peel（London：Collins, 2005）pp. 34-35.

の穀物に高い税を課す法として，リヴァプール内閣で導入された。実際には農業に従事する小作人の利益にはならず，当初から批判を受けていた。ピール自身が裕福な産業資本家の息子であったこととどれだけ関係があったかは不明であるが，彼は1841年の第二次内閣成立時までに，穀物法の撤廃を心に決めていた。

1842年からの予算は，毎年さまざまな農業産品への関税を少しずつ引き下げ，経済的自由化，小さな政府の実現に向けて動いていることは確実であった。1845年末に急に翌年穀物法を撤廃する法案を提議することを発表した背景には，1845年，46年と続いたアイルランドのジャガイモ不作・飢饉があった。ピールは45年11月1日に閣僚向けのメモランダムを次のように書き送った。

「私にはこの事態に何らかの手立てを講じる必要があると思われます。……手立てとは新しい法の制定です。……我々はこの穀物法に対して維持，改正，撤廃のいずれかを決定しなくてはなりません。私には，このメモを書くに当たり，党利党略も，現行の穀物法の策定者としての意地とも無縁であり，ただ，この法の方向性に関する利点のみを考慮しました[11]。」

穀物法撤廃法案は，1846年初に提議され，この年の前半の下院は撤廃法案をめぐる攻防戦で終始した。保守党の絶対多数下であったものの，保守党ではスタンリー（Edward Geoffrey Smith Stanley, 14代ダービー伯爵），ディズレーリを代表とする保護主義者が首相の背後から舌鋒鋭く政府案を批判した。撤廃法案は結局，野党に支えられて1846年5月，下院を通過した。保守党328議員のうち賛成票を投じたのは106票のみであり，222名が反対を表明した。

ピールは，自らの信念たる工業立地国家建設の道を開いたが，犠牲は大きかった。第一に，保守党は完全に分裂してしまった。第二に，それだけでなく，ピール内閣の提議したアイルランドの治安維持のための「アイリッシュ強制法」に野党とともに，保護主義者がこぞって反対したため，ピール内閣は総辞職せざるを得なくなった。ピールは保守党から離れ，ピールと信念を

---

11) Peel, Memoirs, vol. 2, pp. 141-148.

共有する112名の練達の政治家が保守党を飛び出し，ピール派を形成した。このうち79名が1847年の総選挙に臨み，69名が当選して下院の議席を保った。ピールはこの時でもまだ58歳で，巻き返しのチャンスもありえたと思われるけれども，1850年7月，落馬事故が原因で死去し，ピール的保守主義の政治指導も幕を閉じてしまった。

第4節　ディズレーリと保護貿易主義

　ディズレーリがイギリス保守主義を語るのは，出自から見ると奇異な感を免れない。明らかに彼はイギリスの支配階級の出身ではないからである。しかし，そのこと自体がイギリス保守主義の懐の深さを示しているとも言える。ディズレーリは土地貴族の家系ではなく，イートン校もオックスフォード大学も卒業していない。それどころかイギリス国教会の信者でもなく，人種的にもユダヤ人であった。父親は文学者で，教養のある人物であったが，権力とはまったく無縁であった。若いころ，国教会に改宗していたおかげで，ディズレーリは下院議員になることができたが，議員に選ばれること自体，彼には大変な努力を要した。1832年に28歳で下院に立候補して以来，出馬と落選を繰り返し，37年の総選挙で当選したとき，議会改革は既に実現し，ピールは野党の党首として党勢拡大に余念がなく，ディズレーリより5歳若いグラッドストーンは5年前に当選して，次期政権での重職を待っていた。

　ディズレーリにあった政治的装備としては，人づてに紹介されたリンダースト卿（Lord Lindhurst）との細いパイプと生涯書き続けた小説家としての文才ぐらいしかなかった。懇願したにもかかわらず，ピールに政府の職責を拒否された後，ディズレーリはごく少数の貴族とともにヤング・イングランド党を結成し，自らは属していない貴族階級に高い評価を与え，中世のイギリスの階層秩序を守るべき国家体制として描いた。かれは，政治小説三部作を著作するとともに，政治評論を発表して自らの思想をより豊かに表現することができた。この流れの中で彼はピールを徹底的に批判し，ピールを狭隘なブルジョアの利益しか考えない人物であると酷評している。そして，ディズ

レーリ自身は，生まれながらの指導者である貴族と，社会の変動で生まれようとしている多数の労働者階級との同盟によって，自己利益しか考えないブルジョア思想をけん制し，国家が階層的秩序の中で，一つの国民にまとまることを目指した。議会の内外で繰り返したピール批判も，1841年に安定多数を得て第二次ピール政権が樹立されると，反響は期待できなかった。この時期のディズレーリの政治思想は，小説や評論の中の観念的な次元にとどまらざるを得なかったのである。

しかし，ディズレーリにとって千載一遇のチャンスがめぐってきた。かねてより，ブルジョア中産階級の利益しか考えないとこき下ろしてきた保守党の領袖にして首相のピールが，年来の小出しのブルジョア寄りの政策から一挙に穀物法撤廃にまで踏み込んだ。ディズレーリは，ピールの提議した穀物法撤廃法案は，突き詰めるところ産業資本家の利益を優先したものであり，農業を基本とする土地貴族，地主，紳士で構成されるトーリー党を裏切るものと批判した。一方ピールは，穀物法の撤廃は安価な食料をもたらし，工業製品の輸出を促進し，工業の振興と安価な食料は国家全体の利益となると強調したものの，予想に反して保護貿易主義者たちを説得することができなかった。当時最も権威ある人物として政界に君臨したピールを批判するに際して，ディズレーリの弁舌は他の誰よりも傑出していた。辛らつではあるが，文学的ウィットに富み，会場の大喝采を受ける演説であった[12]。しかも，彼は，票決で政府案に勝てないことを知りつつ，政府に復讐する手段を周到に整えていた。上院で穀物法撤廃が通過したその日1846年6月25日に下院ではアイルランド強制法が審議され，ここでもディズレーリの舌鋒はますます

---

[12]「過日尊敬すべき紳士議員にこう尋ねられました。『それで，あなたの指導者の計画をどう見ますか？』そこで私は議会用語を使ってこう答えました。『それは＜すばらしく，包括的＞ではないですか。』すると彼は『そうだ，みんなそう思ってるんだ。』と言いました。そして議会に来てよく見てみたらこれは彼の計画ではありません。ポプキンスのではありませんか。イングランドはポプキンスの計画に任せていいのでしょうか。」ポプキンスは17世紀にイングランドにカトリックを流布させようとした陰謀家であった。William Flavelle Monypenny and George Earle Buckle, The Life of Benjamin Disraeli Earl of Beaconsfield (London : John Murray, 1929) Revised ed. in two vols., vol. 1, p. 784.

冴え渡り，首相たるピールの顔色をなさしめた[13]。採決が行われ，ディズレーリに従う73名の保護主義者がホイッグに同調して反対票を投じ，廃案を知った誇り高いピール首相は内閣総辞職を決めたのである。

　財力も門閥もないディズレーリは，政策としては時代に不適合な保護貿易主義を掲げて保守党の一大グループの代弁者となった。実際には，その後，日ならずして法案は成立し，穀物法は撤廃され，イギリスは空前の経済的繁栄に浴することとなった。穀物法撤廃は，政府の政策は残ったが，政府そのものが打倒された珍しい実例となった。ディズレーリはこの一連の政治闘争で頭角を現し，ダービーとともに，その後20年も野党に甘んじたものの，親自由貿易の自由党政府に対決する保守党の領袖となったのである。

第5節　ディズレーリと第二次選挙法改正

　ディズレーリは，議会演説の巧みさ，迫力で他の議員を圧倒し，いわば議会対策的技量で保守党の指導者になったものの，保守党は，わずかな幕間劇のような期間を除き，30年近く，本格的な政府を樹立することができなかった。家名のないディズレーリは，20年近くダービーを党首としてもり立て，保守党内No.2として自由貿易下で政権を担当する自由党の後塵を拝し続けた。1850年代，60年代のイギリスは，1853年から56年のクリミア戦争や1860年から65年のアメリカ南北戦争など国際情勢に大きく影響されたけれども，国内問題では深刻な対立は見られなかった。

　しかしながら，1848年に議会の決定によってチャーティズムが押さえ込まれて以来下火になっていた選挙権拡大運動が，1860年代になると，第一次選挙法改正に満足できない人々によって活発化した。1864年5月にグラッドス

---

13)「私は精巧な攻撃が，尊敬すべき紳士によって高貴な紳士カニング氏に加えられたことを，お話しました。しかし，本日私は高貴な友人にそれ以上の攻撃を加えたと信じます。……私は，カニング氏が攻撃的批判を受けた後陥った状況に，本日攻撃的批判を受けた高貴な友人が陥ったとしても驚くべきではないでしょう。」カニングは，アイルランド・ナショナリズムに甘すぎると若いピールに批判され，首相就任後，半年で病没した。Ibid., pp. 796-797.

トーン蔵相が下院演説で「個人的不適合，あるいは政治的危険という理由を除いて，あらゆる人は憲法上の資格を有するとあえて私は申し上げる[14]。」と宣言したのは，国民の選挙権拡大の声に先手を打つとともに，普通選挙への先鞭をつけることとなった。

　自由党を率いて 1865 年の総選挙に勝利したパーマストン（Henry John Temple Palmerston）首相が執務中に急死する事態が発生し，急遽後を継いだラッセル内閣で，グラッドストーンは公職選挙法改正案を提議し，この法案が否決されるとラッセル内閣は総辞職した。三度目のダービー少数内閣が 1866 年 6 月に成立したが，7 月に選挙権拡大運動が暴徒化するのを見て，ディズレーリはこの内閣下で選挙権拡大問題に決着をつけようと考えた。ヴィクトリア女王が居城に改革に消極的なダービー首相を呼び，選挙権拡大に関する対策を下問したことに意を強くしたディズレーリは，1867 年 1 月，保守党政府案として第二次選挙法改正案を下院に提議した。

　さらなる選挙権の拡大への拒否反応は，保守党内から早速示され，カーナヴォン（Earl of Carnarvon）植民相，ピール（Jonathan Peel）陸相，クランボーン（Viscount Cranborne，後のソールズベリ侯爵）・インド担当大臣の有力な 3 閣僚が辞任した。ディズレーリは，2 月末に法案の提案理由演説をわずか 10 分で切り上げた後，野党からの徹底的な反対弁論をよく聞いた。ディズレーリの提案の骨子は＜安全弁つき戸主普通選挙権＞であり，基本的にすべての戸主に選挙権を認めるけれども，有権者は都会では年 6 ポンド，地方では年 20 ポンドの税金あるいは借地料を納めていなくてはならず，さらに 2 年間以上居住していなくてはならないというものであった。ディズレーリは演説によって議場から喝采を受け，少数内閣であったものの，第二読会を通過させた。彼の言葉には説得力がみなぎっていたと見るべきであろう。

　「この問題は政府のみでなく，議会全体の責任問題であります。私たちは誠心誠意本問題を取り扱ってきました。誠実率直に私たちとともに行動してください。私たちは，これまで明示してきた法案の趣旨が生かされる限り，修

---

14) Ibid., p. 136.

正を拒否しません。私たちとともに誠実率直に行動してください。そのとき互恵的精神を見出すでしょう。まず法案を通してください。その後でそうしたければ政府を打倒してください[15]。」

グラッドストーンは，激しく法案を批判したけれども，法案の趣旨を批判したわけではなかった。まず，ダービー内閣を倒し，その後で自由党政府が議会改革の主導権を取りたいという党派的攻撃であった。この点，ピールが常に国家的利益を先にして自党に不人気な自由貿易政策でも容認しようとした態度と，グラッドストーンの態度には大きな相違が見られる。ちなみに，当時のディズレーリは逆に党の利益がすべてに優先する党利党略主義者であり，その立場から党利を裏切ったものとしてピールを指弾したものであった。

結局，党派的なグラッドストーンの提案は却下され，急進派の提案した，居住条件の2年から1年への緩和，年12ポンド価値の住宅に住む者への選挙権付与が修正条項として加えられた。ディズレーリの巧みな議会戦術のおかげで，国家と議会を二分する議論の後，この法案は1867年8月に成立したのである。

第6節 トーリー・デモクラシーと帝国主義

1874年2月の総選挙で保守党は350議席を獲得し，自由党245，アイリッシュ57に対して絶対多数の政府を樹立した。これは1846年に政権を失って以来28年ぶりの本格的政権復帰であった。この間，ダービー保守党内閣が三度あったが，すべて少数政権であり，短命であった。ディズレーリ自身，1868年にダービーの後継者として数ヶ月間首相となったけれども，少数政権であったため，グラッドストーンにすぐに追い込まれ，同年の総選挙で大敗北を喫した。1872年の春，法案を否決された自由党政府は即座に辞職し，ディズレーリが組閣の大命を拝しそうになったことがあったが，短命政権を四度も経験していた彼は，丁重に断り，グラッドストーンが続投することとなっ

---

15) Monypenny anf Buckle, op. ci., vol. 2, p. 260.

た。

　ディズレーリの保守党内における位置は，グラッドストーンが党内で確立していた不動のリーダーシップとは異なるもので，特に1870年に小説『ロセア』が発表されたころ，党首が恋愛物語を含む小説家・夢想家であっていいのかと批判され，逆に加齢からくる体力・気力の衰えを指摘する声が党内に聞かれ，指導者の世代交代待望論が進行した。自由党からも，保守党は政策プログラムがない，何をするつもりかと迫られていた。ディズレーリがマンチェスターの自由貿易ホールとロンドンのクリスタル・パレスで重要演説を行ったのは，自由党からの批判に応え，国民に今後の保守党の政策を知らせ，ひいては，保守党の平議員たちに，ディズレーリが政権担当能力面でまだ大丈夫であることを知らせるためであった。

　1872年4月に行われたマンチェスター・スピーチは，自由貿易主義者の本拠地で行われ，この中でディズレーリは，イギリス保守主義の目的はイギリス国家体制を擁護することであると明言した。そして，国家体制の根幹には，王冠，教会，そして貴族院があり，さらに，都市と地方に住む国民大衆も国家の繁栄を享受しなくてはならない，と力説した。最後に外交政策に触れ，自由党政府は，ロシアに対して弱腰であり，アメリカ合衆国に対して放任であり，ヨーロッパ情勢に対して無関心であると激しく批判し，史上最強の国家となったイギリスにふさわしい国際的地位を求めるべきことを示唆した[16]。

　ディズレーリは，保守党の新しい綱領に社会改革の理念を加えた。国民の健康増進が保守党の目的の一つとして加えられたのは，ディズレーリの若年期からの夢であった，〈貴族と労働者の同盟〉が実現されようとしているとも説明できるが，いまや戸主選挙権の時代にあって，国民への直接サービスを謳うことが選挙戦術上有利であるとの判断の結果と見ることもできる。

　クリスタル・パレスのスピーチは，1872年6月に実施され，ここでも彼はマンチェスター・スピーチと同じく，保守党の政策プログラムとして国家体

---

16) Ibid., pp. 527-532.

制を構成する重要制度——国王，教会，貴族制度——を守ることを強調した。同時に，国民の生活水準向上の政策目標を具体化して見せた。目標とは，日々の生活に不可欠な空気，光，水を安全に供給することであり，工場の労働条件を向上させることとされた。

クリスタル・パレス・スピーチでは，新たにひとつのことが目標として明示された。労働者は帝国の一員であることを誇りに思い，保守党が帝国の維持を目標に掲げれば，それを支持するものと解説され，また，各植民地は，帝国の一部であることを誇りに思い，継続を望んでいると解説された。政策目標に帝国の維持が明確に加えられたのである。ディズレーリは植民地に関して次のように述べた。

> 「これらすべて（植民地援助）が政策から除外されました。彼ら（自由党）はこれらの植民地を，あるいはインドとのつながりを，イギリスにとっての重荷でしかないと確信したのです。金銭上の損得のみ考えて，これまでイギリスを偉大にしてきた，あるいは人間を動物と区別できる生き物にする道徳的政治的考慮をかなぐり捨てたのです。
> 　その結果はどうなったでしょうか。彼らは大失敗したと言わなければなりません。各植民地からの母国への思いがそうさせました。各植民地は帝国は破壊されてはならないと決定したのです。私見によれば，この国のいかなる首相も植民地帝国の再建に努めない者はいないでしょう[17]。」

こうして，1874年2月より1880年4月まで，ディズレーリの長期の政治生活のうち，長くないアウトプット期間がやってきた[18]。ディズレーリは，この願ってもない安定政権で二つのハンディキャップを抱えていた。ひとつは，彼が法令作成の実務に暗かったということである。これには彼が法律家でも官僚でもなかったことに加えて天性の適合性の問題があったと思われる。労働者の生活条件向上を掲げるまでが首相の仕事で，あとはもっぱらリ

---

17) Ibid., p. 535.
18) ディズレーリは政界生活43年間のうち，政府の閣僚に入っていた期間が約8年間と，歴代首相経験者の中で野党期間の最長の政治家である。ディズレーリの政治を分析するとき，政治結果より，言説のほうが多く感じられるのは，事実上，出力期間より入力期間のほうが圧倒的に長かったことにもよると思われる。

チャード・クロス内相に任せるというのが実態であった。それでも，ディズレーリ内閣は14の社会改革立法を成立させた。そのうち13の法律が1874年から76年にかけて集中的に制定された[19]。ディズレーリが立法の実務に詳しくないことが，首相の社会改革が打ち上げ花火のような実体のないものと受け止められる要素となった。二つ目のハンディキャップは，ディズレーリが首相就任時にすでに70歳であり，その年齢にしても痛風，喘息などの持病に悩まされ，すでに体力気力ともに衰退がはなはだしかったことであった。ヴィクトリア女王に謁見する際でも立つことができないほどの衰弱振りで，実際，ディズレーリは1878年に叙爵され，ビーコンズフィールド伯爵（Earl of Beacons field）となって上院に移り，1880年の総選挙に敗れ，辞職した後1881年4月には絶命している。第二次内閣は彼にとって絶頂期であるとともに最期の開花であったのである。1876年以後の首相にはかつてのみなぎるエネルギーがないとか，集中力に欠けるとかの批判は，おそらく当たっていたであろう。

　ディズレーリの帝国維持の政策は，栄光を女王にささげることに成功したと同時に，内閣への攻撃材料を与え，瓦解への主要原因となった。ディズレーリ政権発足のころ，最も懸念された外交問題はいわゆる東方問題であった。東方問題は，各国内では複雑な要因の絡まるバルカン半島をめぐる国際情勢問題であったが，大英帝国の立場からは，この問題は，ヨーロッパに大きな領土を持つイスラム国家オスマントルコの内部でキリスト教国が独立しよう

---

19) 1874 Factory Act；1874 Intoxicating Liquors Act；1875 Public Health Act；1875 Artisan's Dwelling Act；1875 Sale of Food and Drugs Act；1875 Conspiracy and Protection of Property Act；1875 Employers and Workman Act；1875 Friendly Societies Act；1875 Agricultural Holdings Act；1876 Enclosure Act；1876 River Pollution Act；1876 Education Act；1876 Merchant Shipping Act；1878 Factory and Workshop Act 以上が社会改革立法と呼ばれうる法律である。執行状況，その効果など，一概に評価することはできない。後世の歴史家はおおむね，社会立法としては初歩的であり，かつ不徹底なものと評しているが，国家体制擁護の保守党がこの種の立法を積極的に行った意義は小さくないと考えられる。事実，この法律のうちのいくつかは自由党でも準備していた。Mary Dicken, Disraeli（London：Harper Collins, 2004），pp. 52-59；Robert Blake, The Conservative Party from Peel to Major（London：Heinemann, 1997），pp. 122-123.

とし，この流れに乗じて，トルコを圧迫してロシアが南下を図ろうとしている，この情勢にどう立ち向かうかと言う問題に尽きた。グラッドストーンは基本的に不干渉を外交原則としているにもかかわらず，キリスト教国家の誕生を助けるのはキリスト教国家イギリスの義務であると主張し，トルコを退け，ボスニアやブルガリアなどの独立を支援しようとした。ディズレーリは，一方，トルコ嫌いでなく，むしろロシアがトルコのコンスタンチノープルをおさえたら，地中海でなく，インドへの道が閉ざされるとの彼の直感から，ロシアの動向に注意を払い，ヨーロッパ内で生じつつあった紛争には手を出そうとしなかった。

　ディズレーリが大英帝国の維持のために手を打った最初の政策といえるものは，1875年11月のスエズ運河株買収であろう。スエズ運河を航行する船舶は1870年代でイギリスの全輸出入の十分の一に過ぎなかったが，航行する船舶の五分の四はイギリス国籍であったし，将来需要が増大することは疑いなかった[20]。とはいえ，エジプトからの株売却の意志は10月に伝えられ，購入は11月に決定されなくてはならなかった。議会閉会中の判断としては異例の迅速さで，ディズレーリは反対する有力閣僚を説き伏せ，ロスチャイルド家に低利で支払額を用立ててもらい，スエズ運河株の約半分（40万株中17.6万株）を入手した。女王への報告の手紙に「あなたのものです，女王様 You have it, Madam.[21]」と認められた一文が，女王をどれだけ喜ばせたか想像に難くない。

　1876年の年頭，ディズレーリは，ヴィクトリア女王から難題を要望された。インドは大英帝国の重要な国なのだから，インド女帝の名称を通称でなく公式名称にするよう要望があったのである。グラッドストーン自由党政府のときにもヴィクトリア女王は同様な要望をしたものの，結果は法案の棚上げであった。ディズレーリは巧みな弁論により，反対演説に立った自由党の前玉

---

20) 実際，400万ポンドで購入した株は，その後どんどん上昇し続け，1914年には4000万ポンドに膨れ上がった。Robert Blake, Disraeli (London : Nethuen, 1966), p. 586.

21) Ibid., p. 584.

蔵相ロバート・ロー（Robert Lowe）の誤認を突いて下院の議場を自分の側に引き寄せ，王室称号法を可決させた。1876年5月，ヴィクトリア女王は正式にインド女帝の名称を手に入れたのである[22]。

ディズレーリは，東方問題の本質を，ロシアの南下とインドへの道という観点から分析していた。1877年から78年の露土戦争で，ロシア軍がコンスタンチノープルを陥れようとしたとき，イギリス政府はトルコ側に立って外交戦を仕掛け，その結果，総司令官ニコラス大公は総攻撃を思いとどまり，戦いの場は列強による国際会議の場に移された。議長役を買って出たビスマルク宰相が設定したベルリン会議は1878年6月13日であり，会議は1ヶ月で終了し，7月13日に調印された。この会議でロシアは，地中海に直接出る道を断たれ，イギリスはトルコの支配下にあったキプロスの行政権を獲得した。78年1月から3月にかけて，ロシアとの戦争も辞さないとするディズレーリ首相とソールズベリ・インド相は，派兵に反対して辞任したダービー外相とカーナーヴォン植民相を押さえて強攻策を取り，結局バルカン半島に暫時の平和を保証し，イギリスにキプロス島という地中海作戦の足がかりをもたらした。老齢，病身をおしてのディズレーリのベルリン会議での言動を見て，議長のビスマルクも感心し，ヴィクトリア女王はガーター勲章や伯爵位など与えられるものすべてを差し出して，ディズレーリが持ち帰った＜名誉ある平和＞を祝福したのである。

ディズレーリ内閣が帝国維持のための政策を実行したことが，イギリスの列強としての地位を確立したことは確かであったが，やがて，その帝国主義的政策のほころびが政権を追い詰め，次回の総選挙で，復帰したグラッドストーンの率いる自由党に大敗を喫することとなった。そのきっかけは，1876

---

22) ローは反対演説で「少なくとも今の首相の前の二人の首相（グラッドストーンとジョン・ラッセル）は，名称の変更に真っ向から反対していたものと確信する」と弁じたが，グラッドストーン自身が，1869年にアフガニスタンに送った電報にインド女帝の称号を用いていたことを認めたため，議会は大いに紛糾し，ローの誤認を女王に対するゴシップと決め付けたディズレーリの批判が支持され，可決に消極的であった議場が一挙に賛成側に回ったものである。Stanley Weintraub, Disraeli: A Biography (London: Hamish Hamilton, 1993), pp. 549-553.

年に南アフリカのトランスバールでズールー族の攻撃を受けたことであり，南アフリカの白人系ボーア人がズールー族と戦う意志と能力に欠けると見たディズレーリ政府は，軍を派遣して防備を固くした。しかし，1877年と78年の南アフリカは雨がまったく降らず，旱魃がズールー族をさらに攻撃的にし，ズールー戦争が開始された。

　1878年のベルリン会議終了直後に，ロシアの外交使節がアフガニスタンのカーブルを訪れた。リットン（Earl of Lytton）・インド総督は，ロシアがインドに影響力を及ぼすためと読み，本国に打電し，インドから軍を派遣する許可を要請した。許可を得たリットン総督は，シャー・アリ首長にロシア勢力の追い出しを命じ，本国の指示と異なるコースを敢えてとってアフガン人と軍事衝突となった[23]。リットン総督の行動は即座に本国で指弾されたが，今や，大英帝国は手を広げすぎていて，世界の各地で軍事力を行使するようになってしまったのである。

　ディズレーリの目指す帝国主義は，第一に＜大英帝国の栄光＞のような，想像力に訴えるスローガンであり，第二に，母国としての責任や植民地各国の母国への紐帯を軸とするロマンティックな帝国イメージの維持であった。病身を押しての彼の政治指導が功を奏していた間は，彼の帝国主義は国中でもてはやされた。しかし，帝国の威光にかげりがさしてきたとき，国民の心は急速に冷却したと言ってよいであろう。

第7節　イギリス保守主義の二大源流

　19世紀前半の保守党の指導者ピールは，40年を越す政治家生活の中で，少なくとも三度にわたり，政策を転換した。それは，カトリック解放令，第一次選挙法改正，そして穀物法撤廃であった。このうち，最後の穀物法撤廃は，前2例と事情が異なっていた。つまり，前2例は，自らの信念には反するも

---

[23] リットン総督は「私は軍事偏重ではなく，私の将軍たちがそうなのです」と弁明し，厳しい譴責を免れている。ロシアの対応も中途半端で，結局，イギリスとロシア間に1879年5月31日，協定が結ばれた。Weintraub, op. cit., pp. 608-609.

のの，差し迫る事情のためにやむなく妥協したものであったのに対して，穀物法撤廃は，1820年代から培った政治見識に支えられ，積極的にその実現に努力を傾けたのである。

　カトリック解放令の場合，ピールは24歳のときから6年間，担当大臣としてアイルランドで政務についた。この間，彼の基本的な姿勢は，カトリック解放には反対であり，解放を唱える勢力を徹底的に押さえ込む政策を執行した。彼の反カトリック政策を支持したオックスフォード大学は，イギリス国教会の議席を彼に与え，彼は解放令の成立する1829年まで大学を選挙区とした。また，カニングが1827年に組閣しようとしたとき，ピールはカニングがカトリック教徒に対して寛大すぎることを理由に入閣を辞退した。その後2年と発たないうちに，カトリック解放を自身で提議し，可決させてしまったのである。

　トーリー党平議員を驚かしてまでも，なぜピールは変心したのか。そこには彼らしい人生観と合理的判断が働いたものと考えられる。原理原則が何であれ，またアイデアや観念的理想がどうであれ，差し迫る圧倒的な事実の前には，政治家は妥協の道を探る以外ない，というのがピールの人生観であった。事実に従う，これが彼の保守主義の骨格の一つであったことは間違いない[24]。

　議会改革では，1832年に国王がトーリー党に対案を出させて改革に当たらせようとした場面があったが，結局，ピールが対案を出さず，ウェリントンは改革の主導権を取れなかった。既にある程度の選挙権を拡大することは止めようのない流れ，事実になっていたのであるから，ピールの立場からすれ

---

24) 1929年2月5日の下院演説でピールはこう述べている。「議論や推測は過つかもしれませんが，事実に関してはそのようなことはありえません。……このような状況下で，私はこの問題の解決を図ること以外に代替案はないとの結論に至ったのであります。」Peel, Speeches, vol. 1, p. 671. この点，次の論文の分析は当を得ている。「(ピールの立場を) 要約していえば次のようになるだろう。『政治家にとっての困難は，自己の価値観に固執してその立場を貫くことではない。そのようなことであれば，ことはいとも簡単である。本当の困難は，かつての自己の主張を退けても，国家全体の福祉をはかろうとすることなのである』と。」村岡健次，「ロバート・ピールとカトリック解放」，『史林』50巻6号，1967年11月，81ページ。

ば妥協するところであった。彼は改革の主導権はとらなかったけれども，そのすぐあと，1834年末にタムワース宣言を発表して，トーリー党として，1832年の議会改革を後戻りしない，最終的解決案として受け入れると発表した。差し迫る選挙権拡大の要求に譲歩した点で，またこれを最終的改革として現国家体制をできるだけ守ろうとした点で，タムワース宣言に見られる政治姿勢はきわめてピール的な保守主義の表明と見ることができる。

穀物法撤廃は，しかし，様子が異なる。ピールは疑いもなく，1841年に政権を担当した時には，その施政演説のとき，下院で穀物法に手を加えるあるいは廃止することについて触れている[25]。しかし，彼が土地貴族が中心勢力で保護貿易を強く支持していたトーリー党内にあって，いつ自由貿易支持者に転向したのかについては異説がある。ピール研究の第一人者ノーマン・ギャッシュは，政権掌握と時を同じくして，つまり1841年ないし1842年ごろに自由貿易が正しいと確信するようになったと論じている。しかし，1820年代のトーリー党リヴァプール政権のときに既に転向していたとする説もある[26]。ピールの心がいつ変わったかは想像するほかないが，1820年代に転向していたことは十分ありうるけれども，現実から見れば，そのころ彼は30歳代であり，経験も乏しく，穀物法の担当ではなかったので，ピールの色が出るはずもなかった。本格的保守党政府（多数派議員を持つ）の首班となった1841年から穀物法の関税削減が大きなテーマとなりつつあった。

ピールは，政治家は党利党略でなく，国家全体の利益を考慮すべきと確信していた。それゆえ，国家利益となるのなら，政党としては180度転換の政策でも妥協できたのである。それに加えて彼は経済成長が国家を反映させ，そして経済的繁栄は工業・製造業によってもたらされ，経済的繁栄が諸問題を解決すると確信していた。したがって，工場法など，産業にブレーキをかけそうな法律にはきわめて冷淡であった。

穀物法撤廃はピールの方針であったので，差し迫った事実によって妥協させられるのと異なり，ピールは党内の反対は覚悟の上で，自らの信念を貫こ

---

25) Peel, Speeches, vol. 3, pp. 759-784.
26) Graham Goodlad, Peel (London：Collins, 2005), pp. 34-35.

うとした。そのために党内の声に耳を傾け、説得する必要があった。しかしピールのスタイルはトップダウン方式で、平議員の声を聞くことはなかった。穀物法撤廃をめぐった党内論争は、撤廃が国益と説く首相に対して、農業利益を守る党の党首が裏切り行為で穀物法を撤廃しようとしていると不信感を募らせた論争と言えた。ピールは、穀物法を撤廃して、できるだけ企業活動や輸出が自由にできるようにすることが、長い目で見れば地主たちの利益にもなると説いた。イギリスのその後の空前の経済的発展と、形態は変わったものの農業は存続したことを考慮すれば、穀物法撤廃は国家利益であると説いたピールが全面的に正しかった。しかし、ピールは党内世論をまとめあげることができず、上述したように、保守党から追い出される形となったのである。

　ディズレーリは、穀物法撤廃論争に際して、大きな間違いを二つ犯していた。一つは、自由貿易がイギリスに工業の発展産業構造に変化をもたらすものの、土地貴族、地主も豊かになることが理解できなかったことである。このことは、つまりディズレーリ等の穀物法撤廃反対に根拠がなかったことになり、彼自身、すみやかに穀物法撤廃の適切さを承認した[27]。二つ目の誤りは、ディズレーリ自身、1835年に書いた政治論パンフレットで、ブルジョアは自分たちの経済的利害のみに関心があるけれども、真のトーリー主義者は、

---

27) ピールの業績を高く評価し、ディズレーリを政治実績の少ない党利党略の人物と見るダグラス・ハードは、ディズレーリの手練手管を次のように説明している。しかし、ハードの解説は若干客観性を失っていると思われる。政府実績25年以上のピールと政府実績6年少々のディズレーリを、成立させた法律の数を数えるような仕方で比較するのは公平でない。「政党への忠誠は便利な道具だった。……ディズレーリはこのことを知悉していた。しかし、彼は一方で党是の保護貿易への忠誠を求めながら、自身はできるだけ速やかに保護貿易主義を捨て去ったのである。というのは彼にとって穀物法を維持することが第一の目標ではなく、これを材料にピールを葬り去ることがより重要だったからである。ディズレーリは1867年の選挙権拡大の時に党是を転換させた。1846年にはピールができなかった党内統率を、ディズレーリはやり遂げたということである。……ディズレーリはまた、ズールー戦争とアフガン戦争の敗北にも関わっている。演説や小説ではアイデアが語られたものの、1867年の議会改革以外国内政治では、何一つ成果らしいものは見あたらない。」Douglas Hurd, Robert Peel : A Biography (London : Weidenfeld & Nicolson, 2007), p. 391.

貴族と労働者の団結・同盟によって，＜一つの国民＞を目指すと書いていたにもかかわらず[28]，穀物法撤廃論議に中では，ピールが党派的利害を離れ，国家レベルで考えるべきと説いたのに対して，ディズレーリは，あくまで党の方針に忠実であるべきと主張し，党首が党是を裏切ったと指弾したのである。しかし，21年後の議会改革の時にディズレーリは正反対の状況に置かれ，あくまで自由党の立場に固執するグラッドストーンに対して，党利党略を離れ，国家レベルで考えるよう説得し，党内のトーリー右派からの批判も封じて改革を実現させたのである。

　穀物法撤廃審議の結果，ディズレーリが得たものも大きかった。一つには，この論戦の結果，それまで平議員（バックベンチャー）に甘んじていた彼が一躍，新党首ダービー伯爵と肩を並べる領袖になることができたのである。この権威ある党首ピールを追い出す下克上的機会がなければ，門閥も学閥も財力も何もないディズレーリが党首の次の存在にのし上がることは不可能に近かったであろう。また，ディズレーリは，小説や評論パンフレットで力説したトーリー主義の理念を温存することができた。国王を中心にして，教会が道徳を涵養し，社会のそれぞれの階層が自らの社会的使命を果たすという階層的社会からなるイギリス国家体制を擁護しようとするトーリー主義は，そのままでは，近代社会に適応できないかもしれないけれども，このトーリー主義はブルジョアの台頭とともに大量に生み出される労働者と，歴史に取り残されそうな貴族との結束を謳うことによって，後にトーリー・デモクラシーと呼ばれるようになった政治理念の原型となったのである。

　実際のところ，穀物法撤廃論議で，政策的に先を読むことにおいて失敗したディズレーリら党の執行部は，なんらかの新機軸を打ち出す必要に迫られていた。ディズレーリの1872年の一連の演説は新たな保守党の路線を示唆するものであった。彼は，信念には反するけれどもどうしようもない事実には妥協せざるを得ないというような消極的保守主義を否定し，真のトーリー

---

28) Benjamin Disraeli, Vindication of the English Constitution in a Letter to a Noble and Learned Lord, 1835 ; in Whigs and Whiggism, Political Writings, ed. By William Hutcheon（London：Murray, 1913）

主義は民主主義と矛盾しないどころか，国民大衆の衛生，福祉を考慮するのが保守党の使命であると，社会改革理念を受容した。さらに自由党が植民地保持が経済的に割に合わないことを理由に，切り離す方向で考えていることに反発して，大英帝国の維持は，経済的損得だけで考えるべきではなく，国家としての偉大さ，本国と植民地との紐帯の深さなど，道徳的，政治的に考え，保守党が積極的に保持していく方針を打ち出した。

　新しい保守党は，自由主義経済を承認するとともに，社会改革を推進し，「一つの国民保守主義」を目指す，そして，世界に広がる植民地との連携を保って大英帝国の偉大さを維持する――この方針は，保護主義を修正し，党利党略を否定し，新機軸を打ち出した点で，穀物法撤廃論議で陥った陥穽から見事に立ち上がった政治プログラムとなっている。しかもディズレーリは，前述したように，マンチェスターとクリスタル・パレスでの演説で，立ちはだかる事実の前に小出しに妥協を繰り返すピールのやり方が保守主義なのではなく，保守主義の大義の中で社会の変化を受容することができると主張したのである。

　ピール的保守主義の伝統とは，目的の面から見ると，政治指導の目的は国王と教会を支柱とする国家対制を守ることであり，政策は政党の党利党略を越えて国家全体の利益を考えるものでなくてはならないと確信していた。政策面から見れば，疑いもなく市場原理自由主義に近づこうとする，ブルジョア寄りの経済政策を支持し，政治スタイルから見ると，変革に対してできる限り押しとどめ，あるいはできるだけ速度を遅らせる，さらに変革の流れをどうすることもできない時には一転して妥協して受け入れるというものであった。さらに，どのような政策であろうと，最も能率よく効果的な活動が望ましいと考え，実行した点で，近代ヨーロッパの勤勉の典型的実例とも言えるであろう。

　ディズレーリ的保守主義の伝統と比較すると，ディズレーリの目的は，国王と上下両院と教会を支柱とするイギリス国家体制を擁護することに尽きる。しかし，ヴィクトリア女王は，諸事そつなくこなす超エリートのピールには好意をしめしたが，文学者一家のディズレーリに対しては疎遠さを隠さ

なかった。ユダヤ人のディズレーリは長期間かけて女王のお気に入りの政治家となった。ヤングイングランド党時代の政治思想，つまり上述した理想化されたトーリー主義は生涯不変というわけにはいかなかったが，ブレークが言うようにこの時期のディズレーリの著作を，政治に場を得ない若年政治家の不満の捌け口と見て，まともに取るべきでないかもしれないが[29]，若年のゆえにあふれ出た政治理念をそのまま生涯にわたって政策化することは難しいと見るべきであろう。

　これまでピール的保守主義の伝統とディズレーリ的保守主義の伝統を政策面から比較してきたが，両者の政治家としての資質が保守政治に与えた影響も無視できない。

　ピールは，きわめて裕福なブルジョアの家庭に生まれ，高度な教育を与えられ，それに応えてイートン校からオックスフォード大学まで抜群の成績を収め，21歳にして大学を卒業した時には，父親が用意したポケット選挙区から無投票で下院議員に当選したエリート中のエリートと言ってよい。24歳で政府入りした後の政治活動は既に見てきたとおりである。家庭的にも恵まれ，私生活でもピールを批判するものはまったくなかった。彼は友人を大切にし，交友関係も広く，女王とアルバート公からの覚えもめでたく，ウェリントン党首の後を44歳で継いでから事故死を遂げるまで，イギリス保守主義を代表する政治家であった。

　ピールは，しかし，見知らぬ人に対して，あるいは庶民大衆に対して，冷淡なところがあった。ピールが高慢であるとか，権威主義的であるという批判は，彼の大衆に対する姿勢に起因すると思われる。一般庶民のみならず，彼は保守党の平議員に対しても，時間をかけて話し合うよりトップダウン方式でことを決する傾向があった。結局，穀物法撤廃という重要な局面で根回し不足が裏目に出て，多くの平議員がこぞってピールを追い出す側に回ってしまったのである。ピールは，平議員の反乱は政策の内容が貧弱であることもさることながら非能率で成果を出せないことを最も嫌った。内相として手

---

29) Blake, Disraeli, op. cit., p. 210.

がけた多くの改革の基本的動機には，社会の諸機能を能率よくしたいという願望が貫かれていた。

　ピールは，諸事をそつなくこなし万事に生真面目に取り組む誇り高いエリートであり，ディズレーリのような，イギリスの支配階級とは似ても似つかない出自の人物とはそりが合わなかった。ディズレーリが懇願したにもかかわらず，1841年の第二次ピール内閣で一切官職を与えなかったのも，ピールのディズレーリ評価がいかに低かったかを物語っている。しかし，そのディズレーリが穀物法撤廃に関連して，絶対的指導力を発揮していたピールを追い落とし野党自由党が政府に協力したせいで穀物法撤廃は阻止できなかったけれども，直後に審議されたアイルランド強制法で政府案を否決し，内閣総辞職からピールとその一派が保守党から出て行く事件の首謀者となったのである。

　子供のときから人種差別に苦しめられ，辛くも改宗していたおかげで政治家になれたものの，4度続けて落選し，5度目に33歳で初当選した苦労人のディズレーリの心の悲哀を，ピールは理解できなかった。20歳のとき南米の高山株への投資に失敗してできた巨額の借財を抱えながら，小説を書こうとしていたディズレーリは，28歳の時，初めてピールに会い，夕食の席で隣になった。ピールの尊大さに，夕食会の間ディズレーリは，隣が前大臣で自分は急進派の当選見込みのない候補者であることを思い知らされた。この席で，ディズレーリがピールに書籍を貸してほしいと頼んだところ，ピールはあごを引いたまま，会が終わるまで彼とは一言も話さなかったという[30]。

　ディズレーリは文学者を父親に持つ，基本的に文学青年であった。情念が豊かで，空想力に富む彼は，20を越す書物を書き，12冊の小説を世に送った。借財を抱える生活は厳しいものでありながら，生涯女性に優しく，繊細で細やかな女性との手紙の交信は，日記以上に臨場感あふれる政治解説となっている。

　ピールは大衆政治家ではまったくなかったが，ディズレーリもまた，決し

---

30) Ibid., p. 87.

て大衆を先導するタイプではなかった。この資質は，ピールの直系，グラッドストーンにこそ見出される。国民に直接訴えるとは聞こえがいいものの，ポピュリズムや衆愚政治について洞察が必要となるであろう。ピールとディズレーリに関していえば，両者とも煽動的行動とは無縁であった。

　まったく異なる環境から出てきた異なる個性の二人は，政策のみでなく，政治スタイルも，政治姿勢も党に残した伝統も異なるものであった。ピールは，カトリック解放，穀物法撤廃に加えて，警察組織の確立など大きな政治的成果を残した。一方，ディズレーリは，1867年の議会改革を残したほか，イアン・ギルモアが指摘するように，「ディズレーリは，保守主義に温かみをもたらし，その基礎的な認識に，ロマンス，寛大さ，興奮を付け加えたトーリー指導者[31]」と言える。

　イギリス保守主義はその源流として，地主資産家を指導者とし，上に立つものの責任を強調し，上層階級の利益を擁護するとともに，柔軟な発想で妥協も受け入れ，社会政策の充実を受容し，国民の一体化を唱える，トーリー主義の伝統と，勤勉，効率よい行動を基礎とし，自助と競争に基づく健全な社会を標榜する市場原理自由主義とを内包していた。

　実際には，歴史のさまざまな局面でそれぞれの保守主義者の個性的な指導性があった。たとえば，19世紀末のソールズベリ内閣では，何も起こらなければよく，何かが起こればいいことは何もないという消極的保守主義を貫きつつ，16年間も政権の座を譲らなかった。自由党のグラッドストーンは，自由貿易を推進した点ではピールの後継者と言えるが，現状のいかんに関わらず，アイルランドの自治を目指した点で，非妥協的原則主義者であり，正義と悪のように白黒を明白にして，自らを正義の側に置いて改革に取り組んだ点で，道徳的革新主義者でもあり，これらの資質は，当時の自由党にあっても格別なものであった。

　自由党は，20世紀の前半に分裂・合併を経て，第二次大戦後には，完全に政権とは無関係の第三党に陥っていた。党の歴史から見ると，自由党の自由

---

31) Ian Gilmour, Inside Right : A Study of Conservatism (London : Hutchinson, 1977), p. 86.

主義は保守党内の保守主義に吸収された形となったが，もともとピールとディズレーリという大立者による二つの類型の保守主義が存在していたのが，穀物法撤廃後の党分裂で明確化され，その後のイギリス政治の基底を形成したと言ってよい。19世紀後半の自由党は，基本的に保守主義のバリエーションの中で政策の選択を行っていたのである。その意味で，労働党が誕生した20世紀初めに自由党の保守党への収斂が始まったのは当然であったと言わねばならない。

　労働者の数が圧倒的に地主やブルジョアより多い現代にあって，保守主義が政権を担当しようとすれば，ほかならぬ労働者に支持を求めるよりないであろう。戦後のイギリス政治にあって，保守党は福祉国家政策を展開して労働者の支持を取りこんでいった。

　20世紀から21世紀にかけて，保守党は戦後の福祉主義の行き詰まりに対してサッチャリズムを打ち出すことによって，自助と競争を基本とするピールの伝統を復活させた。労働者も裕福になって株などの有価証券や土地つき住宅を入手してホワイトカラー化し，財産ある者の民主主義の発想に近づき，自立・自助を強く支持する人が増えた。

　21世紀初頭の今日，保守党党首デイヴィッド・キャメロンは，保守党が医療改革や，社会問題への対処において労働党より保守党のほうが成果を挙げられると主張している。つぶさに検討すれば，キャメロンが語る言葉は，究極的にはディズレーリの伝統への復帰と見ることができるであろう。

第3章　ランドルフ・チャーチルとトーリー主義

　1830年代から40年代にかけて謳歌し始めていたブルジョア自由主義に対して問題提起をしたディズレーリ[1]（Benjamin Disraeli）は，1870年代の新時代に保守党の生き残りをかけて，党内の反対を押し切って第二次選挙法改正という憲政改革を行い[2]，労働者有権者の増加する中で1874年2月の総選挙に勝利した。ディズレーリ政権下で行われた政策は，後にトーリー・デモクラシーと名付けられ，保守党のしたたかさを示すものとなった。

　ディズレーリの死後（1881年4月19日），ランドルフ・チャーチル（Lord Randolph Churchill）は80年代にディズレーリの後継者の位置に自らを置こうとし，ディズレーリの政治指導をトーリー・デモクラシーと呼んでこれをさらに推進しようとしたけれども，自身が，彗星のごとく政界に出現し，彗星のごとく消滅してしまったため，トーリー・デモクラシーの運動はごくわずかな期間に燃え上がっただけで，長期にわたる大きな社会的うねりとなることができなかった。

　ディズレーリもイギリス政治史上，特異な存在であったが[3]，R. チャーチ

---

1) 小説 Sybil (1845) および Coningsby (1844) でディズレーリは，ボーリングブルック以来のトーリー主義の伝統は，国民を一つに束ねることにあり，ブルジョアが出現してからこの国の国民は持てるものと持たざるものの二つの国民に分裂してしまったと嘆き，「真のトーリー主義はやがて復活して，権力は国民の福祉増進を唯一の使命とするものであることを世に知らしめるであろう」と書いた。
2) 1830年代に自由党政権下でブルジョア階級が参政権を獲得したのに続いて，1867年には，保守党のダービー内閣下でディズレーリ蔵相が第二次選挙法改正を実施し，財産資格を不要とする戸主選挙権の導入に踏み切った。多数の労働者が選挙権を得るこの改革に反対して同僚の閣僚の辞任が相次いだ。地主貴族を主力とする保守党は，労働者を多数とする新時代に生き残れるか否かの瀬戸際の判断に迫られていた。
3) ディズレーリはイギリス政治史上，唯一のユダヤ人首相であり，地主貴族の出身ではなく，父親と同じく，文学者，小説家から政治家に転身し，ヴィクトリア女王ときわめて懇意に親交を重ね，多くの国民から慕われ，親しみを込めてディジと呼ばれた。

ルも別な意味できわめて特異な政治家であった。ディズレーリは出自が特異であったが，R. チャーチルはソールズベリ (Robert Gascoyne-Cecil, 3rd Marquess of Salisbury) と並んで家柄の点では全く申し分なく[4]学歴も，イートン校からオックスフォード大学に学んだ点では，成績はぱっとしなかったとしても，他の大政治家たちと比べて遜色ないと言ってよい。若くして政界に入ったこと (25歳で下院議員) も当時では日常のことであった。チャーチルが特異であったのは，政界入りした後の経歴であった。チャーチルは，下院議員になって数年はおとなしくしていたものの，早くも1878年には野党の自由党批判にとどまらず，自ら所属する保守党の古参幹部に対しても遠慮なく批判を始めたのである。チャーチルの演説はきわめて辛辣で，言辞を尽くして自分の党の大先輩を糾弾する姿は，与野党の政治家諸氏の目にきわめて特異なものと映じたものと思われる。

　後述するが，R. チャーチルは，ディズレーリ政権下で1874年に下院入りし，グラッドストーン自由党内閣とソールズベリ保守党内閣下で党派を超えてオピニオンリーダーの役割を果たした。そのときの理論的武器となったのがトーリー・デモクラシーであり，戦いの舞台装置となったのが院内の"第4党"であり，院外の"プリムローズ・リーグ"であった。1886年7月に37歳で蔵相の地位まで駆け上がったにもかかわらず，同年12月に辞任し，その政治的生命をほぼ遮断してしまった。その後，病状悪化のため死亡する1995年までの9年間は余生のようなものとなった。

　R. チャーチルの説いたトーリー・デモクラシーは，イギリス保守主義の歴史においてどう位置づけられるのか，検討してみたい。

---

4) ランドルフ・チャーチルは，第7代マールバラ公爵と第3代ロンドンデリ侯爵の娘との間の三男として誕生した。ソールズベリ侯爵家が，エリザベス一世とジェイムズ一世の側近中の側近として仕えた政府高官ロバート・セシルの子孫であるのに対し，チャーチル家はアン女王に取り立てられてマールバラ公爵家に叙爵された高名な将軍ジョン・チャーチルの子孫である。

第1節　ディズレーリのトーリー・デモクラシー

1．サニタス・サニタートゥム・オムニア・サニタス

　保守党はトーリー主義の伝統を守ってきた政党であり，真のトーリー主義とは，ディズレーリによれば，イギリスの国家体制を擁護し，偉大な帝国を保持し，国民の生活を改善するものでなければならなかった[5]。グラッドストーン政権下でディズレーリは来るべき保守党政権の政策綱領を有名な2つの演説で明示した。それらの演説の中で，ディズレーリは，保守党の領袖が等しくうなずく，王冠と貴族制とイギリス国教会の護持を強調する政策を打ち出した。しかしながら，ディズレーリの考えるトーリー主義はそれに留まらなかった。都市で増大しつつある労働者や，地方で生活に苦しむ小作人の生活レベルの改善こそ，保守党の政策の目玉となることを宣言したのである。

　実は，この演説に先立つこと5年前に，ダービー内閣の蔵相としてディズレーリは明らかに貴族階級より多数をしめる一般熟練労働者に選挙権を付与する選挙法改正を，同僚の強硬な反対を押し切って導入した。ディズレーリの考えでは，トーリー主義は貴族階級のためにあるのではなく，一つの国民のためにあるのであって，トーリー主義が正しく行われるところ，労働者もまた，保守党を支持するであろうと期待できた。1872年に連続して行われた大演説のうち，4月のマンチェスターの自由貿易ホール演説では，有名になったキャッチフレーズを用いて次のように語っている。

　　「皆さんご存じのラテン語訳ウルガタ聖書に大きな誤読の例があります。"虚飾の中の虚飾，すべては虚飾なるかな Vanitas vanitatum, omnia vanitas"と聖書にあるのを，賢明でウィットに富む国王が"健康の中の健康，すべては健康第一なり Sanitas sanitatum, omnia sanitas"と読み違えたのです。皆さん，こ

---

[5]　1872年6月24日にロンドン郊外のクリスタルパレスにおいてディズレーリは保守党の目的を3点掲げ，中でも2ヶ月前のマンチェスターにおける演説で不足していた彼の説く帝国主義の内容について詳述している。Monypenny and Buckle, *The Life of Benjamin Disraeli*, vol. Ⅱ, pp. 534-537.

の問題はどれほど強調してもしすぎることはありません。結局のところ,大臣の真に考慮すべきは国民の健康増進にあるからです[6]。」

　ディズレーリは,1837年に初めて下院議員に当選する以前から,ブルジョアの階級的自己利益に満ちあふれた新救貧法(1834年)に強く反対するとともに,9歳以下の児童は働かせてはいけないといった全く不十分な工場法(1833年)に反対していた。彼は当選後,保守党内に「ヤング・イングランド」党を結成し,トーリー主義の伝統に回帰することを標榜して,アンソニー・アシュリー(シャフツベリ伯爵)(Lord Anthony Ashley)の反工場法運動や1日10時間労働を含む新労働法の制定を支持していた。

　その後,長年にわたる雌伏の年月を経て1874年の総選挙に勝利すると,ディズレーリは首相に就任し,公約した社会政策の実現に力を注いだ。実際には,ディズレーリが首班となった直後から,大英帝国は内外の外交懸案に悩まされ続けることになったが,ディズレーリは徐々に社会政策の実現をはかり,なかでも工場法の改正には目を見張るものがあった。1日10時間労働がなかなか決まらない状況の中で,ディズレーリ内閣は1874年に週56時間労働を法制化したのである。このほかにも,トラック法,運河汽船法,商業用運送業法などを矢継ぎ早に制定し,30年前,ジョン・マナーズたちとヤング・イングランド党を結成して,議会内外で労働者の生活向上を主張したことを忘却していないことを実績で示した。そして,労働者の生活条件向上の極めつけは,1878年の総括的工場法であり,労働者の厚生面が飛躍的に改善された。ここまでは,しかし,言ってみれば,上院にいるシャフツベリの路線を踏襲したものであったが,ディズレーリは労働者の生活改善に向け,さらに大胆な手を打った。それまでの常識的な流れであった囲い込み法の流れを変え,たとえば1876年法はこれ以上の共有地の個人への囲い込みを禁じ,人々が自由に使用できる共有地を残そうとする法律であった。また,教育改革でも格段の政府の努力が光った。小学校教育への政府援助が大幅に増やされ,オックスフォードやケンブリッジの大学への財政的配慮が手厚くなされ

---

6) Ibid., p.530

た。さらに、ディズレーリは宗教界も改革の例外とせず、一方で宗教に目覚めるよう国民に働きかけることを奨励しつつ、他方で、新たな教区を開設して信者をかためることには一定の条件を付した。これら一連の政治改革は、あたかも革新派の政府が政策実施を行っていたかのようであった。これらが、後にトーリー・デモクラシーと呼ばれるものの実際であった。

スタンリー・ワイントローブの伝記に見られるように、ディズレーリの生涯は青年期の読書・充電期間（1804-1837）、壮年期の思想・哲学と政治実践の模索期間（1837-1874）、熟年期の政治理念の現実化（1874-1881）と時系列化できる[7]。

ディズレーリの保守主義の特色の1つは、若年の時代に発表した小説に見られた観念的な保守主義の思想を執政者となった後に実際に結実させようとしたことである。さらに、急進的な主張をするヤング・イングランド党を保守党内に結成して、思想を実践しようとした形跡もある。ディズレーリの生涯とその思想を俯瞰してみると、ノブレス・オブリージュという上に立つものの責任感が貫かれていることが見て取れる。これは言い換えると強いものの弱者保護の義務とも言うべきもので、トーリー主義の伝統として彼が強調した、王冠と宗教と土地貴族の持つ権力は国民の生活条件向上のために用いられねばならないという定式は、この"保護"というキーワードで解読することができるであろう。

さらに、ディズレーリはブルジョア・デモクラシーを鼓吹するグラッドストーンと異なり、植民地を手放したり、自由にさせる小イングランド主義には断固反対した。ディズレーリは帝国の偉大な発展を夢見、インド女王の地位をヴィクトリア女王に献上できたことに無上の喜びを覚えたけれども、これは、ディズレーリ特有のイギリス本国が帝国の周辺を保護すべきであるとの考え方に由来する。経済的に資本主義の市場を求めて植民地を確保するという考えは毛頭なかった。ディズレーリの若年期の思想は、ロマンティック

---

7) Cf. Stanley Weintraub, *Disraeli : A Biography*, London 1993.

で非現実的であったという評価も一理あると思われる。しかし，ディズレーリ研究の第一人者の一人であるロバート・ブレイクが言うように，「1846年以降，保守党の誰もがヤング・イングランド党の原理で党の運営を行ったりしなかった[8]」とまで言い切るのは言い過ぎであろう。ディズレーリ内閣におけるトーリー・デモクラシー実現に向けての政策化努力を見れば，彼が若年の頃から抱懐していた政治思想を現実化しようとしていたと見る方が普通の見方ではなかろうか。

第2節　ランドルフ・チャーチルのトーリー・デモクラシー

　R. チャーチルは，ディズレーリが久しぶりに保守党に安定政権をもたらした1874年2月の総選挙において，25歳の若さで初当選した。5月22日の処女演説を聞いて，ディズレーリは保守党の若駒が登場したことを喜び，早速翌日にマールバラ公爵夫人（R. チャーチルの母親）に手紙を書いた。その中でディズレーリは，R. チャーチルの演説には失礼な言い回しが含まれていたが，若さ故と大目に見て，その情熱的な話し方，思想と性格の活力，資料の正確さがすばらしかったとほめている[9]。ディズレーリはこの氏素性のよい暴れ馬のような若者をひいきにし，R. チャーチルの初演説のことを女王にも報告し，「R. チャーチルは無礼な言辞を用いましたが，若い代議士の処女演説であって何ら問題ありません。それより，彼が，保守党の議員の演説の後で保守党の弁士の主張に異議を唱えたのには，議場がびっくりしました。……彼はこれからのし上がってきます[10]」と書き送っている。

　R. チャーチルは，ディズレーリ政権下で絢爛たる政策の執行を体験し，それら一連の政策をトーリー・デモクラシーと呼んで敬意を払ったものの，チャーチルの抱懐したトーリー・デモクラシーの内容と，ディズレーリのトー

---

8) Robert Blake, *Disraeli*, London, 1966, p. 758.
9) Winston Churchill, *Lord Randolph Churchill*, London, 1905, p. 65.
10) Monypenny and Buckle, op. cit., vol. Ⅱ, p. 652.

リー主義とは，実際にはかなりかけ離れたものであった。しかも，この二人の掲げたトーリー・デモクラシーは政策の相違だけでなく，実践の場数の面で決定的な差があった。ディズレーリが平議員から野党の指導者，短期間の蔵相経験，そして最後に首相として政治経験を積み，存分に政策を展開することができたのに対し，R. チャーチルの場合は平議員時代に議場を興奮させるほど目立つ演説をしたこと，党内に党派を結成したこと，議院外に大衆的組織を形成して国民的人気を博したことまではディズレーリとよく似た経歴と言えるけれども，R. チャーチルの場合には，初めての重要閣僚ポストに就く直前で突然政治経歴が終焉してしまったのである。

　ディズレーリ政権が山積する外交問題に手を焼きながらも，国内で多面にわたる改革を実行したことは，R. チャーチルも高く評価していた。しかしながら，1880年の総選挙に敗れた後の保守党ははなはだ魅力のない状態に陥っていた。1878年にディズレーリがビーコンズフィールド伯爵（Earl of Beaconsfield）に叙爵されて上院に移ってしまったあとは，下院には臆病な古参の指導者ばかりとなり，党の全国組織もたががはずれたように元気がないと彼には思われた。

　R. チャーチルは，消極的な先輩政治家を古参集団（Old Gang）と呼んで相手にせず，若手を募って保守党内に第4党（The Fourth Party）を結成し，次回の選挙に備える準備を始めた。この党内党派は，第一に全国組織の整備を促し，第二に地方で保守党を支持する労働者の再組織化を図り，最後に党内の古参幹部に対する発言権を強化することを目指すものであった。R. チャーチルを含んで4名が発足当初から活動を始めた[11]。古参集団と言われ，能なしの腰抜けのように批判されたベテラン議員の代表はノースコート卿（Lord Stafford Northcote）であり，すでに上院でディズレーリの後継として指揮を執っていたソールズベリ卿であった。古参幹部の不快感を無視し，R. チャーチルは，与党自由党を批判する以上に，野党保守党の政治家をこき下ろした。

　1880年夏に結成された第4党は，クリスマスの時期には下院で注目を浴び

---

11) 第4党の当初からの参加者は，Sir Henry Dummond Wolff, John Eldon Gorst, Randolph Churchill, Arthur James Balhour.

ており，第4党のメンバーの主張はそのまま保守党の主張と同等の扱いを受けた。特に1881年4月にディズレーリが他界すると，R. チャーチルは自らをディズレーリになぞらえ，下院でディズレーリ張りのグラッドストーン批判を展開するようになった。議員団幹事長のノースコートの面目は丸つぶれとなったことは言うまでもない。

　第4党には，しかし，内政と外交の両面で明白な政治哲学は見られなかった。ただし東方問題では，バルカン半島のクリスチャンへの同情が強いグラッドストーン首相に対して，第4党の面々（特にウルフ）は，トルコ寄りの考え方を持ち，この方針はたまたまディズレーリの小説シビルの方向と一致していたため，保守党のトルコ寄りの外交政策と一致するものとなった[12]。また，R. チャーチルは，1885年に短期間インド相を勤めていた間に，ミャンマー北西部にイギリス軍を派遣しこれを併合したが，こうした帝国拡大の方針は，ディズレーリのロマンティック帝国主義と類似していると言える。しかし，第4党は基本的にトーリー主義の綱領に従って政策を策定していたわけではなかった。外交においても，R. チャーチルはエジプト対策では常に不介入政策を支持し，エジプトでの反乱の鎮圧やスエズの権益の保護に関しては無関心であった。大問題であったアイルランドの自治問題においても，R. チャーチルの立場はあまりにもご都合主義にすぎた面が見られた。パーネル一派が自治を熱願しているのを知って，パーネル派の取り込みを図るために，一時的に保守党がアイルランド自治に理解があるように見せかけてパーネル派に近づいてみたり，グラッドストーン首相がアイルランド自治法案を提出してきたら，堅くこれを拒絶したり，一貫性がなかったことは疑いない。

　内政においては，第4党の場合，政策の一致を根拠として結成されたというよりも，いかにすれば保守党の地盤が強化できるかといった運動論・組織論が中心であった。あえて政策面を見てみると，蔵相としてのR. チャーチルは，健全財政を掲げ，小さな政府を標榜した。また，1885年11月の総選挙でジョン・ブライトに挑戦したときの選挙公約でR. チャーチルは，保守党の政

---

12) この間の第4党の活動については次のR. チャーチルの伝記が詳しい。
　R.E. Foster, *Lord Randolph Chuchill*, Oxford, 1981, pp. 62-87.

策を列挙しているが，それによると，ヨーロッパ諸国と友誼を結び，協力して諸大陸，諸島の植民地を平和に治め，大英帝国の統一を促進し，アイルランドの同胞には同じ法とよき統治を適用し，インドの統治を安定なものとし，イギリスの地方都市と田園に自治政府を確立させ，土地や家屋の所有者を増加させ，下院の権限を有効に用いて財政を切りつめ，役所の改革を推進する，また議会の立法により，事業のあり方を効率化し，労働時間を検討し，適切な商業を反映させること，これを要するに良識を持って大英帝国を統治することがトーリー党の政策であると言う[13]。R. チャーチルが説く政策群は子細に眺めてみると大英帝国の保全のようにディズレーリの政策と共通しているものもあれば，あるいは緊縮財政のようにマンチェスター学派に見まがうばかりの政策も見られた。それは彼のトーリー・デモクラシーが哲学的背景を持つものと言うよりは，現在の論戦に勝つための手練手管の側面が強いことの結果であろう。

　保守党には議院外に保守党協会全国連合という組織があったけれども，1880年代にこの組織が十全の機能を果たしていないことは多くの保守党員にとって明白な事実であった。そのまま選挙に臨めば自由党の後塵を拝することも容易に想像できる状況があった。そこで，党の運動論と組織論に深くかかわってきたR. チャーチルをはじめ，ゴースト，ウルフの第4党のメンバーが中心となって，改革に着手することとなった。彼らは，現存の全国組織の強化から始めるのではなく，新たにネーミングをした組織を生み出すやり方でてこ入れを始めた。初めにまず，R. チャーチルの支持者たちの再組織を図り，その上に多方面からのメンバーを募り，大会合，各種セレモニー，地方の業者の事業情報交換など保守党を支持する国民の幅広い社会層からなる大衆組織の結成が目指された。この組織は，保守主義の起死回生をもたらしたディズレーリの命日がプリムローズ・デイと呼ばれているのにちなんでプリムローズ・リーグ（サクラソウ同盟）とネーミングされた。そしてこの同盟に全国連合評議会が設置され，R. チャーチルが議長におさまった。ソール

---

13) W. Churchill, op. cit., pp. 771-772.

ズベリは軽侮していたが，彼の妻は敬愛するディズレーリにゆかりのあるこの同盟の熱心な支持者となった。

　R. チャーチルはこの同盟を主催することで知名度を上げたが，実はプリムローズ・リーグ内部では，ゴーストがディズレーリの残した教訓どおり，社会福祉の増進に努めようとしたのに対して，R. チャーチルは自らの地位の確立に熱心で，地方組織の充実と会員の福祉増進をないがしろにする傾向が見られた。こうして同盟はディズレーリが『シビル』や『コニングスビー』で描いた"貴族階級と労働者階級の同盟こそがトーリー・デモクラシーのエッセンス"といった観点から見ると見掛け倒しとなっていった[14]。

　しかしながら，結成直後からプリムローズ・リーグは着実に発展し，保守党の草の根レベルからの掘り起こしでは大きな成果を生み出した。それにつれて R. チャーチルの名声も上昇し，彼は翌 1884 年には公式の組織である保守党協会中央連合の議長に選抜された。プリムローズ・リーグを足がかりに保守党内を駆け上ろうとする R. チャーチルのもくろみは成功しつつあったのである。

　ディズレーリが蔵相の経験を経て首相に就任してトーリー主義の政策の実現を図ったことから，R. チャーチルがしかるべき地位に就きたいと念願したことは容易に理解できる。実際，彼は，ソールズベリ首相から二度チャンスを与えられた。一度はそれを利用して自分の意思を貫いたけれども，二度目の意思の押し付けは，ソールズベリに断固として粉砕されてしまった。

　1884 年 2 月，保守党協会中央連合において R. チャーチルが評議会議長に選出された。居並ぶ保守党のベテラン幹部が面白くなかったことは言うまでもない。R. チャーチルはこの時若干 35 歳で，まだ若者の域を出ない人物が保守党の全国組織を束ねることとなったのである。5ヵ月後，党内の不満を察知したソールズベリが調整に動き，R. チャーチルとの間で妥協が成立した。評議会議長は M. H. ビーチが就任し，プリムローズ・リーグは党から正式な組織として承認され，これ以後，保守党はソールズベリと R. チャーチルの二

---

14) Foster, op. cit., pp. 132-134.

巨頭体制で運営されることが既成事実となった。この調整案の陰でゴーストはR. チャーチルに従って高位を獲得するか，金科玉条としてきた社会政策にこだわって独自路線を歩むかの選択を迫られ，結局ゴーストは後者を選び，R. チャーチルから離れていった[15]。この時点でR. チャーチルの関心がトーリー・デモクラシーの理念の実現というよりは，党内の地位獲得にあったことは明白であった。

ディズレーリの時代から保守党の組織作りに携わってきたゴーストは，ディズレーリの政治指導を思い起こして次のようにトーリー・デモクラシーを要約している。

> 「トーリー・デモクラシーの原則は，すべての統治がただ被統治者のために存在するというものである。……それは，国民の福祉増進が究極の目的である点で民主主義的なのであり，また，現存する国家体制がその目的を達成する手段であると信ずる点でトーリーなのである[16]。」

R. チャーチルは，きわめて短期間に保守党内を駆け上り，あと一歩というところまで到達した。彼はトーリー・デモクラシーを自らの栄達のための方便であるかのごとく用いたのである。

ディズレーリの「偉大な大英帝国」の維持発展を目指す方針が，トーリー・デモクラシーの原則に必然的に適合するものかは，検討されるべき課題であろう。R. チャーチルは，ほとんどのケースで，帝国の維持に莫大な経費のかかるこの帝国主義よりは，グラッドストーンに近い立場を取り，介入には反対していた。しかし，前述したように1885年にインド相に就くと，ミャンマー北西部に軍隊を派遣し，大英帝国に併合してしまった。帝国の繁栄を考えれば重要な作戦であったが，この場合にも，ミャンマー国王は独裁的であり，イギリスの派兵は領土的野心からでもないということになった。

ソールズベリは，世評を背景に着実に立場を強化しつつあったR. チャー

---

15) Ibid., pp. 157-158.
16) In a Letter in *The Times*, February 6, 1907, cited in Monypenny & Buckle, vol. II, p. 709.

チルに，二度，昇進のチャンスを与えた。一度目は 1885 年の少数派政権の時で，ソールズベリ首相は R. チャーチルをインド相に就任させた。この時，R. チャーチルはソールズベリ首相に対して条件闘争を仕掛け，勝利した。彼の意思を押し通したのである。つまり，彼は，下院議員団長を務めるノースコートを下院から上院に移して欲しいと願い出て，これが聞き入れられ，ノースコートはイデスリー伯爵（Earl of Iddesleigh）となって上院に移り，ソールズベリはすでに上院に所属していたので事実上，R. チャーチルが下院のリーダーとなった。

R. チャーチルにとって二度目のチャンスはすぐにやってきた。1886 年 7 月の総選挙に保守党が勝利した結果，R. チャーチルには蔵相のポストが与えられた。一度目で味を占めた彼は今度も首相に対して条件闘争を挑んだ。今度は，就任の条件ではなく，就任後初めての予算に自分の意思を通そうとするものであった。具体的には，陸海軍の国防予算を大幅に削減したいと申し出て，陸軍相 W. H. スミス（W. H. Smith）と海軍相ジョージ・ハミルトン（George Hamilton）の双方とも，協力はするけれども R. チャーチルの要求は無理との答えに R. チャーチルは，蔵相の要求が受け入れられないなら予算を組むことができないとして，ソールズベリ首相に辞任を申し出てきたものであった。ほかに蔵相適任者がいないことを見込んでの強引な要求と脅しであった。ソールズベリは，今回は R. チャーチルの横紙破りを甘受せず，徹底的に反撃に出た。まず，受理されることはないものと高をくくって出した辞任の手紙を受け入れ，関係者に愛国精神の必要性を説いて国防予算の必要性を根回しし，蔵相の後釜には自由党からジョージ・J・ゴーシェン（George J. Goschen）を招いて就任してもらうこととした。R. チャーチルは，結局，本当に蔵相と下院議員団幹事長を辞任し，これ以後，病気が重なったこともあり（1895 年歿），彼が政界の中央に躍り出る出番は消えてしまったのである。

R. チャーチルのトーリー・デモクラシーはその後どうなったのか。第 4 党は解散になり，構成員のうちソールズベリの甥であるバルフォアが有望株として台頭し，ソールズベリ内閣でも重用され，やがて世紀の変わり目に首相に就任することになった。プリムローズ・リーグは，R. チャーチルの没後も

発展を続け，1890年代にはゆうに百万人を超える会員を擁しており，実に1990年代でも活発に活動をしていたが，2004年になって，とうとうその歴史的使命を終えた。無論，この同盟は，R. チャーチルの後，公認された保守党の支持母体であり，トーリー・デモクラシーの実践とは直接関係ない組織となっていったのである[17]。

　R. チャーチルが政治活動を展開した1880年代は，自由主義から帝国主義へと時代が大きく変化していく，その過渡期であった。1846年の穀物法撤廃以後，自由貿易時代が到来してみると，土地貴族や地主たちが案じたようなイギリス経済の破綻はやってこなかった。確かに農業人口は激減し，産業構造は変化したけれども，世界の工場として機能しつつあったイギリスは，地方からの労働力を吸収しながら繁栄を享受した。政治面でも，ブルジョアが選挙権を得た1832年の第一次選挙法改正から農業労働者まで選挙権を付与された1884年の第三次選挙法改正まで参政権が拡大し，1885年の総選挙からは文字通りの大衆民主主義の時代に突入したと言ってよい。ディズレーリが1872年のクリスタルパレス演説で帝国の絆の維持の重要性を強調しているが，イギリスは，1870年代からエジプトへの介入政策やバルカン半島で一定の役割を担った外交政策，そしてそれまでも植民地だったが，ヴィクトリア女王がインド女王を兼ねるというインドの併合等，イギリスは望むと望まざるにかかわらず，本格的な帝国主義に接近し，やがて，20世紀の変わり目の時，J. チェンバレンの帝国関税政策で，帝国主義政策の体裁を整えた。ソールズベリが帝国主義の推進者というわけではなかったが，彼の第三次内閣は帝国主義と見られるボーア戦争に従事した。R. チャーチルが1885年に展開したミャンマー併合も背後にロスチャイルド家の鉄道利権に関する要望があったといわれ，帝国主義政策の一環と見るべきであろう。

　1880年代は混乱期でも会った。混乱のきわみはアイルランド政策であり，グラッドストーンは，政治生命をかけてアイルランドの自治問題に取り組んだけれども，アイルランド問題の一応の決着が見られるのにも彼の政権の後

---

17) 小関隆，『プリムローズリーグの時代　世紀転換期イギリスの保守主義』，岩波書店，2006年，287-293ページ参照。

数十年も必要とした。80年代にはC. S. パーネル（Charles Stewart Parnell）の率いるアイリッシュ・ナショナリストは1980年の総選挙で65議席，85年にはアイリッシュ自治党86議席，86年には85議席，92年には81議席を獲得し，自由統一党と並んで政権のキャスチングボートを握る勢いであった[18]。1890年にパーネルが女性問題で失脚すると，政治勢力は維持したものの，アイリッシュ自治党の内部に混乱が生じた。

バルカン半島を巡るいわゆる東方問題でもイギリス政府の混乱は避けられなかった。幾度も政権を担当したグラッドストーンはクリスチャンのよしみでブルガリア等のヨーロッパ諸国を支持し，保守党が政権を担当すると保守党は伝統的にトルコを支援するといった具合で，外交政策に一貫性が見られなかった。

内政では保守党と自由党の政策の眼目ははっきりしていた。避けることのできない大衆民主主義の到来に対して，どうしたら労働者大衆の支持をつなぎとめられるか，すべての政策の目的がこの課題に帰着すると言ってよかった。国民の社会福祉増進は疑いなくこの課題に取り組んだ結果の政策であった。トーリー・デモクラシーもこの課題に答えるものでなければならなかった。

実は1870年代から，古くからの二大政党が労働者の支持をいかに得ようかと腐心している間に，労働者大衆は着々と自らが政治の実権を握る準備に励んでいた。1880年代にマルクス主義がフェビアン協会や社会民主主義者の間でよく議論されるようになり，90年代にはケア・ハーディ（James Keir Hardie）が労働者の党[19]の設立準備を始め，1900年2月に労働党が誕生した。

労働者が自らの党を作って社会主義を標榜するのであれば，二大政党の政策の幅はほとんど差がないといってよい。実際，二大政党は20世紀初めに政界再編を決めたので，やがて第一次世界大戦及び第二次世界大戦を経て，二大政党は保守党と自由党ではなく，保守党と労働党ということになる。

---

18) Neville Williams, *Chronology of the Modern World 1763-1965*, Middlesex, England, 1966, pp. 316-360.
19) Paul Knaplund, *The British Empire 1815-1939*, New York 1969, p. 316

トーリー・デモクラシーのディズレーリからの遺産のうち、"貴族と労働者の同盟"は労働者自身の党が誕生した結果、荒唐無稽なスローガンとなってしまったが、今日でも労働党に所属する貴族が存在するのは、この伝統の名残と言えなくもないであろう。"地位あるものの責任"という観点は、すべての政党に消化吸収されていると見るべきであろう。また、R. チャーチルの考えたトーリー・デモクラシーの遺産として"トーリーが政治を行い、民衆がこれを支持する"という公式は、形を変え、どんな民主的な組織でも、指導者と支持者の区別があり、少数者の支配は必然であるという、いわゆるエリート論と通底するものとなっている。21世紀の今日、トーリー・デモクラシーは完全に死語となっているけれども、コブデン、ブライトの経済自由主義がイギリス保守主義の重要な内実となったと見ることができるなら、トーリー・デモクラシーも保守主義者が心すべきものとして、民衆の生活改善、社会福祉の増進を目指すと説く点で、イギリス保守主義の伝統の一角を占めると言いうるのではなかろうか。

ソールズベリは、1880年代初に、味方陣営の古参幹部まで容赦なく斬って捨てるR. チャーチルに、一度ならず活躍の場を与えた。それは、チャーチルの姿に近い将来の首相の幻影を見たからかもしれないが、勢いに乗る奔馬をあやそうと努めるためでもあったであろう。二度目に与えた大きなチャンスが蔵相への就任であったが、チャーチルがまだ一度も予算編成を完成しないうちに辞任を申し出た際にソールズベリは反撃を固く決意した。その決意の固さが、余命10年もなかったR. チャーチルのその後のすべての公職をはぎ取ることとなった。

R. チャーチルとディズレーリの違いはどこにあったか。それは、結果的に、ディズレーリが首相の座まで上り詰め、政府として仕事を残したという実績の問題だけではない。ディズレーリの命日を記念するプリムローズ・デイの長年にわたる遵守のように、国民に慕われていたか否かだけでもない。それらの結果をもたらした原因そのものこそ二人を分かつ明白な相違であろう。それは、ディズレーリの場合、彼の半生をかけて真のトーリー主義について思索し、行動を重ねて蓄積したものであったのに対し、R. チャーチルは、権

力への野望の手段としてトーリー主義を持ち出したのであって，彼のトーリー・デモクラシーには，体験上の裏打ちもなければ，思索の上での知的集積も見られなかった。つまり，ディズレーリが主唱した真のトーリー主義とは似て非なるものをR. チャーチルは鼓吹し，体現化していたにすぎない。19世紀から20世紀にかけての現代化の過程で，トーリー主義がどこまで生き残ることができるのかは別稿で検討することとして，R. チャーチルのトーリー・デモクラシーは，彼が病で倒れたことを差し引くとしても，同僚や先輩政治家に見放され，メディアにも国民にも高い評価を得られなかった。トーリー主義と異なるものを追求し，しかもその政策を実行することすらできなかったことがその不人気の究極の原因と見ることができるのではなかろうか。

第4章　ウィンストン・チャーチルの保守主義

　ウィンストン・レナード・スペンサー・チャーチル（Sir Winston Leonard Spencer Churchill）は、戦時連立内閣首班として五年にわたりナチスドイツとの戦争を指導した。45年5月にドイツ軍が無条件降伏した後、チャーチルは総選挙を決定して総辞職し、保守党の選挙管理内閣を成立させた。彼はこの選挙に大敗したものの、1951年10月にクレメント・アトリー（Clement R. Attlee）の率いる労働党を破り、首相に返り咲いた。なぜ彼は77歳になろうとする高齢で、しかもさまざまな政府の重責を歴任した後で、さらに政権担当にこだわったのか。晩年のチャーチルの政治指導はどのようなものであったのか、またそれはどう評価できるであろうか。

第1節　第三次チャーチル内閣までのチャーチル

　チャーチルは恵まれた環境の下に生を享けた。彼が生まれたのは、大英帝国が最も力を拡大維持しているときであり、彼の人生は、イギリスが帝国から普通の国に斜陽していく過程とほぼ重なっている。大英帝国の頂点の時代という空間的・時間的な好条件に加えて、チャーチルの家系は、さかのぼってアン女王の時代に叙爵されたマールバラ公爵を祖先に持つ貴族であり、ウィンストンの父親ランドルフ・チャーチルは、第8代マールバラ公爵の実弟に当たる。ウィンストンは、1874年11月30日、広大なブレニム・パレスで生まれ、2歳になるまでに総督秘書の父ランドルフとともにダブリンに渡り、乳母付きの幼児生活を送った。もっとも、貴族の家名と各家庭の台所事情は別問題で、第7代公爵の次男ランドルフ・チャーチルには財産の相続がなく、夫婦ともそれぞれの親から大きな財政的支援があったものの、家計はいつも赤字続きであった。ウィンストン・チャーチルは若いときから、はじ

めは従軍記者の記事から，やがて軍事関係の小説，戦争の回顧録までと極めて多くの著作を発表した。

　チャーチルは，著作が高く売れるという恵まれた環境を生涯維持することができた。パブリックスクールのハロー校でもサンドハースト陸軍士官学校の試験でも成績はあまり優れなかったが，彼には群を抜く文筆の才能があった。サンドハーストを卒業後，彼は1896年からインドのバンガロール（現在のベンガルール）に赴任した。その前後に，キューバのスペイン軍，イギリス軍におけるパキスタンのマラカンド作戦やスーダンのハルツーム作戦に志願し，従軍記者として詳細な報告書を作成した。さらに1899年にボーア戦争が勃発するとこれに志願し，勇ましく戦う中で敵軍の捕虜となったが，脱走に成功した。チャーチルの脱走話は，彼を英雄に仕立て上げ，彼もまた，ボーア軍から「生死を問わず」25ポンドの懸賞金（あまりにも安価）をかけられた話を好んで講演で語った。

　1900年の総選挙に出馬するとき，費用についてチャーチルは記録を残しているが，それまでに出版した小説とボーア戦争通信の著作からの収入が4000ポンドあり，それに加えて，選挙前5ヶ月間実施したイギリス国内とアメリカでの戦争体験講演旅行で，約1万ポンドの活動費を貯蓄することができた。（1900年の1ポンドは2007年で61ポンド）ソールズベリ候（3rd Marquis of Salisbury, Robert Arthur Talbot Gascoyne Cecil）の率いる保守党が大勝したこの総選挙でチャーチルは初当選し，以後，半世紀にわたる政治活動を開始した。

　チャーチルは，いわゆる選挙に強い政治家ではなかった。1899年に補欠選挙で敗れたのは助走と考えても，1922年，23年の総選挙と24年の補欠選挙では続けて苦杯をなめている。それにチャーチルは，父親の代からの保守党所属を途中で変更し，さらにまた保守党に戻るという離れ業をやってのけた。こうした政治行動が選挙をさらに難しくしたことは想像に難くない。

　1904年5月31日，保守党の関税政策を批判し，自由貿易支持を訴えた後，チャーチルは，下院議場で政府側から野党の自由党側に席を移動した。アーサー・ジェイムズ・バルフォア（Arthur James Balfour）首相以下の保守党領袖が快く思わなかったのは当然であった。チャーチルの衣替えは，当時の保守

党がほぼ確実に次期の総選挙で敗れることが予想されていたので，結果的に勝ち馬に乗った形となった。事実，1905年12月にバルフォアが突然総辞職して自由党に政権が転がり込んできたとき，時の首相キャンベル＝バナマン（Sir Henry Campbell-Bannerman）は移籍間もない若干31歳のチャーチルに植民次官の閣外大臣ポストを与えた。チャーチルは以後17年間も続く自由党政府内で商務長官，海相，軍需相，陸相，空相，植民相を歴任した。

　第一次世界大戦後，チャーチルは落選の憂き目を経て1924年10月の総選挙で当選し保守党に復帰した。このときも，結果的に保守党が政権に帰り咲くときにチャーチルが保守党に戻った形となり，スタンリー・ボールドウィン（Stanley Baldwin）首相はチャーチルを必ずしも歓迎していなかったものの，チャーチルを抱きこむため蔵相のポストを提示した。チャーチルは喜んで大役を引き受けた。

　チャーチル蔵相は5回年度予算作成に携わったが，自由貿易の原則を堅持したい蔵相と保護貿易に傾くボールドウィン首相やネヴィル・チェンバレン（Arthur Neville Chamberlain）厚生相の要望が衝突し，予算に特別なチャーチル色は見られなかった。

　保守党領袖とチャーチルの本当の対立は対インド政策に見られた。1931年1月ラムジー・マクドナルド（James Ramsay MacDonald）労働党政府がインドの自治を認め，野党のボールドウィンがこれを支持したとき，インドに対する大英帝国の直接統治の必要性を信じて疑わなかったチャーチルは即日影の内閣の蔵相を辞任し，保守党内のバックベンチャー（平議員）に退いた。一方，ボールドウィンは，政策的に対立するだけでなく，もともと政党間を渡り歩いて政府の要職を歴任してきたチャーチルを快く思わず，「次の総選挙で勝利したらチャーチルを閣外に放出するつもり」と明言し，実際，1935年から40年までの保守党政権で，チャーチルはバックベンチを暖め続けた。

　チャーチルは第二次世界大戦を指導した政治家として世界に知られている。1939年9月3日に宣戦布告が宣言された直後に海相に任命されたチャーチルは，翌年5月10日に首相に就任し，45年5月7日にドイツが降伏するまで戦時内閣を指導し，イギリスを戦勝国へと導いた。チャーチル戦時内閣

第1節　第三次チャーチル内閣までのチャーチル　57

の政治の詳細は別の叙述に譲るとして，ここでは，戦争中のチャーチルの政治に関して何点か指摘するにとどめたい。

　ドイツに対するネヴィル・チェンバレン首相の宥和（アピーズメント）政策は国民の圧倒的な支持を得ていた。1938年9月28日，アドルフ・ヒットラーがミュンヘンの4カ国会議に参加するとの知らせを聞いた下院では，議員が総立ちしてこのミュンヘン会談を支持した。立ち上がらずチャーチルと不支持の行動をともにしたのは，アンソニー・イーデン（Sir Robert Anthony Eden）とハロルド・ニコルソン（Sir Harold Nicolson）など，ごく少数にとどまった。しかし，チャーチルはその後一年を待たずに閣僚に加わり，一年半後には首相に就任し，二年後には保守党党首に選任された。

　チャーチルは，戦局不利な状況での首相就任を躊躇なく引き受けた。チャーチルの大局観からすると，ドイツは強力であるがソ連とアメリカが参戦すれば勝てるはずであった。それゆえ，チャーチルのフランクリン・D・ローズヴェルト（Franklin Delano Roosevled, FDR）米大統領への連絡と配慮は，戦争遂行上，何よりも優先された。戦後の第三次チャーチル内閣でもこの"英米特殊関係"の維持は，イギリス外交政策の一つの目玉となる。ソ連の参戦は，社会主義に対する反感の強いチャーチルにとっては，アメリカの参戦よりも頼りがたく予想のつきにくいことであったが，ヒットラーが独ソ不可侵条約を破ってソ連と開戦することは必至と見ていた。したがって，イギリス国内が猛烈な爆撃にさらされている中でも，イギリスは絶対降伏しない，と断言できたのである。

　戦時連立内閣を率いてイギリスに偉大な勝利をもたらしたチャーチルは，戦勝の勢いで自らの率いる保守党が圧勝するものと思い込み，1945年7月5日に総選挙を挙行した。彼は投票の後，開票予定を前に，南フランスに休暇をとり，15日にはドイツのポツダムでの三巨頭会談に晴れやかに臨んだ。しかし，国民は戦争指導者の続投より，福祉国家導入を目指すアトリーの労働党を選択した。26日開票日に総選挙大敗北（585から213議席に後退）の知らせを聞いたチャーチルの驚愕と落胆はあまりにも大きかったが，実際のところ，もっとも驚いたのは勝利したアトリーであった。アトリーは少なくとも

40議席の過半数で保守党が勝つと予想しており，翌27日にポツダム会談に臨んだアトリー新首相のスタッフは，ジョン・コルヴィル（Sir John Colville）首相秘書官を始め，前内閣とほとんど同じ顔ぶれであった。重要な国際会議に自前の要員が準備できていなかったのである[1]。

　チャーチルの年齢（70歳）と経歴を考えれば，このとき引退を表明することは十分考えられたが，彼は続投を決意し，野党党首として次期政権への意欲を示した。1946年の保守党大会でチャーチルは次のように党の政策原則を明示した。

　　「わが党の主たる目的は以下の通りです。キリスト教文化を守り，国王と議会の基本構造を擁護し，基幹産業である貿易の安全を保証し，行政から独立した司法の定める法と秩序を守り，国家の歳入と歳出の健全な財政をめざし，帝国内貿易の発展を確保し，国民の健康増進や社会条件の向上に努め，主要産業の国有化に反対する[2]。」

　この原則の現実化が195年の総選挙マニフェストに結実した。労働党と明確に異なるのは基幹産業の国有化の問題であることは明らかであった。1950年の選挙では，労働党の社会主義的政策がナチスのゲシュタポと同じ全体主義体制につながるというような荒削りの批判（45年6月4日ラジオ演説）はさすがに控えたものの，相変わらず，チャーチルの演説の論点は反社会主義一点張りであった。チャーチルは，50年2月23日に投票された総選挙で確かな手ごたえを感じたものの，結果は，625議席のうち保守党は299議席で，315議席を獲得した労働党に連続勝利を許した。

　選挙に破れたにもかかわらず，チャーチルは再び党首を続け，結局，51年

1）イギリスの憲政の常道では，7月26日に選挙結果が判明した場合下院はその数日後に開かれ，それまではチャーチルが首相でありえたことから，翌27日の重要なポツダム会議にチャーチルが首相として出席することは可能であった。が，チャーチルは即日，辞任を申し出，26日にアトリー新首相が選任され，アトリーは翌日の懐疑に十分な準備ができなかったというのが実情であった。Martin Gilbert, *Churchill: A Life*, William Heinemann, U. K., Henry Holt & Co., New York, 1991, p. 855.

2）Ed. by Robert Rhodes James, *Churchill Speaks*, Chelsea House, New York and London, p. 897.

10月25日，安定政府を求めるアトリー首相が決めた総選挙で，チャーチルは，50年に用意したものに少しだけ手を入れたマニフェストで選挙を戦い，小選挙制がよくもたらす結果であるが，全国で得た総票数では労働党が勝っていたにもかかわらず，議席の上では明らかに保守党が過半数を獲得した。(保守党47.8% 321議席，労働党49.4% 295議席，自由党2.6% 6議席) チャーチルは政権に返り咲き，ただちに内閣を組織し，10月30日初閣議を開催し，第三次チャーチル内閣の政治が始まった。

第2節　第三次チャーチル内閣の経済・社会政策

　アトリー内閣は福祉国家路線を決めた点で特筆すべき業績を上げたが，戦後の荒廃した国土における住宅建設では，明らかに遅れをとっていて，1950年には5000戸しか建設できなかった。

　50年10月の保守党大会で，ある委員から年間公営住宅30万戸を公約に加える提案が出された時，「我々は30万戸建設できるだろうか。」と隣の委員に尋ねられた影の蔵相リチャード・A・バトラー（Richard Austen Butler）は，「問うなら，我々は30万戸建設すべきか，でしょう。」と答えた。誰が担当するのか，予算の裏づけはあるのか等問題は山積していたものの，チャーチルはこれを受け入れ，1951年の総選挙用マニフェストに明記した。

　51年総選挙後，チャーチルはハロルド・マクミラン（Harold Macmillan）を呼び，「国民のために住宅を建ててくれ」と言ってマクミランを住宅・地方自治相に任命した。それまで主として国防と外交分野で仕事をしてきたマクミランはこの任命に驚いたが，住宅建設チームを立ち上げ，1953年までに年間30万戸公営住宅建設の目標を達成した。53年10月の党大会でチャーチルは公営住宅が二年続けて30万戸建設できたことを誇った。マクミランは54年度も住宅35万戸以上を建設し，家賃法（家賃と修理に関する法律）を整備して，1956年までに15万戸と見込まれる民間住宅との間で着工数調整という新しい状況に取り組むこととなった。住宅建設に使われた莫大な費用は，政策のどこかにひずみとなって現れる可能性があったが，1953年の朝鮮戦争終結

後，貿易が急激に上向き，また輸入の削減，公定歩合2%から4%に引き上げのような金融政策の導入など，バトラー蔵相によって適切な政策が推進され，1951年に赤字に落ち込む直前のイギリスの財政は，54年までに十分な黒字財政に改善されていた。

　チャーチルは，アトリー内閣が矢つぎ早に手がけた主要産業の国有化——英国銀行（1945年），石炭・航空・運送業界（1946年），電気産業（1947年），ガス・鉄道（1948年），鉄鋼業界（1949年）——のすべての国有化を廃止すると発表し，1950年のマニフェストに「我々は国有化の動きを完全にストップする。……我々は（国有化を定めた）鉄鋼法が施行される前に廃止し，鉄鋼業界では民間の経営が存続する。……乗り合いバスと路面電車の国有化は中止する。」と明示した。しかし，チャーチルの政治はプラグマティックであり，彼は状況に応じて変化を受け入れた。50年の総選挙で敗れた後の51年のマニフェストでは「我々はこれ以上の国有化を阻止する。」と少し言葉を軟化させてそれまでの国有化を半ば認め，さらに国民のほぼ半分はアトリー内閣の改革を依然支持していることが51年の総選挙で読み取れた時，チャーチルは公約に明記した鉄鋼業界の民営存続と道路輸送の民営化のみを実行し，それ以外の国有基幹産業に対しては，妥協して手を加えなかった。

　確かにこの政権下で食料の配給制度が終了し，物資調達省が廃止され，貯蔵物資は処分された。必然的に，食糧配給に必要な政府，外庁も廃止された。しかし，これらの変化は野党労働党も認めたいわば当然の成り行きであった。エコノミスト誌はチャーチル政権の政策が労働党時代と大差ないことから，直前の労働党蔵相ヒュー・ゲイツケル（Hugh Gaitskell）と現政権のバトラー蔵相をもじって"バツケリズム（Batskellism）"政策と評した。バトラー本人は，後に回顧録でバツケリズムという評価について，次のように述べ，正確な理解を求めている。

　　「もし，1952年にポンド通貨の自由化が私の願ったとおりに実現していたら，"バツケリズム"という用語は生まれなかったであろう。」

　つまり，ポンドが変動相場に移行していれば，もっと経済の自由化が進み，

前政権との違いは歴然としたはずと言う。

> 「私は，明らかに社会主義者であった彼（ゲイツケル）と信条を共にしていなかった。……私たちは，確かにケインズ主義に近かった。しかし，私たちは異なる目標を目指しながら，似通った政策を主張していたのである[3]。」

政策の目的は別の方向であったが，その実現過程で，両者は同様にケインズ主義の政策を導入した。つまり，ゲイツケルが大胆な社会主義導入ではなく，部分的な国有化，失業対策，福祉政策を推進することによって健全な集団主義的社会主義が実現できると信じたのに対して，バトラーは，無規制の資本主義の導入を急ぐことなく，修正資本主義の政策によって健全な個人主義的資本主義が生き残れると考えたのである。

いずれにしろ，結果的に，福祉国家路線は変わらなかった。チャーチルもこの方向を受容した。蔵相任命後初めての予算でバトラーが，援助を最も必要とする年金生活者，大家族，母子家庭に食料の配給を決め，困窮家庭200万人から所得税の義務をはずす演説をした時，チャーチル首相は「これこそ私の父の言っていたトーリー・デモクラシーだ」と賞讃した[4]。

バトラーは1954年度予算を発表した後，チャーチル内閣の三年を総括して，自由促進の結果，身分証明書・食糧配給を廃止し，猜疑的な福祉検査官を半減させ，戦争中から引きずってきた諸規制の三分の二を無効にしたと誇った。

保守党の成果は大きなものがあったが，ある研究者が述べるように，労働党が政権を取っていてもおそらくこのような規制撤廃はしたと思われる。"国民に自由を！"というスローガンでさえ，どちらの党が叫んでも，戦後の苦労辛酸をなめている国民には自然に聞こえたであろう。チャーチル内閣の時代がコンセンサス（合意＝両党の政策の相違が少ない）の時代と評されるのはそれなりの理由があったのである。

---

3) Ed. by Lord Butler, *The Conservatives : A History from their Origins to 1965*, George Allen & Unwin Ltd., 1977, 430-431.
4) *Churchill Speaks*, op. cit., pp. 958-959.

第3節　チャーチル首相の最優先事項

　チャーチルは，もっぱら外政に強い関心を持ち，選挙に敗れたときでも外交と国防の問題がある限り，自らが首相に適任であると信じた。チャーチル内閣では，内政はバトラー蔵相やマクミラン住宅・地方自治相に任せ，世界政治にイーデン外相とともに関わろうとした。戦時中でもないのに，国防相を自らが兼任したことがその決意の現われと見てよい。世界政治への関わり方・外交の基本方針は，1951年のマニフェスト（コラム）に明確に示されている。

　　「世界に向けては，我々は第一に大英帝国と英連邦の安全，進歩，結束を図る。次に世界に存在する幾千万の英語国民とともに自由と世界の平和のために協力する。第三にこれらの基礎の上に欧州連合に向けて努力する[5]。」

　チャーチルが示した三つの政策方向は，英連邦，英米関係，ヨーロッパの優先順であった。しかし大英帝国の勢いは，インドの独立などによりすでに大きく傾き，杖とも頼む英米特殊関係も実は難しい問題を内包し，国際舞台でアメリカが国家の実力に応じた対応をするのに，イギリスは隠忍自重しなければならなかった。ヨーロッパとの連携協力は大陸諸国が統合に向けて動いていたので，もっとも可能性のある政策分野であったが，チャーチルは，アトリー内閣のベヴィン外相よりもっと明確にイギリスの主権が割譲されうる統合案のすべてに強く反対した。イーデン外相もこの点でチャーチルとまったく同じ立場を取った。チャーチルとイーデンの展開した外交・国防は大英帝国のプライドを保ち，かつ体現する最後の政治家が，帝国の斜陽化の過程で示したリーダーシップと言ってよい。

　チャーチルが首相であった51年末から55年前半にイギリスと関わりの深い世界政治の問題を整理すると，まず，大英帝国の象徴であった（人口，国土ともに本国をはるかに圧倒する）インドがパキスタンとともに47年8月に独

---

[5] Ibid., pp. 915-918.

立し，セイロンの独立が翌年続いた。この独立の際，イスラム教徒はパキスタンへ，ヒンズー教徒はインドへと大規模な人口移動が起こり，その騒動の中で50万人以上の人が殺された。しかも，独立直後からカシミールの帰属をめぐってインドとパキスタンは戦争状態に突入していた。

イギリスは，48年5月にパレスチナから撤退し，この地域での威信を決定的に失い，直後にイスラエルとアラブ諸国の間で第一次中東戦争が勃発した。

中東の大国イランと北アフリカの玄関エジプトでは，民族主義が台頭しつつあった。イランのモハンマド・モサデク（Mohammad Mosaddeq）首相は，当時世界最大のアングロ・パーシャン石油精製会社を接収して国有化し，エジプトでは，ムハンマド・ナギーブ（Muhammad Najib）とガマール・アブド・ナーセル（Jamal Abd Nasir）の二人の将軍が国政の実権を握り，勢力をスーダンに及ぼそうとしていた。スエズ運河のイギリスの巨大な利権も危うくなろうとしていた。

東南アジアでは，旧フランス領のインドシナで46年からホー・チミンの率いるベトミン党がフランス軍を追い込み，熾烈な接近戦が続けられていた。停戦の実現には何らかの国際介入が必要であった。南のイギリス支配下のマレー半島では中国で訓練された共産ゲリラが革命運動を繰り広げ，イギリス軍が掃討戦を展開していた。

東アジアでは，49年10月に成立した中華人民共和国が積極的な共産主義運動を推進し，朝鮮半島では50年6月以後1953年7月まで，中国と北朝鮮の共産軍と，アメリカを中心とする国連軍と韓国の連合軍との間で，国を分断する激しい内戦が戦われていた。

カリブ海の植民地とイギリス領西アフリカでは，1948年に暴動が発生したものの，すぐに鎮圧された。本国外務省は，これらの地域で発生する内乱を未然に防ぎ，少しでも長くイギリス支配が続くよう腐心しなければならなかった。

ヨーロッパを見てみると，少なくとも三つの問題あるいは課題が同時に進行していた。一つには，ヨーロッパ統合に向けて確実な流れがあり，フランス外相が提案したシューマン・プランに基づくヨーロッパ石炭鉄鋼共同体

(ECSC) が1951年4月に調印され，数年後に結実するヨーロッパ経済共同体に向け大きなうねりを始めていた。二つ目の問題と関連するが，経済面だけでなく，軍事的にもヨーロッパの統合の動きが見られ，一つはアメリカが提唱し，西欧5カ国が結んだブリュッセル条約を含める形で北大西洋条約機構 (NATO) が1949年4月に調印され8月批准発効した。これに対して，ヨーロッパにも独自の防衛協力機構が必要ということで，フランス首相が発表したプレヴェン・プランに基づき，ヨーロッパ防衛共同体 (EDC) が構想され，実現に向けて活発な交渉が行われた。

二つ目の問題として，ドイツをどのような条件で平和状態に戻すかという問題が残されていた。この問題は根本的にソ連の思惑とアメリカを始めとする西ヨーロッパ諸国の意図が激突する場であったのに加えて，フランスの強度のドイツ不信・脅威論が解決案を束縛していた。EDCが構想倒れに終わったのは，疑いも無く，ドイツ軍が加わることを嫌う提案国フランスの議会による批准拒否が原因であった。しかし，ドイツ問題が解決しない限り，戦勝国によるドイツ占領が継続され，国際法的にはドイツは戦争状態から抜け出ることができなかった。

三つ目はイタリアが抱えた問題で，ユーゴスラビアとの国境が連合軍とユーゴ軍に占領統治されていたが，このトリエステ地域の領土をどのように配分するかという問題であった。イタリアとユーゴの両国がトリエステの領有権を主張し，何らかの国際的仲裁なしでは解決できない状態になっていた。

以上の1950年代前半の国際情勢は，チャーチル内閣で実際に外交を担当したイーデン外相の回顧録を参考にして描いたものであるが，確かに国防・外交面で仕事は山積していたといってよいであろう。

チャーチルは，アメリカ合衆国を第二の故郷と見ていた。(実際，彼の母親はアメリカ国籍でニューヨーク市民であった) またアメリカはイギリスから生まれた弟分の国家であると考えていた。しかし彼は，第二次大戦中に大英帝国の基盤の脆弱化も肌で感じていた。彼は戦時中に「私は大英帝国の幕引きの役目を負うために首相を命じられたわけではない[6]。」と述べたけれども，アメリカの世論は反帝国主義・反植民地主義であり，経済の自由競争原理支

持であった。ローズヴェルトとチャーチルの明確な相違は，戦後における大英帝国の役割について見られた。ローズヴェルトは植民地の解体から自由主義国家群の登場を考えていたのに対して，チャーチルは弱体化しつつある帝国を少しでも持続させ，帝国が無理な場合には英連邦の結束を固める形で，ヨーロッパに限定できないイギリスの国家のあり方を追求しようとしたのである。

　実際に，上に挙げた世界政治の問題に，チャーチル政権は何一つ独自に決定することができなくなっていた。アメリカが提案したNATOは12か国で調印され，ヨーロッパ防衛共同体にはイギリスは不参加を決定し，側面からの援助に徹した。トリエステ問題でもインドシナ戦争休戦問題でもイーデンが奔走し，チャーチル内閣がバックアップしたものの，すべては国際会議でいかに対応するかという問題に収れんした。朝鮮戦争ではイギリスは受動的に国連軍に加わった。イギリス政府が直接深く関わっていた問題の一つはイランの石油問題であったが，イランのモサデクとの対決も，結局は，イランに反共産主義政権を望み，イランからの石油購入も考えていたアメリカに共同作戦を持ちかけ，1953年8月のモサデク失脚の後，一年以内に英米政府を含む代表団がイラン政府と石油に関する包括的な協定を結ぶ形で決着した。

　重要なことは，チャーチルの場合，帝国の利権を守ると言いながら，帝国の実力が大きく減退していることを深く自覚していたことであろう。イギリスは1936年に英・エジプト条約を結び，友好と同盟を定めてスエズ運河の利権を合法化していたが，50年10月にこの条約がエジプト側から一方的に破棄された。チャーチルが訪米中の52年1月にカイロで流血テロが発生し，狙われたイギリス系住民の被害は巨額になった。しかし，この場合，アメリカのハリー・S・トルーマン（Harry S. Truman）政権も次期のドワイト・D・アイゼンハワー（Dwight D. Eisenhower）政権も，植民地主義的・帝国主義的なイギリス軍のエジプト駐留とスエズの利権に好意的ではなかった。チャーチルが54年6月に公式訪米をした際に，エジプト問題も集中的に議論された

6）Ibid., 708.

が，アメリカははっきりとエジプトが合意できる条件で協定を結ぶことを要望し，アメリカ側からは相当額の経済支援をエジプトに与えると約束した。チャーチルは，イギリスの実力の現状を考え，アメリカの要望を拒否せず，54年10月，エジプトと新しく協定を結び，一年以内にエジプト国内のイギリス軍の撤退を約束した。しかし，チャーチルと同じく大英帝国のプライドを堅持するイーデンは，スエズの利権擁護に関してチャーチルのようにアメリカ最優先をしないで悲劇的結末を迎えることになる。

　アトリー政権時代，チャーチルはインドの独立に関して最後まで反対した。時期尚早と彼は言ったけれども，帝国の崩壊を拒絶したい気持ちも働いたに違いない。「帝国の幕引き役はしたくない」と言うチャーチルには気の毒であるが，イギリス政治史の中でチャーチルがその役を果たしたうちの一人であったことは疑いない。

　チャーチルが第三次内閣で最も重視したのはアメリカとの良好な関係の再構築・維持であった。いわゆる「英米特殊関係」は，主としてイギリス側から強調されたものであったが，チャーチルは意識的にその維持に心を配った。帝国のプライドと没落の自覚を持つ彼は，アメリカと対等に付き合うと同時に，アメリカに譲歩することも決して忘れなかった。チャーチルにとって英米の協力は自明であると同時に常に育成しなくてはならない大切な外交の要点であった。

　チャーチルは，政権を掌握するとすぐに12月末からアメリカ，カナダを公式訪問した。ワシントンの下院とオタワの夕食会の演説で，彼は，アメリカとイギリス及び英連邦にヨーロッパを加え，協力して共産主義の拡大主義に備える必要を説いた。イギリスの利権を代表するスエズ運河の自由な運行を守ることの必要性を説くことも忘れなかった。

　訪問中トルーマン大統領と5回会談を行ったが，その最初の会談で，英米協調への信念を表明しつつあるチャーチルの言葉をさえぎってトルーマンは，「有難う，首相。そのことがうまくいくようにわれわれの顧問にお伝えしておきましょう。」と述べた。チャーチルは傷ついたが黙って引き下がり，イギリス外交専門家の同情を買う場面があった[7]。

第5回目の会談でチャーチルはソ連の代表と現段階で会いたくないと述べ，その理由を，もし会見が失敗して事態が打開できなければ戦争勃発を疑われるからと説明した。この論理が実はトルーマン，アイゼンハワー両大統領がソ連代表部と会おうとしなかった主要な理由となった。

　52年11月にアイゼンハワーが大統領に当選すると，チャーチルは早速この年の12月に第2回目のアメリカ公式訪問をし，就任前のアイゼンハワーにスターリンとの会見を薦めたが断られた。しかし，53年3月にスターリンが死去したことを聞いたチャーチルは，首脳会談による緊張緩和をさらに強硬に推進するようになった。アイゼンハワー大統領もジョン・フォスター・ダレス（John Foster Dulles）国務長官もチャーチルがソ連に対して安易な宥和政策を採ろうとしているのではないかと疑い，かつ，戦前・戦中と同じ巨頭政治の手法で世界政治を動かそうとしていることに限界を感じ取っていた。

　53年の英米会談は，チャーチルの心臓発作のため6月から12月に延期され，フロリダ半島北東の大西洋にある英領バミューダ島で行われた。この会談はアメリカ側が格式ばらないカジュアルな対談にしようとしていたのに対して，イギリス側は多くの報道陣を引き連れて，米ソの緊張緩和にイギリスが果たす重要な役割を確定しようとしていた。アイゼンハワーはこの席で，ソ連代表部との会談を薦めるチャーチルに対して，外交上きわめて不適切な言葉を用いてソ連を痛罵し，ソ連との表面的な共存政策を却下した。さらに東側が朝鮮半島における休戦を破ったら，軍事目標に向けて原爆を投下する可能性を示唆した。チャーチルは反対を表明できなかった。チャーチルとイーデンはアイゼンハワーとダレスの高飛車な態度に業を煮やしたものの，「彼ら（アメリカ）なしには世界政治の問題を解決できない」ことを知りすぎるほ

7）トルーマン大統領とアチソン国務長官はチャーチルを同時代のもっとも偉大な政治家であると認めていたという説もある。しかし，事実上，第二次世界大戦直後アメリカがイギリスにとった政策（武器貸与法停止や借款の厳しい条件など）を見る時，この解説の信憑性は再確認する必要があるように思える。Ch. William Manchester and Paul Reid, *The last Lion : Winston Spencer Churchill Defender of the Realm, 1940-1965*, p. 1021.

ど知っているチャーチルは，アメリカの主張をすべて受け入れた。

　チャーチルの最後のアメリカ公式訪問は 1954 年 6 月に行われた。53 年春から病気のため治療に専念していたイーデンは秋から外相に復帰し，54 年のチャーチル訪米の前後には八面六臂の大活躍をしていた。ヨーロッパ統合に向けて EDC が最終段階になりつつあり，イランの石油問題もイラン政府と英米代表団との協定の細部が詰めの段階に入っていた。イタリアとユーゴスラビアの国境問題はアメリカの寛大な協力を得て 54 年 10 月の最終文書調印に向けて調整が進んでいた。ジュネーブでは，インドシナ戦争の休戦に向けて 54 年の 4 月から 7 月にかけて集中的に交渉が続けられていた。イーデンはジュネーブ会議に参加し，その他すべての外交案件に携わる中で，チャーチル首相のアメリカ訪問にも陪席した。一方，チャーチルはやはりソ連との三首脳会談に期待をかけ，モスクワでなく，ストックホルムかロンドンでの開会を提案し，一人でもモスクワを訪問する用意があると述べた。アイゼンハワーはこの案ならのめるとしたが，ダレスはチャーチルが一人でモスクワに行くことをわが国では歓迎できない，またそれがアメリカのためになると言うこともできない，と断固拒否した。結局，6 月 24 日から 5 日間にわたる会談の結果，西ドイツの自由社会の防衛への対等な参加を期待するという覚書が発表されたが，チャーチルの求めた米ソ会談，3 カ国首脳会談は空振りに終わった。

　チャーチルは，英米特殊関係の維持に真に心を配り，常に世界政治の中心にアメリカを置き，そのパートナーとしてのイギリスという国際的地位を保持しようとした。だが，イギリスと自らの首相としての存在意義をかけての，対ソ緊張緩和をトップ会談で実現する案がアメリカによって拒否され，さらにチャーチル内閣の閣僚も，チャーチルの単独モスクワ訪問に不支持を表明したため，チャーチルの首相継続の理由が失われつつあった。しかし，別の角度から見ると，チャーチルが帝国のプライドを保ちつつも，アメリカに対して国家の実力に見合う態度をとり続けた結果，英米特殊関係は維持されえたとも言える。

　チャーチルは，アメリカとの協力には常に先頭に立って働いたけれども，

欧州統合の動きに関しては，イーデンにほぼ全面的にゆだねていた。ヨーロッパ統合に向けて二人の共通した視点は，"ヨーロッパにおけるイギリス"ではなく，"ヨーロッパとイギリス"というものであった。それゆえ，ヨーロッパ統合の動きは歓迎し協力を惜しまないけれども，自らは統合の局外に立ってECSCにもEDCにも不参加方針を貫いた。実務的な外交交渉はもっぱらイーデンの仕事となり，チャーチルがヨーロッパ外交の表舞台に立つことはなかった。イーデンは，チャーチルに報告し，閣議の決定を経て対ヨーロッパ政策を実践していった。

1954年1月から2月にかけてベルリンで開かれた英米仏ソ4カ国の外相会談では，ドイツ及びオーストリアとの平和条約が模索されたが，全ドイツを自由社会に組み込みたい3カ国と，ドイツにソ連に一切敵対しない国家体制つまり共産主義を導入させたいソ連とが対立し，ドイツ問題に対しては何の結果も出せなかった。

EDC（ヨーロッパ防衛共同体）の批准問題が1954年夏，フランスで大詰めを向かえ，結局，8月30日のフランス国民議会の票決で批准が否決され，EDCは実現不能となったが，その後，イーデンが1948年の西欧5カ国が結んだブリュッセル条約にドイツを加える形で西欧自由社会に参入させる案を出し，コンラート・アデナウアー（Konrad Adenauer）西ドイツ首相の協力を得て，さらにダレスによる国家統合性の弱いブリュッセル条約への批判を考慮して，EDCが否決されてからわずか数ヶ月で新たに西ヨーロッパ連合（WEU）が発足した。ドイツは同時にNATOへの加盟を認められ，ドイツ問題は一応の解決を見た。この間，チャーチルはイーデンからの報告を閣議で了承し，イギリス軍のヨーロッパ駐留も承認した。しかしながら，経済協力から国家統合を標榜するECSCへの参加はチャーチル政権では検討されなかった。主権が少しでも割譲される案はチャーチルにとって問題にならない政策であった。ただし，政権内にはイーデンやマクミランのようにイギリスのヨーロッパ統合への参加の必要性を認める政治家が存在していたことも確かであった。

第4節　チャーチルの退陣

　第三次チャーチル内閣の政治には，音楽で言う重奏低音のように，常に低くのしかかる懸念があった。それは彼が首相就任時ですでに77歳直前の高齢者という事実であった。このような高齢者の首相は，イギリス史上80歳に第四次内閣を組閣したグラッドストーン翁しかいない。チャーチルの退陣を求める声は，あるときは新聞に見られ，またあるときには下院の議場のやじで聞かれた。しかし，退陣の勧めにもっとも真剣であったのは，閣僚であり，後継者と目されていたイーデンであった。ただし，この場合，敵意ある，あるいは権力闘争とは趣が異なる点を見過ごしてはならない。イーデンらの声は，チャーチルの政治指導に最高の敬意を払いつつも，80歳になっても首相を続けなければならないことはない，交代の時期を考慮すべきという勧告であった。実際にはチャーチルは76歳で首相になり，80歳で退陣した。

　チャーチルも自身の年齢は自覚しており，外務省から首相就任当初から秘書に出向していたコルヴィルに，首相就任の目的はアメリカ合衆国との緊密な関係を取り戻すことであり，一年ぐらいでイーデンにバトンタッチする予定であると語った。しかし，マニフェストと異なり，この口約束はこの後何度も破られた。

　1952年前半に野党が首相の体力を試すように深夜まで下院の討論を引き延ばしたが，チャーチルは，5月に「労働党政府のまずい経済政策を変え，わが国の経済を救済するのには安定した三年ないし四年の時間が必要」との声明を発表し，続投を表明した。

　最初の一年半は頭脳も体力も気力も充実していたので。引退はチャーチルの眼中になかったといってよい。けれども，彼は53年6月に発作で倒れ，イーデンも手術のため渡米していたので，内閣は首相と外相を欠く事態となった。幸い，チャーチルは短期間に回復し，秋に復帰した。このときがチャーチルの引退の潮時であったかもしれない。病気から回復し，ノーベル賞を受け，妻のクレメンタインからもイーデンへの交代を願われ，条件は整っていたか

に見えた。が，チャーチルは首相をやめなかった。

　1954年2月，ベルリン会議が失敗に終わろうとしていたとき，デイリー・メイルとパンチ紙があからさまにチャーチル退陣の論陣を張ったけれども，これに対して，チャーチルはソ連との和解（easement, détente）のためにチャーチル内閣が貢献する可能性があると下院で強調し，退陣を拒否した。

　54年6月，アメリカから帰国の船上でイーデンが退陣の予定日を強く迫ると，チャーチルは8月に訪ソし，9月21日に辞任すると約束した。しかし，閣僚の猛反対に遭遇してチャーチルの訪ソは取りやめとなり，したがって，辞任話も沙汰やみとなった。

　54年12月22日に主要閣僚の会議でチャーチルは退陣時期を明示した。55年7月と知らされ，それでは首相に就任した後の選挙のための準備期間が短いことから，総選挙の時期を考えていたイーデンの落胆は大きかった。しかし，チャーチルはソ連との首脳会談が不調なら4月5日に退陣と心の中で決めており，2月26日，マクミランに3月末に予算が成立したら退陣すると告げた。4月4日，女王へのお別れ午餐会が挙行され，5日にチャーチルが辞職し，即日イーデンが首相に就任した。

第5節　第3次チャーチル内閣におけるリーダーシップ

　イーデンは1955年5月26日の総選挙で支持率を高め，24の議席増を得た。第三次チャーチル内閣のマニフェストの実行率はかなり高く，この選挙結果からチャーチル政権は国民の前向きな評価を得ていたと見てよいであろう。

　第三次チャーチル内閣は，バツケリズムと英米特殊関係の構築にその特色が見られる。その背後にはチャーチルの成熟した政治判断があった。チャーチルは首相としてすべきことがあると信じて組閣した。1953年10月，発作の後復帰した党大会での演説でチャーチルはこう述べている。

「私の年齢でこの地位に残ろうとするのは、決して権力や地位に執着するからではありません。私はどちらも十分経験させていただきました。もし続投するなら、これまでの経験を通じて、私が確かで永続的な平和の構築に貢献できると信じるからであります[8]。」

しかしながら、チャーチルのリーダーシップの特色は、公約した政策を実現していく実行力にではなく、自らの信念や政策と矛盾するあるいは対立する事態に対して下す判断こそに見られた。

列挙してみると、①大英帝国維持の夢、②アメリカはイギリスが生んだ弟分の国という認識、③ソヴィエト連邦は社会主義全体主義国家で続かない、④労働党の社会主義的政策は打倒されるべき、これらすべてがチャーチルの思惑通りに進まない時、チャーチルは、臨機応変に事態を処理することができた。

①の問題では、ローズヴェルトによって戦争中に大英帝国の維持が無理であると告げられ、「英連邦」を代替案と見、さらに「連邦」になっても、それを大英帝国の残照と見て結束を図るが、独立国の集合体で、中にはエリザベス二世女王以外の国王を推戴する国もあり、連邦は文化的集合体に過ぎなくなるが、それでも大切にした。

②の認識については、戦後、トルーマンにも冷たくあしらわれ、バミューダ島では、アイゼンハワーに高慢な態度を取られ、その後、スターリン亡き後のソ連指導者と頂上会談を申し出て、ダレス国務長官に突き放した態度で拒絶された。すべての場面でプライドの高いチャーチルが譲歩し、さらなる英米の関係改善に動いた。

③の反共産主義の信念については、ロシア革命時、陸相だったチャーチルは、反ソ干渉戦争を指導した。イギリスから北ロシアに派遣された部隊は反ボルシェビキの中心となりシベリアのコルチャックや南ロシアのデニキンは、イギリスの援助を受けた。チャーチルは対ドイツ宥和政策の鋭い反対者であった。にもかかわらず、彼は戦後、しきりに対ソ融和 Easement、緩和

---

8) *Chuchill Speaks*, op. cit., p. 962.

Détente に動いた。一見矛盾するが，実は彼は単に絶対的に宥和政策反対論者（対外硬）ではなく，ヒットラーのドイツには反宥和，スターリンのソ連には緊張緩和を支持した。主義のみでなく，状況に柔軟に対応するということ，それよりも本当のところは，チャーチルが，戦後，イギリスの没落を予見し，その国際的地位を維持しようとして，いわばイギリスの出番を作ろうとして，対ソ緩和のための首脳会談を提言し，米ソの仲介の役割を果たそうとした面もあるのではなかろうか。④反社会主義政策に関しては，1949年の保守党マニフェスト『イギリスへの道』は反社会主義のマニフェストであり，翌年の『これこそが道だ』も基本的に同じで，51年のマニフェストは前年のものに少し手を加えたものであった。にもかかわらず，チャーチルは，福祉を求める時代の声を読み，保守党新政権は時代の針を逆行させられないと悟っていた。

　チャーチルには，結局その時の時代の声，国民の望みを嗅覚鋭くかぎ分け，たとえ自分の信念とマッチしないものであっても，それには逆らわないように受容する度量があった。たとえば，帝国のプライドがあっても，アメリカとの友好関係の維持のために譲歩をいとわなかった。このリーダーシップのスタイルは，19世紀のピールに通ずるものがあると言える。一方，イーデンは，アメリカを最優先したチャーチルの真似はできなかった。そのイーデンの確信誇りが，国家を傾かせるほどの大失敗を犯すことになるとは，首相交代の時には，誰も気づかなかった。イーデンのリーダーシップには，19世紀中葉に，保護貿易こそが保守主義の重要政策と信じて保守党を分裂させてしまったディズレーリの確信的政治スタイルと通ずるものがあったと言えよう。

第5章　サッチャリズムの批判的検討

　満6年を超えたサッチャー政権は、一見するとますます安定度を加えつつあるように見える。マーガレット・サッチャー女史が政権を掌握した1979年以来、イギリス経済は着実に成長してきたし、最重要課題として取り組んだインフレも抑制された。財政的赤字も大幅に縮小されたし、炭鉱夫ストライキも封じ込めることに成功した。

　とりわけ、炭鉱ストの崩壊は、NUM（National Union of Mineworkers 全国炭鉱夫労働組合）が、労働組合の中で最も戦闘的であっただけに、またアーサー・スカーギル（Arthur Scargil）NUM議長が最も手厳しいサッチャー政府の批判者であっただけに、労働戦線側の全面的敗北を象徴する事件であったと言ってよい。

　しかし、無論のことサッチャー政権が憂慮の種を抱えていないわけではない。健全な競争を建前とする市場経済と、「小さな政府」の実現という政府の公約は、どれも不確かな口約束の域を出ていない。産業政策から政府が手を引いたことに起因する失業者の急増は、目下政府の最大の悩みの種となりつつある。しかも、失業者の増大は、失業手当の形で必然的に政府支出金を膨らませ、ひいては、財源を確保するため、増税をもたらさざるを得ない。労働党などの野党は、こぞって失業問題を重要争点として取り上げようとしていた。

　炭鉱夫ストやフォークランド紛争では功を奏したサッチャー首相の強硬な態度は、北アイルランド問題では通力を失ったかのようである。一時期活動の目立たなかったIRA（Irish Republican Army アイルランド共和国軍）は、1982年から毎年のように爆弾テロを繰り返し、1984年10月の保守党全国年次大会では、サッチャー首相の宿舎のホテルを狙い、4人の死者と34人の負傷者という犠牲者を生み出した。

1985年5月には，ついに保守党内の有力者が公然と政府を批判し，批判分子を組織化した。サッチャーの指導方式や政策に対する不平不満は，以前から保守党内にくすぶっていたが，公然たる集団的批判行動はこれが初めてと言ってよい[1]。政府批判の中心人物フランシス・ピム（Francis Pym 1922～2008）は，13％にも達する高い失業率の責任を，「健全な経済」の到来を確約する首相に問うたのである。オックスフォード大学での演説で，ピムはこう述べている。

　「カリスマ的リーダーシップだけでは十分と言えない。私は，信念に基づく確信的政治を称賛する。しかし，レッキとした（失業率に関する―筆者）証拠があるのに，確信だけを振り回して強調すると，知性が拒絶反応を示すことになる[2]。」

　ピムは，1982年4月，フォークランド紛争の最中に，前任のピーター・キャリントン卿を継いで外相に任命された。フォークランド紛争を通じて，またその他の外交案件の処理を通じて，ピム外相の政府内外における評判は決して悪くなかったものの，対外硬一点張りのサッチャーとそりが合わず，結局，彼は1983年の総選挙の翌日，外相の任を解かれ更迭された。その後，ピムは次第に反サッチャー色を濃くし，サッチャリズム批判のトーンを上げていった。

　ピムのサッチャー批判は，しかし，ポストを奪われたことに対する腹いせとか報復といったものでは決してなかった。第一に，ポスト問題だけなら，ピムほどの政治経験のある人物ならば，再び閣僚に迎えられることも十分に考えられた。したがって，現時点で造反するメリットはないことになる。本心は隠して首相に協力的態度をとることももちろん可能であった。第二に，首相を批判する保守党幹部はピムだけではなかった。あるサッチャー研究書によれば，保守党内には，内閣の内外を問わず，対政府不満分子がかなりの数存在した。この反政府不満分子は，ある場合には要職を解かれ，また別の

---

[1] このグループは，Conservative Center Forward（保守党前衛センター）と自称し，30人の保守党下院議員を擁していた。Newsweek, May 27 1985, p.21.
[2] Ibid.

場合には，閑職に追いやられた[3]。

ピムのサッチャー批判は，個人的，感情的対立というよりは，保守党の今後の行方を決する原理的対立に端を派するものと考えられる。ピムは，1984年に『合意の政治学[4]』を出版して自らの見解を明確にしている。サッチャリズムの実験が6年間続いてきた今日，ピムとともに，この実験の功罪を問うことは，十分意義のあることと言えるであろう。

第1節　批判の枠組み

ピムは，ホイップ（下院の院内幹事）の時代を含むと，21年間保守党の指導者として職責を果たしてきた。第一次サッチャー内閣においても，国防省及び外相の要職を歴任した。そのピムが第二次サッチャー内閣から疎外されたからと言って，全面的に政府を批判するのは不自然でもあり，矛盾しているととられかねない。そこでピムはサッチャー政権の政策を批判するにあたり，まず政府が成し遂げてきた業績を列挙している。

第一に，問題に真正面から取り組み，政策を決めたら断じて政策を実行することによって，政府の指導性を政治の最前線に復活させたこと。

第二に，イギリスの政治的土壌を社会主義への左傾化から方向転換し，自助と自由競争を原則とする政治的土壌を形成したこと。

第三に，首相が並々ならぬ政治的技量を示し，敵対者に対して不名誉なレッテルを張ることに成功したこと。実際，大衆への思いやりを基底とする政策の必要性を説いたピム一派は「感傷派」（Wets）というあだ名を頂戴した。

第四に，主要な政治課題たるインフレの抑制に成功したこと。

第五に，工業の生産性を向上させたこと。ただし，これについては，非生産的な事業所の閉鎖に伴う失業等の新たな問題が発生した。

---

3) このグループには，フランシス・ピム，イアン・ギルモア，ウィリアム・ホワイトロー，マイケル・ヘーゼルタイン等が含まれる。Bruce Arnold, *Margaret Thatcher : A Study in Power*, London, 1984, p. 261.

4) Francis Pym, *The Politics of Consent*, London, 1984：フランシス・ピム，戸澤健次訳，『保守主義の本質』，中央公論社，1986年。

第六に，労働組合に対して，適切に対処したこと。つまり，組合の影響力を極小化させたこと。
　第七に，可能な限りの重要産業の民営化に成功したこと。
　第八に，公営住宅の払い下げにより，持ち家世帯数を増加させたこと。
　第九に，イギリスの国際的地位と威信を取り戻しつつあること。
　第十に，国防上の安全補障が強化されたこと。
　以上が，サッチャー政権6年間の業績として挙げられるとピムは述べている[5]。

　ピムが列挙したこれらの業績の中には，第一から第三までのように，サッチャー首相の個人的資質に関するものもあれば，フリードマン流のマネタリズム政策によって生じた結果も見られる。全体として，政府の業績は決して小さくないとピムも考えている。ただし，第六の組合対策は当時北アイルランド相であったプライアー（James Prior）の尽力に負うところが大きいものであり，第九の国際的地位の上昇については，外相のカリントン卿，第十の国防上の安全の強化についてはピム自身によるところが大きいとピムは指摘している。非サッチャリズムの保守党指導者も政府に積極的に協力していたことは見逃すことのできない事実である。

　サッチャー首相の個人的資質によってもたらされた第一から第三までの業績は，時と場合によってはマイナスの効果をもたらすこともありうる。マネタリズム政策もすべて望ましい結果をもたらしたわけではない。ピムは，3点の枠組みを設定してサッチャリズム批判を試みている。それは，第一に政策面，第二に公衆への態度，第三に政策の執行スタイルというものである[6]。

　第一の視点である政策面に関しては，ピムは，自身かつて閣僚の一人として政府に関わっており，あらゆる政策に反対したわけではない。むしろ，多方面にわたるサッチャリズムの諸政策のうち，ピムが批判する政策は，経済・産業政策に関わるもののみと言ってよい。ピムによると，マネタリズム政策がインフレ抑制に力点を集中した結果，世界的不況の到来とあいまって多数

---

5) Pym, op. cit., pp. 11-12.
6) Ibid., p. 14.

の企業が倒産し，福祉関係の非営利団体職員が職を失い，大量の失業者が出現してしまったという。

第二の公衆への態度とは，政府の姿勢が国民大衆にどのように受け止められるかというものである。首相の長所として挙げられた決断，確信，強気という性格は，しばしば硬直性，教条主義，大衆感情への無関心と変ずる。国民大衆が政府を見るときに，政府が大衆のことを全然かまってくれないと感じるならば，それは計り知れない政治的損失と害悪を招くとピムは警告する。

第三に，ピムは政策の執行スタイルの視点から政府を批判する。ピムが問題とするのは，現政府の政策執行スタイルが柔軟性を欠き，上意下達的傾向を強めていることであり，また政策の形成過程で，国民大衆は言うに及ばず，官僚も，一部の閣僚すらも，その要望や見識を生かすことができず，首相及び一握りのお気に入り閣僚と非公式の補佐官が，すべてを決定する中央集権化の傾向が進んでいたことである。

ピムは，これら三つの視点はそれぞれ重なり合うものと考えている。サッチャーのように，物事を白か黒か，すべてかゼロかという具合に割り切った見方に対抗するものとして，三つの批判の視座を設定したのである[7]。

---

7) 保守主義を分析する場合，多くの研究者は，保守主義者が好む政策を列挙し，分類して考察する。また，牧歌的で階層的秩序が厳しく保持された中世社会を賛美するなど，特定のイデオロギーを保守主義の指標として挙げる。しかし他方で，保守主義は自由主義や社会主義と異なり，実体の理念を持たず，特定のイデオロギーにも拘束されず，政治的態度（守るべき価値や体制を守ろうとする態度）によってのみ識別されるという学説もある。

保守主義が一定の政策を志向するとする学説によると，近代的保守主義は，フランス革命，なかんづくジャコバン主義に対抗すべく構築された，既存社会体制の自覚的擁護のイデオロギーとされ，多くの史家の定説となっている。

一方，ハンティントンは，保守主義のイデオロギーとは，現体制や価値観に対する態度として定義されるべきものであって，その固有の理念を持たず，したがって，現体制が何であれ，それを擁護しようとする態度が保守主義であるから，一定の歴史的状況に応じて，いつでもどこでも出現しうるものと論じた。この定義によれば，共産主義体制にも保守義が発生しうると考えられる。Huntington, "Conservatism as an Ideology," The American Political Science Review, June 1957；岩重政敏訳，「イデオロギーとしての保守主義」，『アメリカーナ』，第4巻，1958年。詳論は本書の第一章を参照。

筆者は，政府を批評するための基本的枠組みとして，次の3点を設定して考察を加えてきた。それは第一に，イデオロギー，第二に政策，第三にアプローチというものである。第三のアプローチの視点には，ピムのサッチャー批判の第二の視点である公衆への態度と，第三の執行スタイルが含まれる。以下では，ピムのサッチャリズム批判を政策面とアプローチ面から考察を加えてみる。

第2節　政策に関する批判

　先に述べたように，ピムはサッチャー政権のすべての政策に批判的なわけではない。とりわけ，ピムの関係したサッチャー政権初期の国防及び外交政策では，彼の見解は，まさしくサッチャー政府を代表するものであった。国防の基本政策に関しては，他の同僚と同じく，ピムは自衛力を強化したうえで，アメリカ軍を主力とするNATO軍に加わることに賛成している。核兵器についても彼は，抑止力としての戦略核兵器をイギリスが保有することを支持し，現在のポラリス型原子力潜水艦を近代化してトライデント型にレベルアップする政策を推進した。また，ソ連が中距離ミサイルSS20を開発した以上，均衡を維持するために，中距離ミサイルのパーシングⅡと巡航ミサイルをNATO軍が配備することは当然であると彼は考えている。

　重要な外交問題である対EC政策についても，ピムは，サッチャー首相とほぼ同じ見解を有していた。「イギリスとヨーロッパ」の時代は終わり，「ヨーロッパの中のイギリス」を自覚すべきことをピムは受容する。つまりイギリスのEC加入は歴史的必然と考える。しかし一方で，彼は欧州統合への流れに関して首相と同様多くの不満を覚えている。

　ピムが批判する政策はすべて産業政策に関連するものであり，キース・ジョゼフ (Keith Joseph) やサッチャー首相が推進する「マネタリズム政策」がその批判の対象となった。ピムは政府の展開するマネタリズムをカッコ付きで表現する。なぜなら，本来マネタリズムは，通貨供給を調節することによって，景気を加減するサプライ・サイド経済政策をを意味するのであるが，ピムがカッコ付きのマネタリズムと言うとき，それは本来のマネタリズムであってもなくても，サッチャリズムの金融・経済政策を意味していた。ピムによれば，「マネタリズム」は次の5点の特色を持っている。第一に，インフレの抑制を最優先の課題としたこと，第二に，通貨供給を制限することによって，賃金抑制ができるものと考え，第三に，政府の公債の削減に寄与するものであり，第四に「小さな政府」の実現を目指し，第五に自由競争の原理を

貫徹させることができるとしたことが挙げられる。

　アダム・スミス（Adam Smith）からジョン・スチュアート・ミル（John Stuart Mill）を経て確立された経済的自由主義の伝統や，近くはフリードリヒ・ハイエク（Friedrich Hayek）の説くレッセ・フェール原理への方向転換は，インフレと失業に悩むイギリス経済の舵取りをするサッチャー首相には，起死回生の妙薬と映じたであろう。ピムにしても，「いまこそ政府に対して厳しい制限を設け，われわれがそれぞれもっている目的を達成するため，自由な個人相互間における自発的な協力にいっそう大きく依存[8]」する社会を作り上げようというフリードマン（Milton Freedman）の主張には，賛同する面もあったに違いない。当時にあっては，市場経済導入による経済活性化は，望むと望まざるに関わらず，必然の成り行きと思われたのである。

　ピムは，したがって，フリードマン流の経済的自由主義を標榜して形成されたイギリス政府の「マネタリズム」政策に対して，全面的に否定的なのではない。「マネタリズム」は，一定の社会状況では必要であるし，有効でもある。しかし，別の状況下では，この政策が無効あるいは有害にすらなる場合もあると彼は考える。とりわけ，彼の見るところ，1978年から数年間の世界的不況化では，「マネタリズム」は，理論的にも実践的にも矛盾した政策として批判されねばならない。

　理論的には，ピムは，2点を指摘して政府の政策を批判した。第一は，「マネタリズム」が導入された目的を問題とする。この政策は，元来，高騰するインフレを抑制するために導入された。それゆえ，世界的不況下でのインフレという特殊な状況下では，通貨供給の調整だけでは経済成長及び雇用の促進を実現しがたいのは当然であった。第二に，国際的競争力の低下に対処すべく，生産性を高めようとする努力の結果，必然的に効率の悪い工場や会社は淘汰され，大量の失業者を生み出し，これが社会の不安感を募らすとピムは考える。

　実践的には，「マネタリズム」は，確定的，継続的政策であり，現実の状況

---

8) Milton & Rose Freedman, Free to Choose, New York, 1980；西山千明訳，『選択の自由』日本経済新聞社，9ページ。

変化に即応しがたい傾向があるとピムは論ずる。不況化が進む中での対応が遅れた結果，政策実施以前の3倍以上の失業率上昇がもたらされた。この傾向は6年たった現在も変わらず，「マネタリズム」導入の結果，イギリスは300万人もの失業者を抱えている[9]。当然，失業者対策費は膨張し，失業者手当は政府予算の17％を占めた。これは他のどの分野——住宅，農業，国防等——をも，はるかに上回る巨額な支出であった。

　ピムは失業問題を重視する。彼は，この社会問題の根底には，いかなる経済政策を選ぶのかという問題より，経済政策と社会政策のバランスをいかに保つかという問題があると見ている。彼は，イギリス国民が，調和ある国民として統一を維持し，経済的余力を社会改良に用いるべきと信じていた。社会問題を考える場合，彼は階級を基礎にすることを拒否する。いかなる社会問題も個人の欲求，嫌悪等の集積から発生するはずであって，マルクス主義的階級闘争は，こうした問題の解決にならないと信じた。他方で，彼は原則的に個人や企業の自由競争を放任するレッセ・フェール主義にも加担できなかった。彼が選ぼうとした道は，個人の自由を認めないマルクス主義と社会的責任を放棄するレッセ・フェール主義との中間にあった。即ち，一方で社会における合法的自己表現の自由を認めつつ，他方で弱者を保護することによって，社会全体の調和を維持することが保守党の政策としてもっとも重要であると主張したのである。

　フリードマンが指摘したように，政府の権力への依存の増大や，政府の民間企業への介入・干渉が，国民の生産向上意欲をそぎ，自立心を損なう傾向があるということを，ピムは承知している。政府に「ゆりかごから墓場まで」依存することは，間違っている。だが，政府への過度の期待を排すということは，政府の民間への役割を否定することではない。ピムは重大な局面を迎えた失業問題に関しては，政府があくまで「マネタリズム」に固執して一切のほかに手段を拒否するならば，失業率は上昇し，社会不安が増大し，高騰する失業対策経費は政府を圧迫し，歳出を抑制しようとする政府の思惑と矛

---

9) 1985年の時点では，13％の失業率が記録されている。これはサッチャー政権誕生前の2倍半の高率であった。*Newsweek*, May 13, 1985, p. 27.

盾を生じさせてしまうと危惧したのである。

第3節　アプローチに関する批判

　イギリス保守主義の伝統は，ピムによれば，特定のイデオロギーや政策にではなく，政治的スタイルあるいはアプローチに見られる。保守党は，事実上政策的には，自由党の政策であれ，労働党の政策であれ，必要とあらば，妥協もし，拝借もしてきた[10]。実際，自由党の党是たる自由貿易を実現した穀物法撤廃は，周知のように保守党のロバート・ピール内閣の産物であった。また，第二次大戦後，労働党の目玉政策であった福祉の充実も，何ら保守党政府の政策立案に支障をきたさなかったのである。

　自ら伝統的イギリス保守主義者を任ずるピムの目には，サッチャー首相のアプローチは，いくつかの点で保守主義の常道から外れていると映っていると思われる。アプローチあるいは政治スタイルの問題は，行動の主体たる政府の実際の態度や姿勢という視点と，政府の行動を受け入れる国民大衆の受け止め方，いわゆる「国民的うけ」という視点から論ずることができる。

　まず，国民的受けについて，ピムはたとえを用いて次のように解説する。

　　「たとえば私が病気で医者の所に行くとする。私は，彼が私のことを気にし，心配してくれることを期待する。もし，彼の私への気遣いが明白ならば，私は気に入らない治療でも喜んで受け入れるであろうし，不治の病であるという宣告もすなおに聞けるであろう。だがもし，その気遣いが感じられなければ，私は治療法に不満を漏らし，不治の病という事実に対して不信感を抱くであろう。また私は，自分が医者にとって重要な存在ではなく，したがって診断はいい加

---

10) ヒュー・セシルが，19世紀にイギリス保守党が経験した最需要な事件を5件列挙している。それは，①1829年のローマ・カトリック教徒の解放，②1832年の第一次選挙法改正，③1846年の穀物法撤廃，④1867年の第二次戦況法改正，⑤1886年以後のアイルランド自治問題である。これらの中で，②と⑤は自由党やその前身のホイッグ等が主導した政策であり，①と③は自由党や民間の自由主義者の要求に妥協して受け入れたものであり，④は本来自由党が主張していた選挙権拡大を保守党のディズレーリ政権がイニシアチブをとって推進したものであり，保守党は，特定に政策に固執することなく，柔軟な党運営をしてきたという。Cecil. op. cit., pp. 63-64.

減なもので，処方箋は信頼できないものと感じるであろう。私はたぶん間違っているであろうが，これが私の感じ方である。そして，残念ながら，これが多くの人々が政府に対して感じる感じ方なのである[11]。」

　総じてサッチャー内閣は，大衆感情や労働者階級の生活条件向上に無関心であるかのように受け止められてきた。国民は，首相の言動の端々から政府の姿勢を判断する。1981年3月から始まった北アイルランドでの，死を覚悟したハンガー・ストライキに対して，首相は「鉄の女」ぶりを発揮し，一片の同情も示さなかった。サッチャーの態度は，イギリスの国益上重要かつ不可欠であったかもしれない。しかし，その結果，国民に与えた印象は格段に悪いものであった。

　また，1983年の総選挙のキャンペーンでは，首相は不況で打ちのめされた北イングランドの地域をことさら避けて，富裕な南東イングランドの地域のみを演説して歩いた。このことも，キャンペーンが集票活動である以上，票の出そうもない地域を避け，最も集票に効果的な地域を選んで遊説が組まれただけであったが，結果として，首相が国民全体というより，特定の階級を代表しているというイメージを国民に与えたことは否めないであろう。

　ピムが「国民的うけ」を語る時，それは必ずしも政府の実態的な行動や姿勢を意味していない。政府の行動には実体的言動もありうるし，ポーズやパフォーマンスだけという場合もありうるであろう。ただ，国民大衆の感情を大切にし，「国民的受け」のよい政府を形成することも社会の安定のためには重要なこととピムは強調するのである。

　実際には，政府はたとえ「国民的うけ」がよかろうとも，事実上の内実が伴わなければ，一時的人気に終わるであろう。ピムは，政府が国民に対して実際どのような姿勢で臨み，どのような政策執行スタイルを形成しているかを最重視する。彼がサッチャー首相に対して違和感を覚えるのは，まさしくこの問題においてなのである。

　サッチャー政府のアプローチの特色としてピムが指摘するものは，以下の

---

11) Pym, op. cit., p. 15.（戸澤の訳書にはない部分）

5点である。
　①物事を白か黒か，オール・オア・ナッシングで割り切る考え方
　②いったん方針を決めたら，たとえ状況が変化しても断じて妥協しないこと
　③政治に感情や感傷は不要とすること
　④地方より中央，議会や諸官庁より官邸と特別顧問に信頼を置く傾向
　⑤実情と打開策に関して，いつでも政府が最も知っているという態度
　このうち，①から③までは公衆への態度と言ってよく，④と⑤は政策執行スタイルと言えるであろう。このすべての事項が完全に害悪であるとされたわけではない。一つの政治スタイルや政策実行スタイルが，完全に邪悪と説くのは，白黒論を排すピムの基本的姿勢と矛盾することになる。
　第一に白黒論について，ピムは，サッチャー政府のアプローチの最も際立つ特色として白黒論，あるいはオール・オア・ナッシング論を挙げる。カール・シュミットの「政治的なるもの」で知られる友敵概念[12]を，サッチャーが忠実に取り入れているかのようにピムは描く。
　「忠実であるということは，100％政府の方針を受け入れることを意味し，いかなる異議を唱えることも，あるいは疑問の余地を認めることさえも，裏切りまたは反逆とされる。党首として9年，首相として5年たった今日，マーガレット・サッチャーは，依然として国民に，『あなたは私たちの味方(one of us)ですか？』と問い続けている。この質問の意味は，『あなたは私たちがしているすべての事が絶対正しいということにいかなる疑問も全くさしはさみませんか？』ということなのである[13]。」
　サッチャー首相は，ピムによれば，何事も単純明快であることを好む。即ち，何かを決める場合には，絶対的に一つのことを支持し，絶対的に他の事柄を退ける。彼女は，目標に向かって一直線に進むことを望むのである。サッチャーのこのようなアプローチは，重大な政治決断の場でも見られた。1984年10月に発生したブライトン市でのIRAによる大規模な爆弾テロの数週間

---

12) カール・シュミット著，田中浩・原田武雄訳，『政治神学』，未来社，1971年参照。
13) Pym, op. cit., p. 206.

後，サッチャー首相はアイルランド首相のギャレット・フィッツジェラルド (Garrett Fitzgerald) に向かって，次のように所見を披露した。

> 「私はアイルランド問題に関して次の点を明確にします。……統一アイルランドは一つの解決策ですがうまくいきません。二番目の解決策は，両国の連合ですが，これもうまくいきません。三番目は複合支配ですがこれもダメです。……北アイルランドは連合王国の一部と決まっているのです[14]。」

サッチャーは，全アイルランド国民と全世界のアイルランド民族の願望を打ち砕くのに，たった2分間しか使わなかったのである。

一方ピムは，後述するディズレーリ的伝統，あるいは「一つの国民保守主義」的なアプローチを信奉する。ピムのアプローチによれば，人生や人物や政治を批評する時，白か黒かにと決めつけるやり方は誤りであり，危険でもある。あらゆる問題に含まれる複雑な要因を，両極化した二つの見解に還元してしまうことは，そのこと自体，人生の本性と矛盾する。人生には確かに単純化した方がいい場合もありえようが，だからといって，人生はいつでも単純であるとか，一方の議論が絶対的に正しく，代替案は存在しないと考えてはならない。白黒論を排そうとするピムの思考様式は，例えば次のように表現される。

> 「そうだ我々はこの行動をとるべきである。しかし，我々はそれを特定の仕方でなさねばならない。なぜなら，我々は他の集団の正当な意見をも考慮すべきだからである[15]。」

サッチャー政府の第二の特色である非妥協主義については，サッチャー首相の頑固さには定評がある。爆弾テロもハイジャックも彼女の政策に何らの変更ももたらしえなかった。北アイルランドのカトリック教徒の指導者がハンガー・ストライキで死に至っても，またNUMのストライキが1年を越えても，彼女から受け入れ可能な妥協策は一切示されなかった。就中，フォークランド紛争の際の彼女の不退転の決意は，つかの間であっても，かつての

---

14) *Times*, 20 November 1984.
15) Pym, op. cit., p. 2.

大英帝国の栄光をイギリス国民に感じさせたであろう。1970年代前半の野党時代にフリードマンの教説の信奉者となって以来，彼女の政策綱領は終始一貫しており，この経済的自由主義をベースとする政策は，1978年のオイルショックを契機とする世界的不況下でもいささかも動ずる気配を見せなかった。サッチャー政権下では，妥協は忌むべきものとなり，非妥協主義が時代の流行となったのである。

　一方で，ピムは，妥協こそ保守政治の本領であると考える。非妥協主義は，結局のところ，続くものではない。むしろ考えなくてはならないのは，どのような妥協が妥当であるかという問題である。つまり，「妥協の原則とは，何らかの価値を得るために，なんらかを放棄することであり，常に問われるべきことは，代償が十分に引き合うかということである[16]。」

　例えば，サウス・アフリカ共和国の国際スポーツへの参加問題について，ピムは明らかに，原則として，スポーツに政治が介入すべきでないと考える。それゆえ，南アの選手は参加を許されるべきということになる。しかし，この原則を貫けば，多数の黒人国家が，その国々で行われる競技から，南アの選手とともに，イギリスの選手もボイコットすることは明白である。そこで，原則から妥協し，政治的理由により南アを競技会からボイコットし，その結果，イギリスの選手の競技参加は自由になる。ピムは，このような場合，妥協が許されると考える。原則を妥協したことで失うものは，イギリス国内におけるスポーツへの南ア選手の参加であり，得るものは，数多くの黒人選手の参加する競技会に，イギリス選手が参加する自由である。もし，理想に固執して政治介入をこまねいたならば，イギリスのスポーツ界は発展を望みがたく，墓穴を掘ることになるおそれがある。

　ピムに従うと，枝葉の部分で妥協することはたやすい。おそらくいかなる政治家も，それぐらいのことは実行するであろう。しかしながら，原則自体を譲歩しなくてはならないとなると，これには勇気がいる。無節操。無原則，現実追随主義，等の批判や悪口が待っているからである。こういう事態でも，

---

16) Ibid., p. 97.

ピムの保守主義政治哲学では，勇気をもって，代償がひきあう妥協を敢行すべきであると説くのである。

　場合によっては，どちらも支持したい二つの原則が衝突することもある。ピムは，堕胎問題を例にとって解説を試みる。特殊な場合を除き，基本的に堕胎は禁止されるべきと彼は考える。つまり彼は，人には自らの行為の結果の責任をとる道徳的義務があるという原則を支持する。しかし，他方で，個々人が堕胎をすべきか否かを判断する自由の原則をも彼は支持する。したがってもし，ある女性が堕胎をすべきか否かを選ぶ権利を主張する時，彼には反対する理由がない。このように，二つの原則が正面衝突する場合，ケース・バイ・ケースで判断する以外ないと彼は官得る。彼の思考の枠組みは，正義とか道徳とかにも絶対的価値基準は存在しないということであり，行動の評価にあっては，その場その場の状況的要因が十分に考慮されなければならないというものである。

　しかし，妥協するということは決して無原則ということではない，とピムは言う。原則を設定した上で，他の原則あるいは現実的条件などの利害関係のバランスをとることが妥協の意義なのである。一つの原則に固執して，現実的条件や状況の変化を無視するならば，かえって結果的に無原則に近い状態を甘受しなくてはならなくなることもありうるとピムは警告するのである。

　第三の特色である政治に干渉や感情は無用という態度に関連して，サッチャー首相は，目下の失業問題よりも，インフレ対策のほうが急務であるという立場をとり，失業者たちを事実上突き放してきた。加えて首相は，この失業問題に関して他に適切な代替案がない以上，失業者に対してよけいな関心や同情をよせることは得策ではないと説く。そして彼女は，失業問題を強調する人々を「感傷派」と侮蔑の意を込めて呼んだのである。

　ピムは，国民大衆の感情を重視する。つまり，国民が政府を自分たちの味方だと感じているかどうかに関心を寄せる。この国民の感情は現行政府への支持率となって，統計に如実に表れるのである。サッチャー首相の国民への態度は，失業者のみならず，心ある国民の支持を失わすものとピムは考える。

実際，サッチャー政府への支持率は，1979年の初めての組閣以来落ち込むばかりで，ついに1982年初頭には，絶望的に不人気な政権となり，支持率は実に10％を下回るに至った。次期の総選挙は，悲惨な結果が待っていると思われたが，まさにこの時に，神風的にフォークランド戦争が勃発し，あくまでイギリスの国益を守ろうとして妥協を排するサッチャー首相への支持率は，一挙にかつてないほど沸騰し，次期の総選挙の勝利を保証することとなった。しかし，1983年の総選挙後，対外緊張を欠くと第二次サッチャー政権への支持は再び長期低落傾向にあった。

　第四に中央集権的傾向についてであるが，この傾向は強力な行政組織を備えた現代国家の必然的成り行きかもしれない。しかし，ピムによれば，サッチャー政府は，発足当初「小さな政府」を公約していたにもかかわらず，時がたつにつれて政府の地方への直接支配を推進し，中央政府の権限を強化してきた。地方自治への中央政府の介入のみならず，政府の直接的国民生活をコントロールする傾向が強まりつつある。しかも，ピムの嫌悪するところ政府部内においても，首相個人の権威と権限が拡大され，他の閣僚を圧倒する傾向がみられる。

　中央集権的原理が確立されると，事務的手続きの迅速化等，便利なことも多々生じるものの，逆に様々な不都合なことも起こりうる。例えば，地方自治体の無力感，諸大臣の役割の縮小が生じる。ピムは，とりわけ，内閣が集団責任をとれなくなったことを嘆く。1981年の予算案が閣議で検討された時がその好例である。首相と蔵相は，予算を決定するその日になって初めて原案を閣僚に示したのである。大げさに言えば，閣僚のすべきことは原案に賛成するか，あるいは反対して辞任すかしかなかった。今や議会にあっても，閣議にあっても諸大臣は単なる首相の代理人となりつつあるのである。

　中央集権化がもたらす弊害はほかにもあるとピムは指摘する。ニュースのコントロールもその一つである。マスコミ対策は，いかなる政権にあっても大問題であろう。しかし，サッチャー政権では，いともたやすく情報操作が行われる。首相官邸のあるダウニング街10番地が，多くの情報源の発信源となった。ほとんどの情報漏れ事件の発生元はダウニング10であるとピムは

断言する。逆に政府に都合の悪いニュースについては，政府は露骨に発表をさしとめようとする。実際，1983年11月にピムが政府に反省を求める演説を行った時，ダウニング街から各メディアにピムの演説は重要なものではなく，公表に及ばないと通達があったという。

　第五に，第四の中央集権的傾向と関連する特色として，状況の判断と対策の講じ方につき，常に上位の者が正しいとする傾向が見られるとピムは指摘する。この考え方は，白黒論に助長された，正しい考え方はただ一つ存在するという思考に通底する。こうした考え方に立脚すると，議会は国民大衆より常に正しく判断でき，政府は議会より優れた見識を有し，首相はどの閣僚よりも全省にわたる諸問題に通じていることになる。実際には，首相が全省の実務についてそれぞれの担当大臣より詳しく事情を知ることは不可能に近い。それを悟ったサッチャーは，閣僚により多くの裁量権を譲るのではなく，諸政策の実務を理解できる補佐官を任命して自らと補佐官で原案を作る体制を強化した。その結果，首相以外の大臣の権限は低下し，上意下達の傾向は第二次政権になってさらに強められていると，ピムは嘆く。

　以上みてきたように，ピムの首相批判は，政策内容というよりも，政治スタイルあるいはアプローチに力点が置かれている。したがって，サッチャー首相が，公約通り「小さな政府」を実現し，経済活性化に成功したとしても，そのやり方を批判するピムは，首相とは異質の存在であり続けたであろう。実際には，小さな政府は実現せず，かえって権威主義的な政府が形成されつつあり，経済成長も期待されたほどではなく，しかもそのつけとして失業率の急上昇がもたらされた。それゆえピムは，政府の公約違反も批判しているのである。

　ピムとサッチャー首相の体質は，これまで述べてきたように大きく異なっている。だが，イギリス保守党には，個性の差を越えて，19世紀以来，政策や姿勢の面で大きな幅が存在した。それゆえに長期にわたり厳しい歴史的試練を乗り越えられたのかもしれない。次章では，両者の政治哲学の歴史的淵源や保守主義史における位置について考察してみよう。

第4節　イギリス保守主義の伝統における
　　　　サッチャーとピムの位置

　第二次世界大戦後の保守党には，政策的あるいは人間関係的つながりにより，様々なグループが存在した。ヒースやピムが属する「ワン・ネーション保守主義」グループは，1950年以後，保守党の主流派の位置を占めた。しかし，1974年前後になると，キース・ジョゼフやマーガレット・サッチャーを中心とする市場経済推進派が，党内の一大勢力を形成した。ソールズベリ卿が立ち上げた「マンデイ・クラブ（Monday Club：月曜会）[17]」やエリート集団的要素の強い「ボウ・グループ（Bow Group）[18]」も活発に反ケインズ主義の理論構築に努めるようになった。特定のグループに属さないウィリアム・ホワイトロー（William Whitelaw）やイーノック・パウエル（Enoch Powell）も個人的に政治活動をしていた。それぞれが保守党の理論と実践の発展に貢献した点で，百花繚乱が保守党の特質と言いえたであろう。

　保守党は，1830年代にトーリー党という呼称を現代の名称に変えて以来，「保守すべきものは何か」を常に議論してきた。時代とともにその内容は変わっていったが，その答えがそのまま党の政策に直結した。こうして，1840年代には保護貿易主義が強調され，1870年代には。南アフリカのズールー人打倒がスローガンとなり，1885年以降になると北アイルランドの領有を主張することが基本政策となったのである。時は移り，1970年代以後の保守党は，産業政策をめぐり，「国家干渉」を原則とすべきか，「自由放任」を基調とす

---

[17] 1961年に創立された保守党内のグループ。マクミラン内閣が平等主義に傾きすぎることに反発して結成され，植民地や移民問題で極右的主張をした。会員には下院議員や貴族が多く含まれ，一時は1万人を越すと言われた。2001年に保守党が正式にクラブと関係を断ち，グループは衰退して2015年には600人を下回っている。

[18] 1951年に東ロンドンのボウで設立された保守主義の理念や政策を研究するグループ。1976年の25周年記念総会には党首サッチャーと前党首ヒースが列席していた。ボウ・グループは，政策に関するパンフレットなどを出版し，21世紀になっても活発に活動している。

べきかで，大きく2派に分かれて論争してきたと言ってよい。

　しかしながら，イギリス保守主義の伝統を単に政策的見地から理解しようとすると，混乱を生じやすい。つまり，個人レベルにおいても，党レベルにおいても，政策的一貫性が最優先されることがなかったため，特定の政策を保守党の変わらぬ綱領とすることはできない。

　政権政党としての保守党は，19世紀後半から，労働者階級の支持を得るために，福祉・衛生などの社会政策を積極的に推進し，戦後も社会福祉の充実を阻害することがなかった。だが，1979年以後，党の政策は大きく方向転換しつつある。

　個人レベルでも，例えばベンジャミン・ディズレーリは，1846年には穀物法撤廃に断固反対したけれども，数年後には自由貿易を率直に承認し，その後，1872年に帝国主義政策を提唱するにあたり，再び，政府の方針として保護貿易を示唆した[19]。また，ロバート・ピールは保護貿易を基本政策とする保守党の党首でありながら，自由党の掲げる穀物法撤廃を，保守党政権下で実現させたのである。

　これらの政策転換は，一見すると単なる議会戦術上の必要とか，無節操な現実追随主義とか，一貫性の欠如と思われる。しかし，ピールの例以外は，党の分裂や個人的な信用の失墜は見られなかった。状況の変化に応じて政策が変更されるということは，実は自然なことであり，逆に，時代が変わっても同じ政策を維持することは，一貫性を尊重しているというよりは，政策的硬直性の表れであるというのが保守党のコンセンサスであったと思われる。

　保守党内の政治家の色分けについては，したがって，信奉する政策に基づいて分類するよりは，政治的アプローチの観点から分類するほうが，保守主義の伝統を理解するのに役立つかもしれない。例えば，ある研究者が試みているように，保守主義者を大別して，「強硬派」と「柔軟派」とに分類すると，彼らの行動が，より容易に理解されうる。民主主義と自由主義とに挟撃され

---

19) ディズレーリの思想と行動に関しては，小松春雄，「ベンジャミン・ディズレーリの思想と行動」，『政治思想における西洋と日本』上巻，東京大学出版会，1961年，がある。なお，本書第2章も参照。

た形の貴族主義的統治原理を救い出すために，トーリー民主主義を唱えるに至ったディズレーリは，無論「柔軟派」に属する。労働者大衆への妥協がイギリス経済に深刻な凋落をもたらしたとして，安易な妥協を拒否するキース・ジョゼフは典型的な「強硬派」と見なしうる。

　ピールとディズレーリの歴史的対決も，実は政策論争でもなく，ピールの変節を批判する律義な保守主義者による弾劾でもなく，ピールの党指導の仕方，いわゆる政治的アプローチに起因する党内不満分子の造反が真相であった。「柔軟派」のピムは次のように分析している。

　　「ピールは有能な政治家であり，首相，内相，党指導者としての彼の業績は計り知れないほど大きい。しかも彼の穀物法撤廃への動機は称賛されるべきものであって，歴史の成り行き上，穀物法の撤廃は必然的，不可避であった。だが彼は，彼を支持するように保守党内に根回しをする努力を怠った。また，法案を通過させる時の高慢な姿勢が，事態を悪化させた。自らの公明正大を信じ，彼は誰の言うことも聞かなかった。法案成立のため彼は，強力な指導力を発揮した。しかしその結果，保守党は上から下まで分裂してしまい，論争の過程で党がほとんど雲散霧消してしまい，以後28年間もの間安定政権を得ることができなかったである[20]。」

　ピムがピールを「強硬派」と見ていることは疑いない。保守党内には，もちろん強硬・柔軟という視点からは分類できない他のアプローチもいろいろ存在した。しかし，一つの懸案事項が示された場合，常に保守党内に強硬派と柔軟派が二つの主要な流れを形成したことも確かである。そしてピムは，「柔軟派」こそが，保守主義の正統派であると信じてやまないのであろう。

　実際には，両派は相対立するというよりは，相互補完的要素が強いと言えるのではなかろうか。党内にこのような幅が存在するがゆえに，保守党は，長年にわたり状況に応じつつ，政権の座に座ることができたのではないか。自由主義から民主主義，そして社会主義と次から次へと現れる現代社会の挑戦に，その時々に対応することができたからこそ，保守党は今日に足るまで，政権政党たりえたものと思われる。

---

20) Pym, op. cit., p. 178.

ピムは，しかしながら，いつでも国家干渉を是としたわけではない。彼は，状況に応じて政策が変化することは当然と考えているので，国民が国家からの補助を期待して労働意欲を示さず，経済が停滞している時，市場経済を導入して競争原理を普及させることは適切な対応策と認めるであろう。彼にとって問題なのは，産業の国有化，計画経済の推進を不変の綱領とする野党勢力であり，逆に，いかなる状況でも，「自由放任」原則を貫徹し，労働組合に対して，非妥協的態度を崩さないという「強硬派」であった。

　しかし，「柔軟派」こそが保守主義の正統派と信じるピムも，「強硬派」も保守党内の一勢力であることは認めざるを得なかったであろう。にもかかわらず，強硬の程度が極端な場合，ピムはその人物を保守主義の陣営の人とは認めない。その頑迷な姿勢が保守党に惨敗をもたらしたジョゼフ・チェンバレン（Joseph Chamberlain）の場合がそれにあたる。

　チェンバレンは，いわゆる関税改革を掲げて保守党を指導し，1906年の総選挙で国民の支持を失った。この敗北は極めて厳しいものだったために，それまでの20年間のうち17年間，政権を掌握していた保守党は，こののち，1922年まで16年にわたり，政権と無縁な野党となった。この敗北が，チェンバレンと関税改革だけに起因するものではなかったとしても，主要な原因であったことは否定できない。ピムは，チェンバレンの政策と政治的アプローチを分析し，結論的に。端的に一言，「ジョゼフ・チェンバレンは保守主義者ではなかった[21]。」と述べている。

　その根拠としてピムが挙げているのは，まず第一に，チェンバレンは，その政治経歴の大部分を自由党の急進派として過ごした。イングランド中部の活動的な工場主となり，次にバーミンガム市長を経て自由党から立候補し，下院入りした。彼が将来保守党に移籍してその指導者になるとは当時の誰も予想していなかった。

　しかし，チェンバレンは終始一貫，ナショナリストではあった。第二に，このナショナリズムの内包する概念が，チェンバレンとディズレーリとでは

---

21) Ibid., p. 180.

全然異なるとピムは指摘する。チェンバレンのナショナリズムは，ピムによれば，ディズレーリのように国民の各層を和解させ，一つの緩やかな連合勢力に仕立て上げていくのと異なり，チェンバレン自身の信ずる確固たる，かつ独善的な大英帝国の維持・発展を図ることを意味したのである。

第三に，チェンバレンの強引な政治指導は，保守党の伝統的指導者とは異なる性質のものだとピムは論ずる。政策としての関税改革は，当時保守党の多数派の意見であった。実際には関税改革に対して，保守党内では三つのグループに見解が分かれていた。それまでの伝統を維持し，自由貿易を堅持しようとして，関税改革に反対するグループが約60名，積極的に改革を支持する者約130名，原則としては改革に賛成であるが，その結果を心配し，柔軟な実行を心がけようとする，バルフォアに代表されるグループが約200名，それぞれ自説を展開していた。

チェンバレンが一切の妥協を拒否し，内閣を去って関税改革キャンペーンを強化した結果，保守党は分裂した。しかし，この時でもピムによれば，党の分裂は改革派と反改革派とにではなく，教条的改革派とプラグマティックな改革派とに分裂したのだという。結局，チェンバレンの改革断行は国民の批判を浴び，1904年の補欠選挙での連続的敗北と，次期の総選挙における保守党の大敗北の原因を作ってしまったのである。ウィンストン・チャーチルが保守党から自由党に鞍替えしたのも，保守党の自由貿易放棄が主な理由であった。

チェンバレンの理念や政策は，保守党の受容しえないものではなかった。政策の内容ではなく，その遂行の仕方，政治的アプローチが問題であったとピムは主張するのである。ピムにとって重要な関心事は，現在進行中のサッチャリズムが，チェンバレンのキャンペーンと同じ運命に陥るのではないかということと言えよう。

ハロルド・マクミラン（Harold Macmillan）からテッド・ヒース（Ted Heath）までの「一つの国民保守主義」をピムは支持した。しかし，実際には，この伝統はイギリス病なる社会的病理の発生を防ぐことができず，イギリス社会に長期低落の道をたどらせることとなった。経済の自然凍結化が進む中で，

一種のカンフル剤が必要な場合があり，まさにその時にサッチャー政権が誕生し，「大きな政府」に依存することに慣れた国民に，自由競争の導入による経済の活性化をもたらせようとした。第二次のサッチャー政権にあって問題は，ピムが指摘するように，マネタリズムや「小さな政府」政策による失業者の増大であり，それにつれて発生する失業手当などの政府歳出の急増をどう克服するかということであった。また，サッチャリズムの手法，アプローチが，その政策内容とは別に，国民の不満を掻き立てるかもしれない。サッチャー政権は，いわば，政策的にも政治アプローチ的にも危険な要素をはらんでいるとピムは警告を止めないのである。

第6章　サッチャリズムとフォークランド戦争

はじめに

　サッチャリズムは，国内政治にあっては，小さな政府を指向するものであった。歳出を抑制しようとするならば，国際政治の分野では「小英国主義」を原則とするのが当然と思われる。というのは，現代の世界では，植民地保有は本国にとって出費のかさむことであり，財政的にみてひき合わないからである。

　実際，サッチャーは首相就任直後，南アフリカのローデシア植民地を独立に導いたし，1984年12月には香港を中国に返還する取り決めにサインをした。もっとも，サッチャーは初めから小英国主義の原則を貫いたわけではなかった。ローデシア植民地からジンバブエが独立した時も，サッチャーは1979年9月から12月までロンドンで開催された独立交渉で，黒人代表を退け，少数派で65年に一方的に独立を宣言し，国際連合に経済制裁を受けていた白人強行派を推すつもりであった。この場合，会議期間中にサッチャー首相は，本来の立場通りではなく，立場を変え，民主的な選挙が行われることを支持するようになり，当然の成り行きとして，黒人ムガベ (Robert Mugabe) の政権が誕生したのである[1]。また，香港返還についても，1997年に香港を中国に"返し与える"ことなど考えられないサッチャー首相を説得するのは大変な骨折りだったとある閣僚は伝えている[2]。後に述べるが，サッチャリズムの外交面における際立つ特色は，小英国主義ではなく，ナショナリズム

---

1) ケネス・ハリス,『マーガレット・サッチャー』, 大空博訳, 読売新聞社, 1991年, 157-158頁。
2) Hugo Young, *One of Us*, London, 1989, p. 431.

であった。

　ナショナリズムは，費用の多少にかかわらず，イギリス国家の世界における地位の上昇，すなわち，国威の発揚を目指す。一方，小英国主義的原則は防衛費の削減を進め，国外の問題が国家財政を圧迫しないように努めることである。ナショナリズムと小英国主義という二つの相反する信念を内包するサッチャリズムは，国際政治の重要な問題に遭遇するとその矛盾を露呈せざるをえなかった。

　もちろん，サッチャリズムを何らかの一貫した政治哲学を持つものではないと考えるならば[3]，サッチャリズムはせいぜいサッチャー型リーダーシップを意味し，そのつど，"便宜"や"機会"に基づき，態度を豹変させることも何ら不可解なことではあるまい。しかし，サッチャリズムは単なる便宜主義ではない。政治哲学も政治的スタイルも備えた主義と見るべきであろう。このサッチャリズムにとって最初に与えられた国際政治上の大きな試練がフォークランド紛争であった。

　何故フォークランド戦争が勃発したのか，戦争はどういう経過をたどったのか，そして戦争の結果をどう評価することができるのか，こうした問いに答えようとすれば，サッチャリズムに含まれる小英国主義とナショナリズムの問題にも解明の光が当てられるであろう。

第1節　開戦への道

1．フォークランド諸島の歴史

　フォークランド諸島は，南米大陸の最南端ホーン岬から約600キロメートル北東，南緯52度に位置し，二つの主たる島と100余りの小島群からなり，全部を合わせた面積は約1万5,000平方キロメートル，ほぼ四国（約1万8,800平方キロメートル）に匹敵する。人口は，中心都市スタンリーに集中し

---

[3] ヘイルシャム卿は「"サッチャリズム"などという哲学は存在しない。……しかし1979年から85年の間に，彼女は英国人の倫理全体を変えてしまったのだ」と回顧している。Lord Hailsham, *A Sparrow's Flight*, London, 1990, p. 411.

ており，合計 1,800 名で，戦争勃発時にはさらに減り，約 1,700 名となっていた。

フォークランド諸島の領有は，発見者や移住者の母国の間で争われたが，1816 年にアルゼンチンがスペインから独立した時，アルゼンチンがスペイン領マルビナス諸島（フォークランド諸島のスペイン側の呼称）の領有を宣言し，艦隊を派遣し，植民を開始した。ところが，1833 年 1 月，大英帝国の艦隊が襲撃し，アルゼンチン守備隊を放逐した。合法的とは言いがたいこの占拠は，やがてイギリス本国からの植民者が定住し，そのまま 150 年が過ぎ去ったことで正当化されたかの感があった。実際，英国政府は勅許を「フォークランド諸島会社」に与え，この会社に捕鯨や羊の放牧などをさせ，典型的な植民地経営を行ってきた。この会社は，フォークランド諸島の土地の 43％を所有し，経済的にも絶大な影響力を保持してきた。

一方，アルゼンチン側からすれば，20 世紀も終わりを告げようとする当時，東インド会社のような植民地会社が，かつてアルゼンチン領であった島で生き残っていることは，不愉快な事実であった。事実，アルゼンチン政府は，島が英国に占領された 1833 年に，英国政府に公式に抗議し，アルゼンチン領有の正当性を主張した。以後，アルゼンチンが諸島の領有を放棄したことは一度もなかった。

逆にイギリス政府の主張には，揺れ動きがあった。1910 年の英外務省の手による調査書は，アルゼンチンの主張の方が歴史的に根拠があることを認めた。しかしながら約 20 年後には，国際法上の「先占理論」—平穏に一定期間占有を続けた者が領有権を得るという理論—に基づき，フォークランド諸島のイギリス領有が正当化された。現在も，イギリスは 1833 年の占領を合法化することにはよらず，先占の理論を諸島の領有の根拠としていると思われる[4]。

フォークランド諸島領有権を巡るイギリスとアルゼンチンの紛争は，1965 年 12 月，国際連合の総会で国連決議 2065 号が採択されたことにより，新し

---

4) サンデー・タイムズ特報部編，『フォークランド戦争』，宮崎正雄編訳，原書房，1983 年，19-24 頁を参照。

い展開を見せた。決議は，「フォークランド諸島が一つの例であるようないかなる形態の植民地主義も終結させること[5]」を要請しており，イギリスとアルゼンチンが速やかに交渉の席につくことを促した。イギリス政府は，当時，領有権は交渉の対象とならないけれども，両国の関係の正常な発展について討論することは否定しないという悠揚たる態度を示していたが，世界的に広がる反植民地主義の潮流が国連決議に結実すると，重い腰を上げ，フォークランド諸島に関する交渉を開始した。3年後に両国で作成された覚え書きには，「一定の期日より，諸島はアルゼンチン領となることを英国政府は承認する。ただし，島住民の利益が守られ，住民が受け入れることを条件とする[6]」と書かれてあった。この「住民の利益擁護」と「住民の同意」をどうしたら達成できるか，両国に具体案はなかった。したがって「総論賛成，各論反対」の状況がズルズル続き，こうしたアリバイ的交渉に対し，アルゼンチン側がしびれをきらし始めた。10年にわたる交渉が何も実りのないことを，1976年に成立したアルゼンチン軍事政権は厳しく批判し，軍事的上陸作戦を準備し始めた。イギリスの労働党政権は，情報組織から警告を得，1977年11月，原子力潜水艦1隻とフリゲート艦2隻を急派した。しかし，この時は軍事的衝突はなく，イギリスの艦隊は次回78年2月の交渉を待つことなく，任務を解かれた。

　以上，サッチャー政府が登場する以前の英ア両国の関係は次のように要約することができよう。①イギリス政府は，外交交渉によりフォークランド諸島紛争を解決する意思を示した。②イギリスは，どのような解決も住民の納得を得なくてはならないと主張した。③主権の所在は交渉対象外とするイギリスに対して，アルゼンチンは領有権を第一の目標としていたので，交渉は平行線をたどった。④アルゼンチンによる軍事的占拠の恐れが増大した[7]。

---

5) *The Franks Report*, London, 1983, paragraph 18.
6) Ibid., paragraph 23.
7) Ibid., paragraph 70.

2. サッチャー政府の対応

　1979年5月,保守党の党首マーガレット・サッチャーは政権を掌握し,フォークランド問題を扱う大臣として,カリントン卿(Lord Peter Carrington)を外相,ニコラス・リドリー(Nicholas Ridley)を外務担当閣外相(外務次官)に任命した。カリントンとリドリーは,フォークランド諸島が外交上の懸案事項であることを確認し,リドリーがフォークランド諸島を訪問することになった。

　二度にわたるリドリーのフォークランド諸島訪問のうち,第1回目は1979年7月に行われた。リドリーは島民に対して,アルゼンチン政府との協力—腹案として主権をいったんアルゼンチンに返し,即座に長期の租借契約を結ぶ(lease back)が用意されていた—によって得られる利点を説き,同時にいかなる妥結も島住民の意思に反してはなされないことを強調した。島民は,リースバック案に対して極めて冷淡で,イギリス領に留まりたいとの意思は明瞭であった。

　英国外務省や外交担当者がリースバックを妥協案として示したのはこれが初めてではなかった。外務省の見方では,イギリスとアルゼンチンが領有権を主張している,両国にはそれぞれ主張の根拠がある,イギリスとしてはイギリス系の植民者とその子孫が満足できる解決をしたい,しかし諸島は経済的には劣勢で,アルゼンチンとの良好な取り引きによるか,イギリス本国からの援助がなければ,たちゆかない,それゆえ妥協案はアルゼンチンが呑める案でなくてはならない,そこで,香港方式ともいうべき租借案が考え出されたのである。

　イギリス政府としては,フォークランド諸島の経済的沈滞に何らかの手を打つ必要があった。フォークランド政府には,日常生活を維持するのがやっとの税収しかなく,空港建設や通信施設拡張など特別な支出はすべて本国からの補助金に頼っていた。1981年の歳入を例にとれば,トータルで247万ポンドの収入のうち,4分の1の60万ポンドは切手発行による収入であり,106万ポンドがイギリス政府からの補助金であった[8]。

　アルゼンチンは,しかし,この「名のみあって実なき」リースバック案を,

第 1 節　開戦への道　101

前向きに受け止めた。イギリスを訪れたアルゼンチン経済相は，リースバック案で交渉に「曙光が射してきた」と語ったといわれる[9]。

　リドリーからの報告を受けたカリントン外相は，1979年9月に，首相に報告書を提出した。その中で，カリントンはフォークランド交渉に関して，①フォークランド諸島の要塞化，②交渉引き延ばし作戦，③領有権に関わる実質的交渉の三つの選択肢を挙げ，③のリースバック案がベストであるとの判断を示した。サッチャー首相は，結論を急ぐ必要はない，近いうちに国防会議の議題とするとの返事を与えた[10]。

　リースバック案にとっての障害は，あくまでイギリス領に留まることを願う島民反対派と，主権がわずかでも削減することに乗り気でない首相だけではなかった。リドリーは，1980年11月，再びフォークランド島スタンリーを訪れ，集会で租借方式が最も現実的な解決策であることを力説し，英国政府はフォークランド諸島の防衛をすることができないので，あくまでアルゼンチン政府を敵に回すなら，責任は自ら負わなければならないと恫喝にも似た警告を与えた。島民の一部はそれでもリースバックに反対し，大多数は態度を保留した。リドリーはこの反応に満足し本国政府の方針が決定すれば，住民側は大丈夫と判断した。

　しかし，カリントン外相が租借方式の承認を議会に諮りたいと首相に報告した時，サッチャーは烈火の如く怒り，初めてフォークランド諸島に対する首相の見解をあらわにした。首相は入植者への統治権を侵害する取引には一切応じられないと言明し，永久に現状を維持する姿勢を示した。サッチャーは議会への提案を明白に制止したのである[11]。

　リースバック案に対して徹底的に反対したのは保守党が多数を占める議会であった。1980年12月2日，リドリーは，議会で租借方式の主旨説明をし，承認を求めた。だが，この後の90分間，リドリーは首相から全く援護なく，

---

8) Lawrence Freedman, *Britain & the Falklands War*, London, 1988, pp. 16-17.
9) サンデー・タイムズ，前掲書，26 頁。
10) *Franks Report*, paragraph 73.
11) ケネス・ハリス，前掲書，199 頁。

保守党のみならず労働党や自由党からも激しい非難の嵐を受けた。与野党にわたる 18 名の代表が次々と立ち，リースバック案は「諸島を手離そうとする恥ずべき計画（ラッセル・ジョンストン）」であると批判し，「下院には誰ひとり，歴史的に本国と切り離され孤立して生き延びてきた諸島と島民をアルゼンチンに追いやろうとするものはいない（トム・マクナリー）」と叫んだのである[12]。

　サッチャー首相と議会のフォークランド強硬派はこうして「フォークランド諸島租借方式」をほぼ完全に葬り去った。本国政府の動向を反映し，9 名で構成されるフォークランド議会は，1981 年 1 月，8 対 1 の大差で主権に関する両国の交渉の凍結を決議した[13]。これらの人々は，カリントン外相が示した三つの選択肢のうち，「フォークランド諸島要塞化」の道を選んだといってよい。アルゼンチン軍事政権は，諸島への侵攻をちらつかせながら実質的な妥結を求めて交渉の場に臨んでいた。イギリスは，租借方式を棚上げした時点でフォークランド防衛の強化に着手すべきであった。

　ところが，サッチャー政府は，1981 年の予算で，自らの政策に逆行する予算案を作成した。つまり，要塞としてのフォークランドを提起しておきながら，実際には諸島の防衛力を削減しようとしたのである。

　フォークランド諸島の守備は，砕氷哨戒艇「エンデュランス」が就航していたが，この 1 隻しかない武装艦艇をイギリス政府は除籍する決定を下した。外務省も国防省もこの引き揚げには強く反対していた。サッチャー首相は 81 年 1 月，国防費削減に非協力的なフランシス・ピム国防相を罷免し，サッチャライトと目されていたジョン・ノット（John Nott）を任命し，ノット国防相の下でエンデュランス除籍を決定させたのである。

　交渉の引き延ばしに焦りを隠さないアルゼンチン政府は，このエンデュランス引き揚げ決定を，イギリス側の島を守る決意の薄弱化と読んだ。アルゼンチンがこうした見方をするのを助けるもう一つの出来事があった。それは，南ジョージア島にある南極観測隊の基地が費用削減の目的で廃止されるとの

---

12) *Franks Report*, Annex F.
13) Ibid., paragraph 83.

知らせであった。結局，観測隊の費用はフォークランド政府の切手発行収入によってまかなわれたので事なきを得たが，これもアルゼンチン政府にとってみれば，イギリスのフォークランド諸島への無関心の表明と受け止められた。さらに，1981 年に成立した英国国籍法は，祖父母がイギリスで出生した人々までをイギリス国民と認めたので，それ以前に入植した島住民約 800 名が英国籍を剥奪された。この法律もまた，アルゼンチン政府には，フォークランドへの本国政府の関心低下と映ったのである[14]。

この一見して矛盾する政策の意味を巡って戦争終了後，イギリス政界で大きな論争が発生した。われわれも後でこの問題を詳しく検討することにしよう。

エンデュランスの引き揚げが議論されていた 1981 年 5 月，アルゼンチンの陸軍司令官レオポルド・ガルティエリ（Leopoldo Galtieri）将軍は声明を発表し，「わが国は自国の領土的野心から生じたのではない国際問題に対しては，必ずしもいつでも我慢強い平和主義をとっていない。とりわけ，フォークランド問題は一世紀半を経過し，もはや耐えがたい状況になりつつある[15]」と，イギリスの対応の不誠実さをなじった。

10 月にフォークランド議会の選挙があり，交渉はその後 12 月に予定されたが，12 月にアルゼンチンで政権が交代し，ガルティエリ将軍が大統領に就任したため，さらに延期され，1982 年 2 月にニュー・ヨークで行われることとなった。イギリス側は，唯一と思われたカード（租借方式）を議会で反対され，完全な手詰まりに陥っていたので，交渉が遅れたり長びくことは歓迎であった。だが，この時期にアルゼンチン政府は重大な決定を行い，フォークランド侵攻を具体的目標として環境整備を始めていたのである。

2 月 26・27 日の交渉では，リドリーの後任リチャード・ルース外務次官を代表とするイギリスは，本音のところフォークランド諸島領有権についてはなんの譲歩の用意もなかった。提案できることは話し合いは続けようということぐらいであった。一方，アルゼンチン側のロス外務次官は，イギリス政

---

14) ハリス，前掲書，202 頁。
15) *Franks Report*, paragraph 88.

府の真意を確かめようとした。1日目に決まったことは，両国間で交渉の場を設定するということのみであり，2日目になるとルース代表は，アルゼンチンの提案をことごとく反対し，交渉委員会の回数も日時も何も決めず，結局，「これからも話し合う」ことだけを確認するに留まった。

ニュー・ヨークで発表されたコミュニケとは別に，アルゼンチン政府は同じ日の3月1日，ブエノス・アイレスでコミュニケを発表し次のように宣言した。

> 「アルゼンチンは，国連決議の枠組の中で15年間も，辛抱強く，忠実に，誠実に諸島の主権問題の解決を英国と交渉してきた。新しい交渉委員会の設置は問題解決を早めるためのものである。しかしながら，もしもこうした試みが実らないのなら，アルゼンチンはこうした努力を終結させ，全く別の手段を選ぶ用意がある[16]。」

軍事力でフォークランド諸島を奪還するという作戦は，最終的には直前に決定されたものであっただろうが，アルゼンチンでは1982年の年始から次第に世論形成が行われていた。1月17日，有力紙『ラ・プレンサ』でルコ論説委員は，マルビナス諸島を軍事力で奪回するのは，チリと戦争するよりははるかに経費も安く，国際的支持も得られるだろうと論じた。ルコは1週間後にも同紙に，アメリカは軍事行動まで含めて，アルゼンチンによるマルビナスの領有権回復のためのすべての行動を支持するだろうと論じた。2月18日の『ブエノス・アイレス・ヘラルド』紙でルコは，「マルビナス奪回のための軍事行動は，三つの新しい状況の下で適切とされうる。新しい状況とはアルゼンチンの西欧戦略からの孤立，ビーグル海峡問題の調停失敗，ソ連の当該海域への進出である[17]」と議論した。西欧の関心は強くない，マルビナスを奪回すれば南端のビーグル海峡でチリに対しても強く対応できる，ソ連がイギリスに好意的であるはずはない，これがルコの考えであったと思われる。ルコ記者はアルゼンチン外務省及び海軍と近い関係にあり，これらの記事は，

---

16) Ibid., paragraph 138.
17) Ibid., paragraphs 129, 130, 131. サンデイ・タイムズ，前掲書，34-35頁。

アルゼンチンの国民世論を一定方向に誘導するとともに，ニュー・ヨーク交渉に臨むイギリス政府への牽制の意もあったと考えられる。

　イギリスでは，外務省でも情報部でもアルゼンチン政府の真意を探っていたが，アルゼンチンの軍事行動については予知しえなかったという。この点は，政府の"決定作成"が適切であったかを調査した『フランクス・リポート』の主要なテーマの一つで，戦争の総括を検討する時に，取り上げることにする。

　3月11日，アルゼンチン軍用機が緊急着陸を装ってスタンリー空港に飛来した。3月19日にはアルゼンチン海軍の護衛艦に乗り，廃鉄回収の作業員41人が南ジョージア島に上陸した。これらの人々は4ケ月の作業に従事すると通告し，アルゼンチンの国旗を掲げるという事件を起こした。任務終了直前の哨戒艇エンデュランスが南ジョージア島に急派され，廃鉄業者の国旗は降ろされた。この後，イギリス政府はアルゼンチン外務省に抗議を申し入れたが，この事件を重大なものとは決して見なしていなかった。アルゼンチン作業員の上陸に関する情報を得てからフォークランド侵攻までの約2週間，イギリス政府は一度たりとも，武力行使には武力で対抗するという決意を示さなかった。このことも，本当はサッチャー首相はアルゼンチンに攻めさせて，武力でこれを破り，国内での不人気を挽回しようとしたのではないかという憶測を招いた。

　3月25日，エンデュランスに対抗して自国の人々を守るため，アルゼンチンは1隻の軍艦を南ジョージア島に派遣した。所属は海軍であったものの，この軍艦は非武装の科学研究船であろうとイギリス外務省は見なした。

　この日，イギリス国防省は，サッチャー首相から海軍の機動艦隊出動の準備を命令された。通常，外交交渉の最中では，首相のなすべきことは少ないかもしれない。しかし，フォークランド紛争の場合，決定的な軍事対決になるまでは，首相は，リドリーの租借方式を握りつぶした時に明確な意思表明をしたのみであって，他の場合には，ほとんど関心を示さなかった。にもかかわらず，本国政府の諸島への関心低下を読んでアルゼンチンが武力行使を開始した時，それまで影の薄かったサッチャー首相は，がぜん強烈なリーダー

シップを発揮し始めたのである。

3月29日，サッチャー首相はECの会議に出席するため，ブラッセルに向かったが，途中，同行のカリントン外相と，まず1隻の原子力潜水艦の派遣をエンデュランスの援護に急派することを決定した。ノット国防相は，機動艦隊の形成と派遣について報告し，ジブラルタル沖で演習中の7隻の駆逐艦とフリゲート艦はいつでも出発でき，2～3週間で諸島に到着できること，また本格的機動艦隊の構成には最低1週間かかり，それから現地に到着するまで3週間はかかることを伝えた[18]。

3月31日，ノット国防相はアルゼンチン艦隊が出動したこと，スタンリー港近くで潜水艦が上陸地点を探索中との報告を受けた。2日後のフォークランド島占領を止める手段として残されたのは，侵攻中止をガルティエリ大統領に説得するようレーガン大統領に依頼することだけであった。レーガン大統領は翌4月1日，ガルティエリ大統領に武力行使の中止を電話で申し入れたが，ガルティエリは受け入れなかった。しかしこの時点で，アメリカが支持してくれるとの読みは誤っていたことがわかり，国際世論を敵に回してアルゼンチンがイギリスと戦って最終勝利を得ることはないことが明白となった。無責任な戦争遂行者は，敗戦が必至とわかっても途中で投げ出すことはできないものである。ガルティエリはレーガンの親切な態度表明をもっと深刻に受け止めるべきであった。というのは，結果的にアメリカがイギリス側についたことが，この戦争の勝敗の決定的要因となったからであり，アメリカの寛大な援助なくしては，いかにイギリスの海軍が優秀であろうと，フォークランド島奪回は困難をきわめたに違いない。

4月2日，予想通りアルゼンチン軍はスタンリーを占拠し，ハント総督を追放し，全諸島をアルゼンチン領と宣言した。同日夕刻，サッチャー首相は閣議で機動艦隊の派遣を決定した[19]。そして翌3日は土曜の休日であったが，緊急議会の召集が決められた。アルゼンチンをたたく前に，まず自国の議会での戦いに勝利しなくてはならなかった。

---

18) Ibid., paragraph 213.
19) Ibid., paragraph 258.

第2節　サッチャーの戦争

1．外交戦

　アルゼンチン艦隊がフォークランド諸島に指呼の間に迫るまで，サッチャー首相の対応は悠揚たるものであったが，いったん侵攻が事実として確認されると，目をみはるすばやさと適確さで，戦闘の準備が整えられた。

　サッチャーは，武力行使によって奪われたものは，断じて武力行使によって奪回しなくてはならないとの確信を持っていたと思われる。政治家は，国家の存亡を賭ける戦争を決断する場合，ギリギリの限界まで実戦を避け，外交上の勝利あるいは妥協の可能性を探るものであるが，サッチャーの場合，この点，明白に一般の政治家と異なる彼女らしさが見られた。3月末から6月中旬までの戦争期間中，サッチャーが戦争を避ける外交的手段を本気になって追求した形跡は見られなかったのである。

　しかしながら，フォークランド戦争の成否の決め手は，派遣機動艦隊の戦闘能力もさることながら，国際世論の支持を得るという外交手続きにあったといってよい。サッチャーは軍事力で決着をつけるつもりであったといっても，やみくもに戦闘開始を決意するはずはなかった。戦争を決意した直後から，サッチャーは国内外の世論の支持獲得を目指す外交努力については大いに力を入れた。イギリスは，第二次大戦後，フランスと組んで出兵し，大失敗した経験がある。この1956年のスエズ動乱からサッチャー政府は多大な教訓を得ていたに違いない。

　スエズ動乱では，イギリスが経営権を掌握していたスエズ運河を国有化するとのエジプトのナーセル大統領の発表に，激怒したアンソニー・イーデン（Anthony Eden）首相がフランスとイスラエルを誘って利権の奪回に派兵したものの，結局，翌1957年，派遣軍は完全撤兵した。この武力行使が無駄に終わった原因には，国連が停戦決議を行いイギリスの出兵をたしなめたこと，ソ連が介入を示唆して警告を与えたこと，そして，国内でも野党が派兵に非を唱えていたことがあげられるけれども，何よりも決定的な原因だったのは

アメリカのアイゼンハワー大統領の出兵反対であった。アイゼンハワーはイーデンに書簡を送り,「エジプトに派兵することは,アラブ諸国にエジプト支持の態度をとらせるという重大な結果をもたらすばかりでなく,英米両国の間に重大な誤解を招くものであります。というのはアメリカの世論は,率直に言って,イギリスの軍事行動を支持せず,逆に抑止せよというものだからです[20]」と強い警告を発していたのである。イーデンはこの失敗で政権を失い再びリーダーシップを発揮することはできなかった。

イーデンの出兵から四半世紀たって,今やサッチャーが大艦隊を長駆1万3,000キロメートルのかなたに派遣しようとしていた。サッチャーのリーダーシップは,スエズ出兵の教訓を自家薬籠中のものとしていたといえるだろう。サッチャーは,内閣で機動艦隊派遣の方針を確認すると,一方では国内世論の高揚と,他方では国際世論の支持獲得にすばやく動いた。

まず,スエズ動乱以後,初めて土曜日に緊急議会を召集し,ここでアルゼンチンのフォークランド占領の事実を告げた。新聞はこの朝,いっせいに「フォークランドの屈辱」について書き立てていたので,下院議員は与党も野党も,政府の考えていた以上に,強硬な対抗手段を講じるよう主張した。とりわけ,労働党首マイケル・フット (Michael Foot) の演説は,厳しく政府の責任を追求し,アルゼンチン軍をフォークランド諸島から追放することは「イギリスの道徳的・政治的・その他あらゆる種類の義務である[21]」という対外強硬の議論を展開した。サッチャーの心境を推し測ると,これで議会から機動艦隊派遣の反対が出ることはないという安心感があったであろう。イーデンの場合,国内からも批判を受けたことを考えると,サッチャーは自信を強めたに違いない。4月3日の下院では,彼女の態度は決して勇ましいものでも情熱的なものでもなく,慎しい態度に終始することができたのである。

同じ4月3日,イギリス外交は大きな収穫をアメリカで得た。国連安全保障理事会に働きかけ,イギリスの主張を条文化した国連安保理決議502号を通過させることに成功したのである。決議の内容は次のようであった。

---

20) Robert R. James, *Anthony Eden*, London, 1986, p. 507.
21) Young, op. cit., p. 265.

「安全保障理事会は4月1日の第2345回安全保障理事会における議長声明を想起し，……①敵対行為を即時中止することを要求し，②全アルゼンチン軍をフォークランド諸島（マルビナス諸島）から即時撤退させることを要求し，③アルゼンチン政府および英国政府に対し，外交措置により相違点を解決するとともに，国際連合憲章の目的と原則を十分に尊重するよう呼びかける[22]。」

アメリカの国連大使ジーン・カークパトリック（Jeane Kirkpatrick）が「フォークランド諸島アルゼンチン領」の考えを持ち，アメリカはイギリスともアルゼンチンとも友邦であるとの外交観の持ち主であっただけに，イギリスの国連大使アンソニー・パーソンズ（Anthony Parsons）が安全保障理事会15ケ国のうち，決議に必要な10票を得ることができたのは，外交上の離れ技と言ってよい。15ケ国のうち，アメリカ，イギリス，フランス，日本，アイルランドは賛成票が期待できた。アメリカは，微妙な態度を示していたけれども，投票ではやはりイギリス側に立った。パーソンズは，トーゴ，ザイール，ウガンダ，ガイアナといったアフリカの理事国を説得することに成功し，他にヨルダンが態度を決めかねているのを見ると，サッチャー首相に電話をし，ヨルダン国王の説得を依頼し，功を奏した[23]。結局，反対票を投じたのはパナマ一国で，ソ連，中国，ポーランド及びスペインが棄権した。

先にアメリカは「微妙な態度」を示したと述べたが，これは，アメリカが置かれていた複雑な立場と関係があった。アメリカはアルゼンチンと親交があるだけでなく，この国を武器売却の相手国としても重要視していた。しかし，アメリカにとってイギリスはいわゆる「特別な関係（special relationship）」にある友邦国であり，さらにレーガン（Ronald Reagan）大統領とサッチャー首相とは個人的にも深く信頼し合っていた。レーガンは，サッチャーが期待していることが何か，十分に理解していたはずである。これに加えて，国務長官アレグザンダー・ヘイグ（Alexander Haig）が独自の立場をとろうとした。ヘイグは紛争中の両国を往復して妥協を模索する調停役を買って出たのであ

---

[22] サンデー・タイムズ，前掲書，75頁。
[23] ジェフリー・スミス，『ウーマン・イン・パワー』，安藤優子訳，フジテレビ出版，1991年，164-165頁。Freedman, op. cit., p. 40.

る。4月1日,駐米イギリス大使ニコラス・ヘンダーソン（Nicholas Henderson）がヘイグ国務長官にイギリス側に立つことを依頼した時,ヘイグの態度があいまいだったのはこの調停のことが頭にあったからであった。

4月初旬,アメリカ政府には,フォークランド戦争に対して三つの立場があったことになる。一つは,レーガン大統領の本心であったが,その意を体したキャスパー・ワインバーガー（Caspar Weinberger）国防長官の対応であった。ワインバーガーの方針は,最も親しい同盟国イギリスが侵略者を撃退することに対しては可能な限り援助を行うというものであった。この非公式な軍事援助政策は,戦況を大きく変化させるに足るものであり,大統領の承認なしには考えられないものであった。アメリカ国防省はイギリスの機動艦隊が必要とする軍事物資を早急に手配し,イギリスとフォークランド諸島の中間にある大西洋上の基地アセンション島に急輸した。イギリス軍はアセンション島のアメリカ軍基地を自由に利用できた。そこには,航空燃料,武器弾薬,航空機用のサイドワインダー・ミサイル,潜水艦探査操置,ヘリコプターのエンジンほか広範にわたる補給品が用意されており,さらにイギリス軍はアメリカ軍のコンピューターから秘密情報を得,軍事衛星チャンネルの利用も許された。つまり,戦争に必要な一切をここで補給することができたのである[24]。

このアメリカからの支持・援助は,機動艦隊がにわか作りで発進した段階で決まっていたと,イギリス艦隊司令官は回顧録で明かしている。またイギリスの航空機には装備されていなかったサイドワインダー・ミサイルが実戦上最も大きな効果を発揮したとも語っている[25]。つまり,アメリカ大陸で様々な外交戦が展開されていたころ,レーガン大統領のイギリス機動艦隊援助は既に決まっていたことになる。これはサッチャー首相のみごとな御膳立てというほかあるまい。

アメリカ政府部内に見られた第二の立場は,カークパトリック国連大使が示した。彼女の考えによれば,まずアメリカの国益が優先されねばならず,

---

24) 同右, 168-172頁。
25) Sandy Woodward, *One Hundred Days*, London, 1989, pp. 74, 87.

アメリカにとって紛争当事国はどちらも重要な関係にある。したがって，どちらにもつかず，中立を維持すべきであるという。

　第三のヘイグ国務長官の立場は不透明なものであった。それは，いってみれば，公式には中立の立場に立って調停を進めるけれども，非公式にはワインバーガーの実質的援助を支持するというものであった[26]。

　カークパトリックの立場はそれなりに説得力のあるもので，あるいはレーガンでなく他の大統領なら彼女の主張を取り入れたかもしれない。フォークランド戦争中，彼女は反英感情の持ち主とイギリス国内では批判されたが，それは必ずしも当たってはいないであろう。彼女の立場に対して，ヘイグの立場は，一方で実質的な支援行動を進めながら，他方で中立を装って調停活動を進めようとした点で矛盾を含むものであった。ヘイグの調停外交は先任者ヘンリー・キッシンジャー（Henry Kissinger）を見習ったとはいえ，サッチャー首相にはまともに相手にされず，アメリカ政府部内でもヘイグのスタンドプレイとして非難する人が少なくなかった[27]。最終的に調停が不調に終わり，レーガン政権はイギリスを支持するとの宣言が出された4月30日には，多くのブエノス・アイレスの人々は，「シャトル外交はイギリス機動艦隊が南大西洋に到着するまでの巧妙な時間かせぎだったのであり，ヘイグは初めからイギリス軍の味方をしていたのだ[28]」と厳しい非難をあびせたのである。

　国連が第502号決議を採択したことは，イギリス外交にとってまたとない強力な支持力となった。早くも4月9日には，EC委員会がアルゼンチンに対して経済制裁を決定した。その他の友好国も何らかの形でアルゼンチンに

---

26) スミス，前掲書，168頁。
27) たとえばラリー・スピークスは次のように述べている。「ヘイグはキッシンジャー気どりでロンドンとブエノスアイレスを往復して，シャトル外交に大わらわになった。ベーカーとディーヴァーとビル・クラークの3人は本気でヘイグ追放に乗りだした。ヘイグにはほとほとうんざりしたので，いやがらせをしてヘイグのほうから辞任を言いださせようというわけだった。」ラリー・スピークス，『スピーキング・アウト』，椋田直子・石山鈴子訳，扶桑社，1988年，109頁。
28) Freedman, op. cit., p. 44.

対して批判的態度を表明した。イギリスにとって，国際世論を味方につけることがスエズ動乱の時の失敗を繰り返さないためにも重要な意味を持ったのである。

　レーガン大統領が，早々とサッチャー支持の腹を決めたことは既に述べたが，彼は，そのことを明白に言葉にしたわけではなかった。アメリカにおける対英支持の国民世論の獲得活動は，主としてイギリス大使館が担当した。ヘンダーソン大使は，何度もテレビに出演し，政府高官，上下両院議員，マスコミなどにも働きかけ，大規模な宣伝戦を繰り広げた。その結果，4月中旬の世論調査では，66％がイギリスを支持した[29]。スエズ動乱の悪夢を忘れていなかったイギリス首脳は，こうして出兵の前提としての外交戦に，確固たる勝利を収めることができたのである。

2．サッチャーの戦争指導

　サッチャー首相は，4月2日に閣議で機動艦隊の派遣を決定した。しかし，その時，ジョン・ビッフェン（John Biffen）通産相とヘイルシャム卿大法官は，まず外交的手段を模索すべきとして艦隊派遣に反対した[30]。カリントン外相の辞任を受け入れた上，内閣改造をするのはまずいと考えてか，4月6日，サッチャーは内閣とは別に，小人数からなる戦時内閣を組閣した。首相の他に外相，国防相，内相，蔵相及び保守党幹事長兼ランカスター公尚書が常設メンバーで，軍関係者が適宜招かれた。

　この戦時内閣は，日々刻々変化する戦況に対応するにはまことに好都合であった。閣議は公的行事であるため，マスコミ攻勢にさらされたのに対して，戦時内閣は当初存在も公表されていなかったため，自在に開催できた。イーデンは，自分の内閣からすら反乱者が出たことにより辞職を余儀なくされたけれども，サッチャーはそのような心配をする必要がなかった。

　戦時内閣も，実は完全なサッチャライト（サッチャー主義者）で占められていたわけではなかった。ウィリアム・ホワイトロー内相とフランシス・ピム

---

29) サンデー・タイムズ，前掲書，76-77頁。
30) Andrew Thompson, *Margaret Thatcher*, London, 1989, p.173.

外相はいわゆる「ウェット派 (wets)」であり，艦隊派遣には賛成したものの，その上で懸命な外交努力を行うべきと考えていた。ノット国防相とジェフリー・ハウ (Geoffrey Howe) 蔵相だけでは心もとないと考えたサッチャーが，サッチャライトのセシル・パーキンソン (Cecil Parkinson) を戦時内閣のメンバーに加えた[31]。

サッチャーの政治指導は，この戦時内閣で遺憾なく発揮された。変化する事態に即応するため，最も能率のよい会議の進め方が考え出された。それはまさしくサッチャリズムの政治スタイルといってよく，戦争終結後の閣議でも踏襲されることとなった。

戦時内閣では，機動艦隊派遣以後の方針が決められなくてはならなかった。戦時内閣外の閣僚ノーマン・ファウラー (Norman Fawler) 社会福祉相は，「フォークランド諸島の占領がいかにして生じたかという空虚な議論をするより，外交交渉と戦争準備に意を注ぐべき[32]」と述べ，後の蔵相となるナイジェル・ローソン (Nigel Lawson) は，「外交的手練手管は結局無に帰し，武力行使が必然となろう[33]」と述べた。同様に戦時内閣内でも，ピムが機動艦隊でプレッシャーをかけつつ，外交交渉でアルゼンチン軍の撤退を勝ち取ろうと考えていたのに対し，サッチャーは，初めから，武力行使による奪回を目指していたと思われる。無論，アルゼンチンの出方次第では戦争回避もありえたであろうが，少なくともサッチャーの側からすれば，「不当な侵略に対する正当な奪回行動」という原則は不動であった。

サッチャーが主戦論を唱えて戦時内閣を指導したことは疑いない。例えば，次の一文には，戦時内閣の雰囲気がよく表れている。

> 「セシル（パーキンソン）が語ったことから，もはや戦争は不可避と彼が信じていることは確かでした。4月18日の日曜日，彼は腹を立てながら私のところにやって来ました。尊敬してやまない首相を批判するのを彼が聞いたのは，後にも先にもこの時限りでした。……考慮中の特定の軍事行動につき，彼がその

---

31) Young, op. cit., p. 269.
32) Norman Fowler, *Ministers Decide*, London, 1991, p. 158.
33) Nigel Lawson, *The View from No. 11*, London, 1992, p. 126.

危険を懸念すると表明した時,彼女は立ち上がって彼の後ろに回り,戦時内閣には意気地なしの入り込む余地はないのよとすごんだのです[34]。」

サッチャー首相が,外交交渉を重視せず,軍事力によるフォークランド諸島奪回を第一に考えていたことを,エリック・ホブズボームは次のように批判的に分析している。

「フォークランド諸島からアルゼンチン軍を追い出すことが目標ならば,軍事力を示威した上で外交交渉に臨めば達成できたのに,右翼の人々にとって目標は,劇的な軍事的勝利にあった。だからこそ,アルゼンチン側がどのような態度をとったにせよ,戦争はイギリス側でしかけたのである。イギリスが本気で武力行使をするつもりであることを知った後,アルゼンチンが最悪の事態を免れようと努力したことは疑いない。サッチャーは,しかし同調するつもりはなかった。なぜなら,武力行使の目的は事態を解決することにではなく,イギリスが今でも偉大な国家であると証明することにあったからである。……彼女は彼女自身の戦争の継続を主張した。フォークランド戦争は議会による戦争ではなく,内閣によって実行されたものでもなかった。それは,サッチャー夫人と小さな戦時内閣の戦争と言うべきものであった[35]。」

ピムもファウラーも,戦争に敗れる可能性を心配し,軍事的敗北が政権喪失につながることを懸念したけれども,イギリス国民は,軍事的勝利については確信を持っていた。国民は熱狂的に武力行使を支持し,5月12日の世論調査では12%がアルゼンチン本土の攻撃を支持し,5%は核兵器の使用も辞さないことを示した[36]。

---

34) Tam Dalyell, *Thatcher : Patterns of Deceit*, London, 1986, p. 25.
35) Eric Hobsbawm, 'Falklands Fallout', eds. Stuart Hall & Martin Jacques, *The Politics of Thatcherism*, London, 1983, pp. 260-261.
36) Ian Gilmour, *Dancing with Dogma*, London, 1992, p. 247.
　アメリカの研究者ヘルムート・ノーポスも統計データの詳しい分析に基づき,次のように論じている。「公衆は,1982年4月のMORI (Market and Opinion Research International) のサーベイが示すように,勝利を確信していた。勝利は予想通りやってきて,人々は"もっともなこと"と反応したのである。」Helmut Norpoth, 'Guns and Butter and Government Popularity', *American Political Science Review*, Vol. 81, No. 3 (September 1987): 952.

サッチャーの方針は，軍事力でフォークランド諸島を奪回することであり，それ以下でも以上でもなかった。つまり，外交交渉でアルゼンチン軍を撤退させることや，アルゼンチン本国にまで戦火を拡大することは，サッチャーの思惑にはなかったのである。レーガン大統領は「英国は名誉を回復するため，何らかの軍事的な小競り合いが必要[37]」とぐらいに考えていたけれども，サッチャー首相はフォークランド諸島を総攻撃し，無条件降伏を勝ち取るつもりであった。したがって，戦火を拡大させず，フォークランド諸島に留めるとの方針は，ごく当然であるかもしれないが，戦争指導の当事者にとって"エスカレートさせないこと"はやはり卓越した軍事力と強い意思によってのみ実現されうるものであろう。

イギリス政府にとって，機動艦隊の派遣の決定は重大であった。陸海空の3軍は，アルゼンチン軍の侵攻が始まった3月31日に出動準備の命令を受け，4月2日に公式の作戦命令を受けた。4月3日には兵士達がプリモスに集結し，4日には2隻の空母が出航した。空軍は4月1日にハーキュリーズ輸送機七機を送り，これらはジブラルタルで燃料補給をうけて南方アセンション島に向け飛び立った。ジブラルタルで2隻の空母と海軍の大部隊が合流し，これもアセンション島へ向かった。海兵隊第三コマンド旅団3,400人も4月9日から大隊単位で乗船した。アセンション島では，4月10日に第一陣が到着してから5月5日に至るまで，到着にバラつきのあった艦隊の編成並びに装備の調整を行い，作戦行動の開始に備えた。

本格的なフォークランド島奪回作戦に至る以前に，イギリス政府の意思を示すため，南ジョージア島上陸作戦は早くも4月21日に実行された。アセンション島での作戦会議の席上，素早く行動して目に見える戦果を上げることが政治的に重要であることが強調された。21日には悪天候のため上陸を果たせなかったものの，23日に上陸し，25日に75名で攻撃を加えようとすると，137名のアルゼンチン守備隊は戦闘する前に白旗を掲げた[38]。

こうして，本格的なフォークランド島奪回作戦は目前に迫っていたが，決

---

37) サンデー・タイムズ，前掲書，91頁。

定的瞬間は5月2日にやってきた。原子力潜水艦コンカラーがアルゼンチン軍の大型艦3隻を探知し、追尾しつつ、ロンドンに攻撃命令を打診したところ、撃沈の命令が下ったのである。

アルゼンチン艦隊は、2隻の駆逐艦と1万650トンの巡洋艦ベルグラーノであった。巡洋艦ベルグラーノは、300人以上の18歳の新兵を含む1,000人余りが乗り組み、イギリス軍が宣言した封鎖水域の外側を航行中であった。5月2日午後四時、2発の魚雷攻撃を受けたベルグラーノは数10分後に沈没し、アルゼンチンは一気に368名の生命を失った。このベルグラーノの撃沈は、後に議会の野党から批判を蒙ることとなったが、そのことはあとで検討することにしよう。

サッチャー首相と戦時内閣は、戦争指導の常道として、軍事力による圧力を加えながら、外交によって目的を達する道を探り、万策尽きた場合、実戦もやむをえないという形をとる必要があった。実際、ピム外相はそのつもりであり、機動艦隊派遣には賛成したものの、それがそのまま戦争に突入とは全く考えていなかった。したがってピムの外交交渉は本気であり、外交によるアルゼンチン軍の撤退を推進したのである。一方、アメリカのヘイグ国務長官の仲介・調停志願は、アメリカ政府部内でも必ずしも支持されておらず、イギリスのサッチャー戦時内閣が初めから戦闘による奪回を決めていただけに、ほとんど不毛な努力に近かったと言ってよい。また、アルゼンチン軍事政権内でも、ガルティエリ大統領と軍関係者は全然妥協する気配を示さなかったけれども、交渉の場に出てくるコスタメンデス外相自身は、外交交渉による妥結はあるものと考えていたふしがある。

上述したように、ヘイグの調停活動は4月30日に打ち切られ、その直後、レーガンが、以後アメリカはイギリス側につくと宣言した。初めからアメリカはイギリスのために支援工作をしていたのだから、レーガンのこの言葉は芝居以外の何物でもないが、とにかく、アメリカが旗幟を鮮明にしたことで、

---

38) フォークランド戦争の展開については次の4書を参照した。Martin Middlebrook, *Task Force ; The Falklands War, 1982*, London, 1985, revised 1987 ; Sandy Woodward, op. cit. ; Freedman, op. cit. サンデー・タイムズ、前掲書。

アルゼンチン側は戦争に勝利を期待することができないことを悟ったであろう。この時，つまり5月1日，ペルーのベラウンデ大統領がペルー和平案を示し，和平工作に乗り出したのである。内容の上ではペルー案はヘイグ案とたいして変わりのないもので，要点は①休戦，②相互撤退，③第三者による臨時施政，④一定期間内最終解決，⑤住民利益の尊重，⑥平和監視団設置，⑦主権論争棚上げ，の7点であった[39]。5月1日，ピムはワシントン入りし内容の検討を始め，5月2日，ブエノス・アイレスでは，コスタメンデスがこの案ならのめると外務省高官に語っていた。しかし，結局，ベルグラーノ撃沈の報告を受けたガルティエリ政権は態度を硬化させ，5月7日，ペルーによる調停は失敗に終わった。

5月4日にイギリス海軍の駆逐艦シェフィールドがアルゼンチン軍のエグゾセ・ミサイルの攻撃を受け，大破した。この打撃の後，戦時内閣でピムらの外交重視の見解が優勢となり，折しも国連事務総長デ・クエヤル (Perez de Cuellar) が最後の調停を始めたので，交渉は軌道に乗りそうになった。実際，アルゼンチン側はこの国連調停をのめば，軍事的敗北は免れたものと思われる。この調停に対してアルゼンチン政府部内に何が生じていたかは不明であるが，この政府は，5月11日にはフォークランド諸島での主権の要求を取り下げるとしていたにもかかわらず，18日には再び主権回復を交渉の議題とする旨，国連に通達したのである。20日にデ・クエヤル事務総長も調停を断念した。国連案は，アルゼンチンの主権を承認していないかわりに，イギリスの主権も認めず，国連の行政官が施政をするというもので，イギリスによる支配を終わらせるものとなっていた。

サッチャーの戦時内閣は，こうした外交ゲームの間にも着々と戦争準備を進め，フォークランド諸島への包囲網を狭めつつあった。最後の戦争遂行への障害は，6月4日の国連安保理の即時停戦決議であった。この時，即時停戦はイギリス戦時内閣ののめる案ではなかったので，当然イギリスは拒否権を行使した。しかし，イギリスのみが戦争を欲しているとの印象を薄めるため，

---

[39] サンデー・タイムズ，同右，136-137頁。

戦時内閣はアメリカに働きかけ，アメリカの拒否権行使を得た。

　フォークランド島では，すでに5月21日に上陸作戦が展開し，首都スタンリーのある東フォークランド島の中部のブースグリーン等の陣地はことごとく5月いっぱいでイギリス軍の手に陥ちた。6月初旬にはイギリス軍の優位は明白であった。しかし，機動部隊の陸軍司令官ジェレミー・ムーア少将の受けていた命令は，あくまで無条件降伏を求めることであった。しかも，5月5日には旗艦ハーミズから機動部隊の作戦期間はあと1ケ月しかないとの連絡が入っていた。南極近くの冬は想像を絶するほど厳しい。ハーミズからの連絡は，機動部隊を焦らすものであったけれども，きわめて正確な予報であった。イギリス機動艦隊が何らかの理由でもう一週間スタンリー総攻撃を遅らせたなら，ウッドワード司令官の言葉によると，機動部隊は猛烈な嵐と極寒に打ちのめされてロシアにおけるナポレオンやヒットラーの如く全滅したかもしれないという[40]。

　6月1日に進撃命令を受けた第5旅団は陸路からの最終攻撃の準備を始めた。続いて各部隊は11日から14日の総攻撃でスタンリーを陥落させた。ムーア司令官はメネンデス現地司令官の顔を立てて無条件降伏から「無条件」をとりはずした後，「降伏文書」にサインさせ，ここにフォークランド戦争を終結せしめたのである。

第3節　フォークランド戦争の総括

1．フォークランド効果

　アルゼンチン国民は，フォークランド諸島を重視していたわけではなかった。フォークランド戦争終結後数年たったある世論調査によると，たった1％の人々がフォークランド諸島をアルゼンチンの重要問題としたのみであった。同調査では，武力行使をしてでも諸島奪回をめざすべきと答えた人は4％，イギリスとの外交交渉による返還をめざすべきとした人は64％にの

---

40) Woodward, op. cit., p. 334.

第3節　フォークランド戦争の総括　119

ぼった。しかし，諸島がアルゼンチンに属するか否かという問いには81％がイエスと答えている[41]。

　サッチャー政権下の外交政策に関する論集の中でウォルター・リトルが指摘するように[42]，アルゼンチンの国民はフォークランド諸島のためにイギリスと戦争することなど全く想定していなかった。彼らは，アルゼンチンによる侵攻・占領が既成事実として承認されるぐらいに考えていたのである。

　フォークランド戦争敗北の最高責任者ガルティエリ大統領は，1982年6月17日に退陣し，穏健派のビニョーネ退役将軍が大統領に就任した。コスタメンデス外相も後を追って辞任し，空軍司令官も職を追われた。しかし，指導者の誰もがイギリス軍に逮捕されたり国民に非道な目に遭わされたりすることもなく，前線で捕虜となった兵士も6月18日に本国へ送還が始まり，戦後処理はきわめて短期間に行われた。こうしてイギリスのフォークランド諸島奪回作戦は，戦時内閣の思惑通りに遂行されたのである。

　戦勝の結果，サッチャー首相及び保守党の支持率はうなぎのぼりに上昇し，その勢いでサッチャーは1983年の総選挙に圧勝した，と多くの評者は信ずるに至った[43]。しかし，最近の研究者の中には，フォークランド戦争後とサッチャー人気を別箇に考えるべきと主張する人もいる。その研究によれば，サッチャーが戦争中，戦後を通じて急激に支持率を上げたことは事実であるが，サッチャー支持率は戦前から既に上昇を始めていたのであり，ジェフリー・ハウ蔵相の予算案が示された時からの傾向であった。つまり，国民のサッチャー政府支持は，予算案に示された減税計画を好感したものであり，フォークランド戦争がなくとも政府の支持率は上昇したであろうと説いている[44]。

　確かに，世論調査（MORI）の示すところによれば，保守党支持率は1981年12月に最低の27％を記録した後，回復傾向を示し，1月には29％，2月には

---

41) Peter Byrd, *British Foreign Policy under Thatcher*, London, 1988, p.150.
42) Ibid., p.153.
43) この見方が通説であることは今日も変わっていない。Martin Holmes, *The First Thatcher Government 1979-1983*, London, 1985, p.179.
44) David Sanders, Hugh Ward and David Marsh, 'Government Popularity and the Falklands War', *British Journal of Political Science*, Vol.17, No.2 (1987) : 313.

30％，3月には34％と上昇を続けていた。サッチャー首相への満足度は，1981年12月に最低の25％を示したものの，82年3月には36％まで上昇していた[45]。しかしながら，フォークランド戦争が勃発してからは，4月末で保守党は51％の支持を獲得し，6月中旬までこの高支持率を維持した。また，サッチャー首相への支持率は4月には60％から5月には80％を記録した。ローレンス・フリードマンが論じるように，フォークランド戦争の直接的効果はやはり無視しえないと考えるのが適切であろう[46]。

フォークランド戦争の勝利は，サッチャー政府にとっては決定的に重要な意味を持つこととなった。何よりも，低迷していた政府及び首相への支持がはね上がったことは，政府与党にとっては次期総選挙の勝利のために有益であった。サッチャー自身，フォークランド諸島奪回の2週間後，チェルテナムで開かれた保守党の大会でフォークランド戦争の戦勝効果（Falklands Factors）について意気揚々と語っている。

フォークランド効果の第一として，サッチャーはイギリス国民の自信回復について次のように宣言した。

> 「我が国は偉大な勝利を収めることができました。私たちはこのことを誇っていいと思います。我が国民は，なすべきことが何であり，何が正しいことかを知っており，それを果たしゆく決意を持っていました。
> 　私たちが戦いを始めた時，ためらいがちな人々や意気地のない人々がいました。彼らは，イギリスがもはやかつてのように戦いの主導権を取りえないと考えたり，私たちがかつてなしとげたような偉大な事業をもはやなしえないと考えたり，我が国の衰退は回復不可能で，私たちはかつてのような栄光ある国民たりえないと信じたりする人々なのです。……中略
> 　そうです，彼らは間違っていました。フォークランド戦争が与えてくれた教訓は，イギリス国家が今も健在であるということ，及び歴史に燦然と輝く偉業をわが国が今でもなしとげうるということです。……中略
> 　私たちは第一に必要な条件を備えています。私たちはやればできるのであり，

---

45) Holmes, op. cit., p. 179.
46) Lawrence Freedman, 'The Falklands Factor', *Contemporary Record*, Vol. I, No. 3 (Autumn 1987): 28. ピオ・パオリ，『マーガレット・サッチャー』，福田素子訳，徳間書店，1991年，181頁。

第3節　フォークランド戦争の総括　121

目的達成の能力を持っているのです。このことを自覚できたことがフォークランド効果なのです[47]。」

　戦勝によってイギリス国民が自信を回復し，同時にイギリスの国際社会における地位が飛躍したことを誇るとともに，サッチャーは，他にもフォークランド効果があると指摘した。それは新しい時代の精神であり，現実の問題に立ち向かうリアリズムであると次のように説いた。

　　「我が国の人々は，今や人生の難関に敢然と立ち向かっています。イギリスに新しいリアリズムの気風が見られるようになったのです。これもまた，フォークランド効果といっていいでしょう[48]。」

　フォークランド効果により，イギリス人は現実の諸問題を真正面から取り組むことができるようになった，とサッチャーは説いたけれども，これは事実というよりは願望，あるいは激励の意味が含まれている。ともあれ，フォークランド効果としてのリアリズムの時代精神から見て，近くストライキを構える国鉄労組は，時代錯誤と指弾される。2点のフォークランド効果をまとめてサッチャーはこう演説をしめくくった。

　　「フォークランド戦争で何が起こったかもう一度繰り返しますと，イギリスはもはや押しやられてばかりいる老大国ではなくなったということです。私たちは，退却を繰り返すことをやめたのです。代わりに私たちは，新しい自信を得ました。——この自信は，国内の景気回復のための戦いで生まれ，1万3,000キロメートルの海のかなたで試され確かめられたものなのです[49]。」

　フォークランド戦争は，ロバート・グレイが指摘するように，戦勝国にとって理想的な戦争であった。イギリスは，「短期間かつ激戦で，大勝利を収めた。そして，少数の職業軍人とその家族を巻き込んだだけで，兵士以外のテレビ局等の報道関係者を数多くひき連れていく戦いであった[50]。」イギリス国内

---

47) Margaret Thatcher, *The Revival of Britain : Speeches on Home and European Affairs 1975-1988*, London, 1989, pp. 160-162.
48) Ibid., p. 164.
49) Ibid.

で，サッチャー首相の人気が上昇し，ナショナリズムの高揚が見られたのは当然であろう。しかしながら，最大のフォークランド効果は，愚考するに，この戦争を通じてサッチャリズムの政治スタイルが確立したことにある。既に少し触れたが，サッチャリズムの政治スタイルについて少し詳しく検討してみよう。

2．サッチャリズムの政治スタイル

　サッチャー首相は，当然ながら初めから自らの政治スタイルを確立していたわけではなかった。政治スタイルの原型はもちろん初めから存在したものの，先輩同僚ばかりを登用した第一次内閣では，自らの思い通りの内閣の運営は無理であった。サッチャーのリーダーシップが問われた最大の試練の場が，実はフォークランド戦争だったのである。サッチャーの政治スタイルとはどのようなものであっただろうか。

　フォークランド戦争終結の半年後に外相を罷免されたピムは，サッチャリズムの政治スタイルについて次のように述べている。第一に，サッチャーはインフレ対策に熱を入れ，国内が不況であえいでいる時にも，不況の厳しい地域を訪れたことがない。つまり，国民への思いやりを欠いていると見られる傾向があるとピムは指摘する。確かに，1981年のIRAの連続的ハンガー・ストライキでは，一切の交渉を拒み続け，冷徹な首相という印象を国民に与えた。一般的にサッチャーは，原理原則を貫こうとする余りに，感受性に乏しいのではないかという批判を受けた。しかし，フォークランド戦争では，戦死者255名のすべての遺族に自筆の手紙を書くという側面も見逃してはならないであろう[51]。ピムの指摘したことは，"思いやりのなさ"というよりは"思いやりがないように見えること"であり，換言すれば，原理原則を情緒的要素より優先するということと思われる。

　ピムは，第二にサッチャリズムの政治スタイルとして，中央集権化，首相中心主義を挙げている。内閣の中でも少数者だけが決定作成の重要部分に関

---

50) Robert Gray, 'The Falklands Factor', eds. Hall and Jacques, op. cit., p.274.
51) 黒岩徹，『闘うリーダーシップ』，文芸春秋，1989年，226頁。

わるようになり,さらには首相だけが政策決定権を集中的に持つに至ったとピムは指摘する。ピムによれば,この首相への権限集中は閣議での自由な討議を事実上消滅させてしまった。本来,内閣は一つのチームであって,構成員の英知に基づく相互協力がなければ,難局を打開することは困難である。にもかかわらず,サッチャー政権では首相ひとりが決定者で,残りの閣僚は首相の代弁者,あるいは責任のない同調者のようになった。首相の支配力の増大が進むとともに,マスコミ操作も巧妙に行われるようになり,多くの新聞が政府に無批判となったという[52]。

　首相の支配力 (dominance) の増大については異論もある。フィリップ・ノートンは論文の中で,サッチャー首相は見た目には閣僚に対して支配的であったものの,実際には政策内容についても,閣僚の人事についても,保守党に依存するところが大きかったと論じている。つまり,政策に関しては,党本部内の「保守主義研究部局 (Conservative Research Department)」や「政策研究センター (Centre for Policy Studies)」に頼っていたし,人事面でも内閣を忠実なサッチャライトで固めることは最後までできなかったと分析している[53]。しかしながら,フォークランド戦時内閣でサッチャー首相がイニシアチブをとっていたことは明白な事実であったし,戦争終結後,サッチャーのワンマン体制への近接は,内閣改造が頻繁に行われたことや,いわゆる「ウェット派」の大臣が激減していったことからも看取できるであろう。ノートンの論文に引用されているビッフェン (John Biffen) の言葉は,ビッフェンがフォークランド戦争時の閣僚であっただけに説得力がある。ビッフェンはサッチャーの閣議運営のし方はスターリン主義のようだと次のように述べている。

　　「彼女は叱りつけ,討議の方向を操作する。女性であることを武器に使い,討議では最後にではなく,最初に結論をまとめて出し,すべての反対意見は封じられるのである[54]。」

---

52) フランシス・ピム,『保守主義の本質』,戸澤健次訳,中央公論,1986 年,38-41 頁。
53) Philip Norton, '"The Lady's not for Turning" But What about the Rest ?', *Parliamentary Affairs*, Vol. 43, No. 1 (1990) : 44-46.

同様に，長期間サッチャー内閣の一員であり，サッチャライトと言われていたナイジェル・ローソンは，サッチャーの政治スタイルを第一に試験を受ける学生のようなきまじめさ，第二に女性的 (feminine) と要約している。ローソンによれば，首相は，閣議のある前日にはまるで試験前日の学生のように，討議内容にすべて目を通し，詳細に検討し，閣議では完成された答案のような議題を提案することが多い。これは首相の「きまじめさ」の一例であるという。また，「女性的」である例としては，首相が毎日美容師を呼び，姿形に大変気をつかっていたことや，体調がすぐれない時，リボンをつけた小さな伝言ノートを閣僚に届け，中に必ず自筆で自らの考えや希望を書いておいたことが挙げられている[55]。

ビッフェンとローソンは，サッチャリズムの政治スタイルを異なる眼差しで眺めたと言えるであろう。「スターリン主義的」であることと，「きまじめ」であることは，どちらも要するに首相にすべての権限が集中していることを，ある角度から見たものにすぎない。ピムのいうサッチャリズムの第二の政治スタイル，首相中心主義は1980年代前半からよく知られた傾向だったものと思われる。

フォークランド戦争時の戦時内閣は，迅速な決断を迫られており，サッチャー首相はその必要に適確に応じた。そしてその時の閣議運営のスタイルが戦争終結後も続いた。戦争を勝利に導いたサッチャーのリーダーシップが確立したのであり，これこそフォークランド効果の最たるものであったといえよう。ファウラーはこのことを次のように述べている。

「この戦勝は疑いもなくマーガレット・サッチャーの個人的かつ政治的勝利であった。そう思わない人は，もし戦争に敗れたら誰が責任をとらねばならなかったかを考えてみればよい。彼女が責任をとることになり，政権を失っていたであろう。フォークランド戦争は，最近の指導者が受けたこともない試練を彼女に与えた。彼女の成功はその後の政府にとって真に重要で劇的な政治的転機となったのである。……中略……

---

54) Ibid., p. 45.
55) Lawson, op. cit., p. 127.

フォークランド戦争はマーガレット・サッチャーを勇気ある指導者として確立した。そのことは戦後すぐに明白となっていた。しかし必ずしも明白でなかったことは，彼女が戦争時と同様に平常時の諸問題にいかにプロの政治指導者として対処しうるかという点であった[56]。」

3. フランクス・リポート

フォークランド戦争は，イギリスに好都合なことばかりを与えたわけではなかった。第一に戦費が膨大なものとなったことが挙げられねばならない。7月5日の議会でノット国防相は，装備と実戦の総費用は約5億ポンドとの見積もり額を示した。戦費を心配する声は機動艦隊派遣直後の下院で聞こえたが，サッチャーはこう答えて，質問者ウィリアム・ハミルトンをたしなめた。

「代議士に完璧に明らかにしておきたいと思いますが，私は侵攻の第一報を得ました時，ただちに心を決め，イギリスの自由と名声があやうい，と断言したのです。ですから，艦隊派遣について私たちはいくらコストがかかるかということをベースに考えることはできないのです[57]。」

実際にかかった費用は以下の通りであった。奪回作戦自体にかかった費用が約150億ポンド，装備の修復が約13億ポンド，艦艇の買い換え等が約8億3,000万ポンドであった。人件費もバカにならず，1990年までに約18億8,000万ポンドが必要とされた。これらを合計すると，戦費は約350億ポンドにものぼったといわれる[58]。実際，フォークランド諸島守備隊の人件費として1982年から87年までで30億ポンドが支出された。ただし，88年からは再び人件費は減少に転じている[59]。もし，イギリス経済が回復基調でなければ，これらの費用は，サッチャー政府の大きな負担となっていたはずである。

---

56) Fowler, op. cit., pp. 160-161.
57) Tam Dalyell, *One Man's Falklands*…, ・London, 1982, p. 98.
58) Freedman, *Britain & the Falklands War*, op. cit., p. 88.
59) Walter Little, 'Anglo-Argentine Relations and the Management of the Falklands Question', ed. Byrd, op. cit., p. 153.

戦費支出への懸念は，サッチャーにとっては，とるに足りない問題であった。自由と民主主義という基本原則が危機である以上，ナショナリズム的感覚からいっても，イギリスの国際的地位上昇という点からも，断じて引いてはならないとサッチャーは考えたことであろう。

しかし，次の三つの問題は，サッチャーの戦争指導に関する具体的な疑念であっただけに，無視しえないものとなった。それは第一に，アルゼンチンのフォークランド諸島占領は予見できたか，第二に，政府はアルゼンチン軍の侵攻を未然に防ぎえなかったか，ということであり，第三に，ベルグラーノ撃沈の命令は正しい決断であったか，という疑問であった。

第一と第二の疑問に答えを出すため，フランクス卿を委員長とする特別調査委員会が7月6日に設置された。精力的な調査活動の結果，12月31日に答申が報告された。このフランクス・リポートによると，政府がアルゼンチン軍による侵攻・占領を許したことに過失はないという結論が導き出された。リポートはこう綴られてある。

「政府は4月2日の侵略を予知することができたであろうか？ ……中略……3月31日以前に，4月初めにフォークランド諸島の侵略が発生することを信ずる理由は政府にはなかったと確信する。……中略……政府はアルゼンチン軍の動きについて情報を豊富に持っていた。……中略……（しかし）4月2日のフォークランド諸島への侵略は予知されえなかったと思われる。……中略…
現在の政府は4月2日の侵略を未然に防ぎえたであろうか？ ……中略……本章で指摘してきたように政府は実際の政策（予算の削減・哨戒艇エンデュランス引き上げ等—筆者）と異なる方針をとりえたし，我々の見解では，別コースの政策の方が有利であったかもしれず，政府機関もよりよく機能したかもしれないと思われる。しかし，たとえ政府が我々の指摘したような別コースの政策を採用したとしても，どのような影響をアルゼンチン政府に与えるか，事態はどう推移していったかを判断することは不可能である。もしも政府が本報告書の示唆に従って行動したなら，侵略を未然に防ぎえたという主張は，——純粋に仮説的であるが——何ら正当な根拠を持っていない。したがって，あらゆる物的証拠から判断して，1982年4月2日に，アルゼンチン軍事政権がフォークランド諸島を占領したことについて，政府を非難することに正当性はないであろう[60]。」

戦争指導の適確さを検証すべく，特別調査委員会を設置したことは，サッチャー政府の民主的性格を示していると言ってよい。わが日本では，自国の遂行した戦争の指導の適否を，自国の調査委員会が検証するとかいうことは全く考えられない。しかしながら，所詮はフランクス委員会の使命は，政府の戦争指導の正当性を証明することにあった。実際，最終節で，「政府を非難するには値しない」と言い切っている。辛辣な批評家はこの委員会に高い評価を与えてはいない。例えば，ヒューゴー・ヤングによれば，「フランクス卿の戦略的目的は，サッチャー夫人の名声に傷をつけない，ということにあった。結局，フランクス委員会はすぐに忘れられてしまった。そこにポイントがある。委員会は要求された仕事をしたにすぎない。それは軍事的大勝利の後で提出された不愉快な質問を封じるためのものであった[61]」ことになる。本当にフランクス・リポートには何も問題はなかったのであろうか。

　フランクス・リポートの，アルゼンチン軍によるフォークランド諸島占領の予知・予防が不可能であるとの内容には二つの疑問がわく。第一に，サッチャー政府が国防予算を削減し，たった1隻しかないフォークランド近海を就航中の哨戒艇の引き揚げを決め，アルゼンチン軍事政権の不穏な動きの情報に反応せず，武力行使を牽制することも警告を与えることもせず，たとえ一時的でも南ジョージア島から南極観測隊の解散までも決めたこと——これらすべては，要するにイギリス政府のフォークランド諸島へのプライオリティーや関心の低さを示すものと思われてもしかたがなかった。アルゼンチン軍事政権は，正しくイギリスは戦う意思なしと読んで侵略的行動を開始したのである。この状況は，サッチャーが相手国にスキを見せ，わざと襲わせたという俗流の陰謀物語を生み出すのに十分な要素を持っていた。実際には，サッチャーが，ナショナリズムに基づく国防の充実には十分理解を示しつつ，「小さな政府」を実現するため，支出のうち削減できるものは何でも削減しようとし，エンデュランスも南極観測隊もそのリストにのったというにすぎなかった。しかし，もし，サッチャー政府がアルゼンチン政府にフォークラン

---

60) Franks Report, paragraphs 261, 264, 335, 339.
61) Young, op. cit., pp. 284-285.

ド諸島侵攻の意図があると知っておれば, もっと警戒を厳しくしたであろう。アルゼンチン軍事政権の意図は, 情報部や現地大使館を通じてイギリス外務省にも政府にも伝えられていたのだから, サッチャーがそうした情報を軽視もしくは無視したということになる。情報の判断ミスに関して, サッチャー政府は責任を免れえないと考えられる。

　第二に, イアン・ギルモアも指摘していることであるが, 愚かな問いには愚かな答えが返ってくるものであり, ある種の問い方をすれば, ある種の答えを誘導することができる。ギルモアの批判を聞いてみよう。

> 「委員会は次のように問うた。『政府は侵略が4月2日にあることを予知しえたであろうか？』この問いに対する答えは, もちろん, ノーである。政府が未来透視能力でも持っていない限り, 4月2日に起こりうることを予知することができるはずはない。あるべき問いはこうである。『政府は, 行動することあるいはしないことの結果として, 戦争開始という不必要に大きな危険を犯したか？』そして, この質問に対する答えは, 疑いもなくイエスである[62]。」

　ギルモアの設定した質問は, フランクス委員会と主旨が異なっている。ギルモアは, 適切な手が打ってあれば, 戦争に巻き込まれる必要はなかったと言いたいのであろう。フランクス委員会の設定した質問の限定性は, しかし, ギルモアの指摘によって明らかであろう。何人も, 「侵略」の予知でなく「4月2日の侵略」の予知など, できるものではない。私見によれば, フランクス委員会の問いは, ただ単に日付を外すべきであった。「政府は侵略を予知することができたであろうか？」——この問いに対してフランクス委員会はノーと答えることができたであろうか。

　アルゼンチンは軍事政権であり, 1981年12月に大統領となったガルティエリは, 対英強硬派であり, 1983年1月までにフォークランド問題には決着をつけると広言しており, 1982年になってからは外交交渉以外の実力でフォークランド諸島を奪回することを通告し, 国内には経済問題が山積して軍事行動への衝動が強まっている。——以上のことは逐一, 情報部がイギリ

---

62) Gilmour, op. cit., p. 251.

ス本国に伝えてあったのである。予知できなかったのは「4月2日」というその日付のみではなかったか。

　フランクス・リポートは，フォークランド戦争が勃発するまでの政府の行動を検討するものであり，「フォークランド諸島占領」という事実に対する政府の責任を究明するものであった。サッチャー首相への批判は，しかし，戦争開始後の決断に対しても向けられた。5月2日の巡洋艦ベルグラーノの撃沈命令が適切であったか否かがその内容であった。

　ベルグラーノ撃沈問題で，戦時内閣，とりわけサッチャー首相の誤れる決断を非難してやまなかったのは，労働党下院議員タム・ディエル（Tam Dalyell）であった。ディエルは何度も何度もこの問題を下院で取り上げ，首相を攻撃した。ディエルの言い分は，一言でいえば，サッチャー首相は，ペルー和平案が成立することを拒み，戦闘を遂行して勝利を得たいという野心を強く持っていたために，ペルー案をつぶすための犠牲としてベルグラーノを魚雷攻撃させたというものであった。ディエルは，サッチャーのベルグラーノ撃沈命令は，ピム外相が和平交渉のため欠席していた戦時内閣で決定された「最悪の決定（evil decision）」であり，「犯罪的行為（criminal act）」であると決めつけた[63]。

　実は，ベルグラーノ撃沈については，直後の議会でそのタイミングが軍事的に見てまずかったのではないかとの懸念も抱かれたけれども，ノット国防相の説明で一応納得した形となった。ノットは，状況を次のように解説した。巡洋艦は機動艦隊の方に向かってきており，切迫した脅威であったが故に潜水艦司令官の決断により撃沈されたものであった。サッチャー首相も1983年の選挙運動の中で何度もベルグラーノ撃沈の状況を説明したが，その内容はノットと全く同じであった。しかし，重大な事実が国防省内からのリーク（漏洩）事件により明らかとなった。事実は，ベルグラーノと他の駆逐艦2隻は封鎖水域の外側をフォークランド諸島から離れる方向に向かっており，「切迫した脅威」では全くないにもかかわらず，撃沈命令がロンドンで決定され

---

63) Tam Dalyell, *Thatcher's Torpedo*, London, 1983, p. 24.

たものであった[64]。

　ペルー和平案が提出されたことを知っていて撃沈命令を出したのではないかというディエルの質問に対しては，サッチャー首相は，労働党の影の内閣に書簡をあて，「5月2日の日曜日，午後11時15分にペルー和平案がロンドンに届きました[65]」と答えた。けれどもこれも虚偽であることが後に明らかになった。BBCのインタビューに答え，戦時内閣の一員であったパーキンソンは撃沈命令が出された時，和平案，とりわけベラウンデ大統領のペルー案を承知していたと語ったのである[66]。

　サッチャー政府が何点かの事実を隠そうとしたことは疑いない。一つは，ベルグラーノが封鎖水域の外側で自国に向かっていたこと，それから撃沈命令が首相によって決断されたこと，それに，撃沈命令を出した時にペルー和平案を知っていたこと，これらをサッチャー政府は明らかにしたくなかった。そして事実が漏れてしまうに及び，ディエルなどの非難攻撃を受けるに至った。

　ギルモアは，フォークランド戦争は避けえた戦争であるという観点からサッチャー首相の批判を展開したけれども，戦争が始まってからのサッチャーの決断に対しては「すべて正しい」と擁護している。ギルモアによると，戦争をしている最中のできごとであり，ベルグラーノが今はアルゼンチン本土に向かっているといっても，いつまた反転して機動艦隊に襲いかかってくるかもしれない。生命を失わせることは悲劇であるが，もし逃がしたら次はイギリスの艦船に被害を与えることは確実である。したがって撃沈はやむをえない決断であったという。実際，ベルグラーノが撃沈されたので，アルゼンチン海軍は最後まで港を出ず，出撃はとうとうできなかった[67]。以上のギルモアの考え方は，多くの保守党関係者に共通のものであった。インガム主任報道官も同様に考えている。

---

64) Young, op. cit., p. 286 ; Dalyell, *Patterns of Deceit*, p. 13.
65) Dalyell, ibid., p. 26.
66) Young, op. cit., pp. 286-287.
67) Gilmour, op. cit., p. 249.

「ベルグラーノは南大西洋において慈悲深い存在ではありえなかった。もし機会があればきっと我が海軍の艦艇を海の藻屑と消えさせたであろう。私は私たちの軍への脅威が取り除かれたことを心から喜んだ。人命の損耗を喜んだのではなかった[68]。」

政府は，ベルグラーノの正確な位置を公表しなかったけれども，公表したとしても，イギリスの多くの国民は，ベルグラーノの撃沈を当然と受けとめたものと思われる。ベルグラーノの位置が封鎖水域内であったかのように発表した政府には，「ウソをついた」ことへの批判が残ったのである。

ギルモアは，ディエルのサッチャー批判の中心点たる「ベルグラーノは外交交渉による平和妥結を葬るために沈められた」という議論に対して，サッチャー首相が戦争続行に積極的であったことは認めつつも，交渉を打ち切ったのはアルゼンチンであってサッチャーではなかったと首相を擁護している。ギルモアによれば，ベルグラーノ撃沈を決断した時，戦時内閣はペルー案を知らなかったという[69]。

しかしながら先に述べたように，ギルモアは事実誤認をしている。戦時内閣はペルー案を知悉していた。そこで，まずベルグラーノ撃沈という一撃を与え，アルゼンチンが交渉を打ち切ることを予想して，本当は妥協の用意はなかったのに，交渉を続ける意思をピム外相に伝えた。ピムは交渉決裂の責任はアルゼンチンにあると非難し，「アルゼンチンの非妥協的態度さえなければ，12時間以内に休戦が成立していたはずである[70]」と語ったのである。

ある意味で見事な外交交渉であり，戦争指導であった。アルゼンチンでは，ペルー案の示された5月1日，アメリカが公式にイギリスに味方すると公表するのを聞き，政府部内で激しい議論があった。戦争の勝利の最後の可能性を失い，アルゼンチンは妥協の用意があったはずである。この時，ベルグラーノ撃沈の緊急事態が発生し，平和的妥結は事実上ふっ飛んだのである。戦争による軍事的勝利こそがイギリス戦時内閣の願う目標だったというべきであ

---

68) Bernard Ingham, *Kill the Messenger*, London, 1991, p. 292.
69) Gilmour, op. cit., pp. 249-250.
70) サンデー・タイムズ，前掲書，137頁。

ろう。タム・ディエルの主張した「ベルグラーノ撃沈,和平交渉つぶし論」は,以上述べてきた意味で正しかったことになる。

　サッチャー首相は,アルゼンチンを打ちのめすことを考えていたわけではなかった。軍事力によって占領されたイギリス植民地が,軍事的勝利によって奪回されねばならないと固く信じていた。したがってフォークランド諸島を奪回した後,アルゼンチン本土に攻め込むなどということは一切しなかった。

　だからこそ,6月初旬,フォークランド島のスタンリーに総攻撃をかける直前に,国連安保理で停戦勧告が提出された時にはイギリス代表が拒否権を用い,レーガン大統領が電話でルクセンブルクからスタンリー総攻撃を止めさせようと最後の説得を試みた時も,サッチャーはどうしても戦わなければならない戦闘があると一蹴したのである[71]。

おわりに

　フォークランド戦争を大勝利に導いたサッチャー首相は,今や軍事指導者としてサッチャリズムの政治スタイルを確立し,戦争中に急上昇した高い支持率を背景に,次の目標に立ち向かうこととなった。次の目標は,二度目の総選挙での勝利を勝ち取ること,そしてその他山積する国内問題に取り組むことである。とりわけ,労働組合との対決は避けられないであろう。国鉄労組は,まだ戦争勝利の凱歌の消えない終結の3週間後にストライキを打ち出した。サッチャー政府は労働組合の戦術に対抗する政策を導入することになる。

　フォークランド戦争に派遣された艦船と部隊が任務を終え帰国するようになると,戦勝を祝う国民の喜びと感動の光景がよく見られるようになった。

　サッチャーは幸運な政治家であるとよく言われる。フォークランド戦争においてもその幸運さは遺憾なく示された。戦争に反対するかと思われた野党

---

71) 同右,224頁。

は保守党以上に強硬路線を主張し，サッチャーの思うつぼになった。さらに野党は深刻な分裂をしていて与党保守党に脅威を与える状況でなかった。国論を難なく統一できたことは，かつてスエズ紛争の時に内閣すら一致できなかったことを考えれば幸運と言ってよいであろう。また，国内経済が回復のきざしを示さず，景気の低迷とともに失業率が急上昇し，首相への支持率が低い時に外交・軍事的懸案事件が発生し，国民の目は完全に戦争に向けられた。また，相手の軍事政権が自国内ですら不人気の政府であったことも幸運に数え上げてよいであろう[72]。

　恐らく，サッチャー首相とレーガン大統領の親密さは，このフォークランド戦争を通じて，イギリスにとって最大の幸運であったと言えよう。アルゼンチンはアメリカの友邦国であることを思えば，アメリカが完全中立という立場をとることも十分に考えられた。そうなれば，たちどころにイギリス機動艦隊は1万3,000キロメートルの距離を前にして，補給の面できわめて困難な戦いを強いられたであろう。英米の「特別な関係」こそが，軍事的・大局的に見て，イギリス戦勝の決め手だったのである。

---

72) Young, op. cit., p. 279.

第7章　サッチャリズムとIRA

はじめに

　アイルランド共和国軍（Irish Republican Army 以下 IRA と略す。）といえばテロリスト集団というレッテルが国際社会で定着して久しい。その IRA がテロ活動を一切やめた。1994年8月31日のことである。テロ活動をやめ，イギリス政府と政治的交渉に臨む用意があると IRA は言う。

　1969年から94年までの四半世紀で約3,400名の死者を出し，その10倍の負傷者をもたらした陰惨な IRA のテロ活動[1]をよく知る者にとっては，IRA がテロ活動を一切中止することなどにわかに信じがたい事であった。

　その後のイギリス政府と IRA との交渉は，初めから難航した。メイジャー首相が交渉の前提条件として，IRA が武器を捨て，政府に供出しなくてはならないと主張するのに対し，IRA 側は武力闘争を中止するという約束だけで十分としてこの要求に応じず，結局，IRA の方針転換後1年半たっても交渉は始まらなかった。長びく交渉に業を煮やした過激派分子に押され，IRA は1996年2月9日，再び方針を転換した。彼らはこの日，ロンドンでビル爆破事件を起こし，停戦終了を宣言したのである。メイジャー首相は，アイルランドのブルートン首相（John Bruton）と会談し，IRA の停戦を条件として，すべての政党が一つのテーブルにつく「全当事者会議」（all party talks）を6月10日に開催することを提案した。（1996年4月の段階で）今後この会議がどのように展開するかは，全く予断できない状況にある。

---

1) Mike Tomlinson, 'Can Britain leave Ireland ? The political economy of war and peace', ed. Bill Rolston, *Ireland : new beginnings ?*, Nottingham, U.K., 1995.
　IRA のテロ活動の被害状況は次表の通りである。

アイルランド問題は，歴代のイギリス首相にとって避けて通れない重い軛であった。サッチャー政権も例外ではなかった。死傷者の数から見れば，IRA のテロ活動が猛威をふるったのは，明らかに 1970 年代であったが，サッチャー時代にあっても，IRA の活動は衰えを見せるどころか，狂暴性をエス

1）のつづき

年	死者	負傷者	銃撃	爆弾
1969	13	765	73	10
1970	25	811	213	170
1971	174	2,592	1,756	1,515
1972	467	4,876	10,628	1,853
1973	250	2,651	5,018	1,520
1974	216	2,398	3,206	1,383
1975	247	2,474	1,803	691
1976	297	2,729	1,908	1,428
1977	112	1,387	1,081	1,143
1978	81	985	755	748
1979	113	875	728	624
1980	76	801	642	402
1981	101	1,350	1,142	578
1982	97	525	547	368
1983	77	510	424	410
1984	64	866	334	258
1985	54	916	237	251
1986	61	1,450	392	275
1987	93	1,130	674	393
1988	93	1,047	537	466
1989	62	959	566	427
1990	76	906	559	320
1991	94	962	499	604
1992	85	1,066	506	497
1993	84	826	476	289

［出典：Kevin Boyle and Tom Hadden, *Northern Ireland : The Choice*, London, 1994, pp. 70-71.］

カレートさせていった。

　サッチャー首相は，就任早々から，一方で英国病に対処すべくインフレ対策としての緊縮経済政策を打ち出し，国防費削減を目指すなど，サッチャリズムのプログラムの実現に努めるとともに，他方で北アイルランドの治安の維持に心をくだかねばならなかった。サッチャリズムの政治哲学や，政策や，政治指導のスタイルは，北アイルランドの問題解決に有効であったのか。サッチャリズムはIRAに対してどのように対処し，どのような結果をもたらしたか。小論では，以上のような点について検証してみよう。

第1節　北アイルランドの歴史的位置とIRA

　アイルランドは，12世紀以来，幾世紀にもわたり，イギリスの支配下に置かれていた。とりわけ，現在のように南北のアイルランドに分離したのは，1920年の「アイルランド統治法（Government of Ireland Act）」にその起源を求めることができる。このアイルランド統治法は，100年以上続いたアイルランドの独立運動・自治獲得運動への最終的解決をもくろんで制定されたものであった。

　周知のように，アイルランドは，オリヴァー・クロムウェル（Oliver Cromwell）が17世紀半ばに徹底的な征服戦争を勝利して以来，イギリスに土地を奪われ，財産を没収され，完全な隷属状態を余儀なくされた。1691年に名誉革命で王座を追われたジェームズ2世を助けてウィリアム3世軍と戦って敗れたアイルランドのカトリック教徒は，リマリック条約を締結し，ダブリンにプロテスタントのみで構成される議会の開設を承認し，新教徒優位の体制を許した。ダブリンに置かれた植民地議会は，その後100年以上存続したものの，1800年，ウィリアム・ピット首相が英・アイルランド連合法（Act of Union）を可決し，ロンドンとダブリンの議会を合同させたことにより，その歴史的使命を終えた。

　イギリス王国の一部に併合された直後から，アイルランドは，自治・独立を求める運動を開始し，カトリック教徒開放（Catholic Emancipation 1829年），

土地法（Land Act 1870, 1887, 1891, 1896 年）などを獲得していった。しかし，肝心の自治は，19 世紀を通じて，グラッドストーン内閣の再三の努力にもかかわらず，とうとう勝ち取ることができなかった。そして，1912 年，ついに自治法（Home Rule Bill）が下院を通過し，アスキス（Herbert Henry Asquith）内閣の下で成立しかけた時，第一次世界大戦が勃発し，またしてもアイルランドの自治は先送りされるに至った。

第一次大戦終了後，ロイド・ジョージ（Lloyd-George）内閣がアイルランド自治を反古にしようとしたのに対して，アイルランドのシン・フェイン党（Sinn Féin）は，それまで存在したアイルランド共和国兄弟団（Irish Republican Brotherhood 1858 年結成）と，その後身であるアイルランド義勇軍（Irish Volunteers）を常備軍の名称に再編し，アイルランド共和国軍（IRA）を結成した。IRA は，自治を通じて最終的には独立を獲得すべく，イギリスに対して内戦を挑み，1919 年から 21 年 7 月の英・アイルランド条約（Anglo-Irish Treaty）が結ばれるまで，貧弱な装備にもかかわらず，イギリス軍の兵舎の襲撃や，政府要人の待ち伏せなど，執ように抵抗を試みた。アイルランド統治法は，こうした激しい独立戦争の最中に制定されたのである[2]。

1920 年の統治法で，ロイド・ジョージ政府は，アイルランドの 32 郡（County）のうち，北東部のアルスターの一部の 6 郡を分離し，それぞれに議会の開設を認めた。この統治法がアイルランド自治問題への最終的解決策であると当時のイギリス政府が考えたのにはそれなりの理由があった。

本来，この 1920 年統治法は，第一次大戦以前のアイルランド自治法を実施するための法律であった。しかし，同法が実施に移されかけた時，少数派ながら北部で政治的優位を保っていたプロテスタントが，特権を失うことを恐れて自治法に断固反対を唱えたことから，内戦を防ぐには，プロテスタントの多い地域を分離して南北双方に自治を認めるのが最良の策と考えられた。

---

2) これまでの北アイルランドの略史については下記の文献を参照した。F.S.L. Lyons, *Ireland Since the Famine*, London, 1971 ; Kevin Boyle and Tom Hadden, *Northern Ireland : The Choice*, London, 1994 ; Frank Gaffikin and Mike Morrissey, *Northern Ireland : The Thatcher Years*, London, 1990.

ところが，アルスター地方9郡の人口比はプロテスタントとカトリック教徒が半々であったため，プロテスタントはカトリックの多い3郡を除き，6郡のみで別個の議会を持ち，自治を獲得した。6郡における人口比は，プロテスタント61％に対し，カトリックは39％であった。1920年統治法は，こうした"アルスター危機"の産物だったのである[3]。

実際には，IRAは，統治法も1921年の英・アイ条約も，国民を分断するものとして承認せず，南アイルランド政界も分離の受容をめぐって二分され，内戦が発生した。内戦は，受容派の勝利に終わり，1923年に南アイルランドは自治政府を確立した。一方，北アイルランドは，統治法と英・アイ条約を受け入れ，ただちに自治を開始した。

1921年の英・アイ条約以後，南・北アイルランドの進路は時とともに大きな隔たりを示した。すなわち，1937年に南アイルランドは憲法を発布し，アイルランド政府の"主権と共和国的性格"を強調した[4]。その後1948年，指導者デ・ヴァレラ（De Valera）が，南アイルランドの完全独立を宣言するに及び，イギリス政府は同年これを承認し，そのかわりに翌49年，アイルランド法（Ireland Act）を通過させ，北アイルランド6郡は，イギリスの固有の領土の一部であることを強調した。

一方，IRAは1919年から21年までの内戦に加わり，南・北アイルランドの内戦を戦ったものの，1936年にデ・ヴァレラに活動の停止を命じられ，以後長期間にわたり公然たる活動ができない状態であった。IRAが世界の現代史に華々しく登場するのは，1960年代末に合法的活動の続行を望むグループと，武力闘争に訴えるべきと考えるグループとに分裂した後のことであった。そしてこの非合法活動も辞さない暫定派（Provisional IRA）がもっぱらテロ活動を展開することとなったのである。

ここで1921年より自治政府を形成した北アイルランドの推移に目を移せば，北アイルランドの政府は，総督，上院（28名），下院（52名）で構成されていた。すべての法律は総督の同意を必要とし，総督はロンドンの本国政府

---

3) Sabin Wichert, *Northern Ireland Since 1945*, London, 1991, p. 11.
4) Lyons, op. cit., p. 520.

の意思を体現していたので，イギリス政府の意向は確実に反映されるしくみとなっていた。行政は総督がすべての責任を負うものの，その下に通称内閣と呼ばれる9名の行政最高会議メンバーを補佐役として置いた。実質的にはこのメンバーが北アイルランドの行政を施行し，実力と権限を増大させていったと言ってよい。

　イギリス政府は，第二次大戦後，1949年のアイルランド法で，北アイルランドがイギリス連合王国の一部であることを再確認した。しかしながら，北アイルランドは，イングランドやウェールズと比べ，際立った特質を持つ社会となっていた。第1に，アルスターの一部分である6郡は，確かに他のアイルランドと比べれば相対的に豊かな社会ではあったけれども，イギリスの他の地方と比べれば，経済的に大きく遅れた地域となっていた。常に失業率が高く，負担金なしの家族手当など福祉に依存する度合いが高く，北アイルランドでは中央政府の助成金が重要な収入源の一つであった。

　もう一つ顕著な北アイルランドの特質は，カトリックに対する差別であり，その結果，プロテスタントの平均収入はカトリックのそれを明白に上回り，プロテスタントの失業率はカトリックよりはるかに低い[5]。

　日常生活の中で，差別が最も顕著に現れるのは，住宅問題であった。カトリックの人々は，1960年代になって，露骨な住宅供与差別に抗議を繰り返した。やがて1968年10月に発生した住宅差別事件に対する抗議がダンギャノンという町で大きなデモ行進に発展し，この行進は，公民権要求運動としてベルファストにも広がり，2ヶ月にわたり衰えを見せなかった。69年1月に入ると暴力行為がエスカレートし，公民権要求行進は多数派のプロテスタントから暴力的妨害を受けた。

　北アイルランド首相キャプテン・オニール（Captain Terence O'Neill）は騒動の収拾に手間取り，結局，1969年4月に辞任した。ところが，その後を継いだチチェスター・クラーク（J. D. Chichester-Clark）も騒動を収めることがで

　　5）たとえば次の表―各世帯平均週給を見れば経済的停滞の著しい北イングランドと同様に，北アイルランドが経済的後進地帯であることは明瞭であろう。また表―失業率比較を見れば，プロテスタントとカトリックの隔差は歴然であろう。

きず，7月から8月にかけ，連続的に暴動が発生し，315家族のプロテスタントが焼き打ちにあって家を失い，それに対してカトリックは，1,505家族が焼け出され，少なくとも7名が殺害された[6]。

IRAは，プロテスタント武装派に対して武力闘争を挑むべきとする暫定派が分派を構成し，2派に分離した。その後，サッチャー政権下に至るまで激しいテロ活動に従事したのは，この暫定派IRAであった。一方，プロテスタントも，アルスター自由闘士団（UFF），アルスター義勇軍（UVF）などを募集し，武力闘争への路線を明確化していた。まさに1969年末から70年の北アイルランドは，内戦の発生直前の様相を呈していた。

---

5) のつづき

各世帯平均週給

	1974—75	1978—79	1986—87
北イングランド	£65.87	102.34	197.60
南東イングランド	74.37	126.67	302.70
南西イングランド	63.39	104.39	250.90
ウェールズ	60.27	106.44	207.20
北アイルランド	53.40	92.30	207.80

[出典：『地域傾向』1976, 1981, 1989。
cited in Gaffikin & Morrissey, op. cit., p. 50.]

失業率比較（北アイルランド）

	プロテスタント		カトリック	
	男	女	男	女
1971	7(%)	4	17	7
1981	12	10	30	17
1985—7	14	9	36	15
1991	12	7	28	14

[出典：『国勢調査』1971, 1981, 1991。
cited in Boyle & Hadden, op. cit., p. 44.]

6) Patrick Bishop & Eamonn Mallie, *The Provisional IRA*, London, 1987, 1993, p. 117.

保守党のエドワード・ピース首相は，1970年7月，イギリス軍を北アイルランドに派遣するとともに，翌71年8月，予備的拘留制度を導入し，暴動の渦中で逮捕された者を，無条件で拘留することができるようにした[7]。にもかかわらず騒動は収まらず，用いる武器も銃火器から爆弾へとエスカレートしていった。

　紛争が続く中で，1972年1月30日，後に"流血の日曜日"と呼ばれた発砲事件が発生した。予備的拘留制に反対する公民権運動家のデモ行進に向け，イギリス軍が乱射し，13名が射殺されたのである。この発砲事件は，北アイルランドにとどまらず，アイルランド共和国にも強い衝撃を与え，ダブリンのイギリス大使館が襲われ，放火される事件を誘発した。事態の重大さを知ったピース内閣は，3月24日，北アイルランド政府を廃し，イギリス政府直轄とした。同日，初代北アイルランド相に就任したホワイトローは，何らかの形態の権力委譲（devolution）を北アイルランドに定着させようと，ユニオニスト，ナショナリスト及びアイルランド共和国の協力を得てサニングデール会議（Sunningdale Conference）開催の合意をとりつけ，74年初よりストーモント議会を再開した。しかし，ユニオニストがアイルランド共和国の関わりに強い反感を示すとともに，ロンドンの政府が総選挙に敗れ，労働党政権が誕生するという政権交代時期と重なり，さらにIRAのテロ活動が多発し，北アイルランド政府は5ケ月ももたずに瓦解した。

　こうして北アイルランドは再びロンドンのイギリス政府直轄とされた。IRAは治安当局の厳しい取り締まりを受け，また増強されつつあるプロテスタント系の武装組織のアルスター防衛同盟（UDA）やアルスター義勇軍

7）予備的拘留制度（internment）は，裁判を経ることなく容疑者を拘留することを可能にすることから，拘留された者への待遇は，おのずと他の犯罪者と異なるものとされた。公民権運動家は人権の観点からこの逮捕権濫用につながる制度に反対したけれども，治安当局も，数年の後，容疑者を特別待遇することに異議を唱え，新たに「反テロリスト法」を制定して，IRA容疑者を，他の犯罪者と同様に必ず裁判を受けさせ，待遇も同じものとしようと考えてこの予備的拘留制度を1975年に廃止した。また，この廃止を受け，1976年にIRA容疑者への特別待遇を中止した。このことが，1980年代のIRAの刑務所内待遇改善要求運動へとつながっていった。Bishop & Mallie, op. cit., pp. 183-277.

(UVF) のテロ活動を被った。1970年代の後半は，P（暫定）IRAにとって充電期間であったと言える。南北アイルランドの人々が平和的交渉を望み，武闘派PIRAは支持を拡大しがたい状況にあったのである。

第2節 サッチャー政権下のIRA

1．初期サッチャー政府の北アイルランド政策

　サッチャーは，ウィルソン労働党内閣時代に，影の内閣を率い，来るべき保守党政権の政策綱領を公表した。毎年行われる保守党全国大会でサッチャーが強調したことは，第1に停滞するイギリス経済の活性化への方策であり，第2に厳しく対立する東西両陣営にあって，イギリスの取るべき国家安全保障政策であった。これらの優先事項と比べて，北アイルランド問題が党首演説で触れられなかったのは当然であったであろう。1970年代後半は，IRAにとっても，75年2月に停戦を表明した後，指導部でも，軍事評議会（Army Council）でも見解が分かれ，活動が停滞気味の時期であった。

　しかしながら，サッチャー政権誕生の直後，IRAは世界を驚かすテロ作戦をやってのけた。イギリスのインドからの撤退を指揮し，世界的に名声を博していた老マウントバッテン卿（79歳）を，一緒にボール遊びをしていた家族5人ともども爆殺したのである[8]。しかも，この暗殺テロの数週間前に，IRAは爆弾の遠隔装置を試験するため，北部の海岸近くでイギリス軍の軍用車を爆破し，ヘリコプターで救援にかけつけた部隊に2度目の爆弾を仕掛け，合計18名の軍人を死亡させていた[9]。

　サッチャー首相は，1979年10月の保守党全国大会の演説で，北アイルラ

---

8) イギリスの植民地主義の見せしめとして不適切と思われるマウントバッテン卿をターゲットとした理由について，IRA軍事評議会は，『PIRA』の著者の1人にこう語っている。第1に世界の関心を北アイルランド問題に向けたかったこと，第2に士気阻喪しがちな若いメンバーに活を入れること，第3に，プロテスタントとカトリックの穏健派とPIRAは全く異なる倫理で動いていることを示すこと，これらの理由からマウントバッテン卿が選ばれた。Ibid., pp. 312-313.

9) Ibid., pp. 314-315.

ンドの情況について触れ，IRAの暴力行為を非難するとともに，イギリス政府が北アイルランドを見放すことはないと断言した。しかし，後年出版された回顧録と比較すると，この時の首相演説は，就任1年目ということを差し引くとしても，控え目であった。IRA批判としては，ヘイルシャム卿の言葉を借り，「彼らは自由のために戦っているのではなく，混沌に向けて戦っている」と指摘し，「いかなる目的もこのような（暴力的…筆者）手段を正当化しえません」と諭し，「アルスター地方のすべての人に繰り返し申し上げます。私たちはあなたがたを忘れてはいません。将来も決して見放しはしません。あなたがたが自らに関する事柄を制御できる状態を，私たちは回復させねばなりませんし，回復してみせます」と呼びかけたのである[10]。

　では，サッチャーは，北アイルランドに対して初めから積極的に政策を施行したであろうか。容易に理解できることであるが，サッチャー政府は，インフレや失業といった深刻なさし迫った問題をいくつも抱えていた。そうした問題と比べて北アイルランド問題が最優先されることはありえなかったと思われる。

　実際，イギリス人のアイルランド征服の事実があり，何百年ものイギリスに対する憎悪の積み重ねがあり，逆にイギリスに残留したいプロテスタントが3分の2を占めるという北アイルランドで，一体何が可能であろうか。北アイルランドは，サッチャー首相の掲げる政策綱領に対する非常に困難な試練となってたち現れたのである。ヒューゴ・ヤングは，サッチャー首相の初期の北アイルランドに対する姿勢を次のように解説する。

　　「初めの威勢のいい約束にもかかわらず，アイルランドは彼女の仕事の優先順位の最後のものとなっていた。それは解決不能の問題であり，どのような"解決策"も事態を悪化させるばかりであり——普通のユニオニストの主張は，いかに不満足なものであっても現状維持の擁護であった[11]。」

---

10) Margaret Thatcher, *Speeches to the Conservative Party Conference 1975-1988*, London, 1989, p. 57.
11) Hugo Young, *One of Us*, op. cit., p. 467.

無論のこと，サッチャーは北アイルランドに対して何もしなかったわけではない。特に政権第2期に入ってからは積極的な動きを見せた。第4節で見るように，英・アイルランド協定締結に向けてサッチャー自身，交渉を直接担当もした。

　しかし，後で述べるように，経済的・社会的側面から見て，北アイルランドが，イングランド，スコットランド，ウェールズと比べ，一つだけ異なる特色を持っていることは否定できない。その特色とは，北アイルランドにはサッチャリズムが及ばなかったかあるいは何年も遅れてやってきたということであった。サッチャー時代の北アイルランドの経済状態を詳細に調べた研究者も，「サッチャリズムの北アイルランドへの影響について解説が行われる時，この地域の特殊性ゆえに新保守主義の適用が妨げられているとのコメントを聞かされたとしても驚くことはない[12]」と述べている。

　第1期目のサッチャーが北アイルランドに対して行った際立った決定は，ジム・プライアーを北アイルランド相に任命したことと言える。政権発足時から1981年9月まで雇用相を務めたプライアーは，フランシス・ピムやイアン・ギルモア（Ian Gilmour）と同様，ノブレス・オブリージュの伝統を守る古きパターナリストとして知られており，サッチャリズムの雇用政策とは明らかに異なる考え方の持ち主であった。サッチャー首相は，いわば，雇用相としてのプライアーの首を切り，北アイルランドに送り込んだとも言えよう。その結果，サッチャー政権の北アイルランド政策は，さらにサッチャリズムの軌道から外れる傾向を示し，イングランドと比べ，高水準の福祉サービスを維持することとなったのである[13]。

　プライアー北アイルランド相は，1974年以来廃止されてきたストーモントの議会を復活させようと努め，1982年10月，実現させた。しかしながら，この議会は初めから穏健派ナショナリストのSDLP（社会民主自由党）の協力を

---

12) Gaffikin & Morrissey, op. cit., p. 35.
13) たとえば，北アイルランドではGDPの10%が医療関係費として支出されるのに対し，イングランドでは6%であり，単位人口に対する医師数，歯科医数，ベッド数のどれをとっても北アイルランドの方が恵まれている。Ibid., p. 60.

得られず，準備期間がフォークランド戦争と重なった上に，選挙の過程で不正や殺人が相次ぎ，世論の支持を得ることができず，結局，1984年からはユニオニスト諸党もボイコットを決め，1986年6月に廃止されてしまった。

サッチャー自身は，北アイルランドでの統治について，少数派が最高権威に従い，少数派も含めすべての人の人権が保障される多数派支配が望ましいと考えていた。回顧録によれば，サッチャーは本質的にユニオニストに属するが，ストーモント議会への権力委譲方式を高く評価していたという。しかし，イーノック・パウエルが1974年にユニオニストに加わってから，ユニオニストの考え方が変化した。それまでの権力委譲議会を認めず，イングランド等と全く同等の"統合"を目指すのがユニオニストの目標となったのである。デボルーション（権力委譲）のような憲法上不明確な地位を廃し，完全統合と強力な治安部隊によってアルスター地方（北アイルランド）の不安定状態を終了させることができるというパウエルの考え方に対して，サッチャーは，第1に政治的問題から切り離して治安だけを強化することはできず，第2にデボルーションを認めてもイギリス議会の主権には何ら変化がないと確信していたためパウエル流の完全統合案には反対であった[14]。

しかしながら，パウエル案に賛成でないとしても，1982年の時点で，北アイルランドに議会を認めるほどサッチャーがデボルーション派であったわけでもなかった。プライアーが提案した"段階的権力委譲（rolling devolution）"に対して，主にスコットランドが同様の議会を望むことへの恐れから，首相はプライアーの提案を全く支持しなかった[15]。事実，サッチャーは，プライアーの北アイルランド法案を"腐敗法案（a rotten bill）"とまで酷評し，議会では，首相はおろか，5人の北アイルランド担当大臣経験者も一切発言せず，いわゆる"ギロチン動議（討議切り切りによって通過をはかること）"の扱いを受けた。積極的な反対もなかったことから軽うじて法案が成立したというの

---

14) Margaret Thatcher, *The Downing Street Years*, London, 1993, pp. 386-387：邦訳，マーガレット・サッチャー，『サッチャー回顧録』，上巻，石塚雅彦訳，日本経済新聞社，1993年，474—75頁。

15) Young, op. cit., p. 467.

が実態であった[16]。

実際，北アイルランドは，デヴォリューション議会が平和裏に運営される情況ではなかった。サッチャーにとって北アイルランド対策とは何をおいてもIRA のテロ活動に対する治安対策をおいて他になかったと言えよう。

2．ハンガーストライキ

「とんでもない言い分が通らないというので，この暴力の男たちは最近，最後の切り札と言ってよい方法を選んだのです[17]。」

サッチャー首相は，ハンガーストライキ（以下ハンスト）で最初に餓死したボビー・サンズ（Bobby Sands）の葬式の直後，1981 年 5 月 28 日，ベルファストを訪れてこう断言した。IRA の活動家が自らの死をもって抗議したとしても，イギリス政府の，とりわけサッチャー首相の方針は何ら影響を受けないことを確認し，死亡に直結するハンストが無謀かつ無意味であることを広く知らせようとしたのである。

IRA 幹部が語ったところによれば，IRA 軍事評議会は過去にも例のあるハンストを 1980 年 10 月に決定し，その決定に応じて 7 名の活動家が 10 月 27 日にハンストに入った。1 ケ月余り後，北アイルランド相アトキンス（Humphrey Atkins）は，議会で，「ハンスト者に対しては一切の妥協を考えておりません」と明言した。しかし，北アイルランド省の官僚が入院中のスト決行者に，大臣の言葉は政治用語であり，近いうちに譲歩案が決まると激励したことにより，12 月 18 日 IRA はストをいったん中止した[18]。

IRA が死を賭けて要求していた 5 項目とは，①私服の着用，②刑務所内労働の拒否，③週 1 回の小包受信，④他の収容者との交流，⑤抗議行動で失った恩赦の復活[19]，というもので，一言でいって，刑事犯罪者と明確に区別の

---

16) Paul Arthur, "The Anglo-Irish Agreement : a device for territorial management ?," in Dermot Keogh & Michael H. Haltzel (eds.), *Northern Ireland*, Cambridge, 1993, p. 214.
17) Bishop & Mallie, op. cit., p. 371.
18) Ibid., p. 360.
19) Ibid., p. 361.

ある政治犯扱いにしてほしいというものであった。

　スト中止後,結局5項目要求は実現しなかった。それを受けてIRAは再び,長期のハンスト決行を決定した。1981年3月1日,ボビー・サンズが食事を拒否し始めた。世界の耳目を集めたのは,ハンスト5日目に北アイルランドの選挙区出身のイギリス下院議員フランク・マガイア（Frank Maguire）が死去したため,補欠選挙が行われることになり,IRAはシン・フェイン党にボビー・サンズの立候補承認を依頼し,難しいことを知ると無所属で立候補させることにした。シン・フェイン党とSDLPは対立候補を出さなかった。この選挙区では前回（1979年）の総選挙でナショナリスト諸党（親アイルランド派）が33,183票に対し,ユニオニスト系（親イギリス派）が28,018票を獲得していた。ナショナリストが多数派であっても,シン・フェイン党への支持は全体の10％ぐらいであった。結局ボビー・サンズは獄中から立候補し,30,092票を獲得して当選した。IRAは,下院議員となった人物をサッチャーが見殺しにすることはあるまいと考えた。実際にはサンズは刑務所付属病院に入院したまま,5月5日に息を引き取った。

　サンズがハンスト決行者は1名に限定するよう強く要請したにもかかわらず,そして一応IRA指導部がハンスト中止のメッセージを送ったにもかかわらず,獄中のIRA活動家はハンストを続行し,サンズの死後,10日間にさらに4名が続いて死亡した。合同葬儀には約10万人の群衆が参列し,ナショナリストの連帯の強化が示された[20]。サッチャー首相が,何人のハンスト死があってもイギリス政府の方針は不変と宣言したのはこうした状況下であった。

　何故,IRAは絶望的な死のハンストを次々と決行したのであろうか。その背景として,ベルファストを担当する政治家がパターナリズムの信奉者で占められ[21],北アイルランドがイングランドより国家干渉,公的補助の行き届いていた地域であったということが考えられる。政治犯としてであれ,刑事犯としてであれ,IRAが要求していた事柄は,たとえば,イラクや中国でも

---

20) Ibid., pp. 365-371.
21) Young, op. cit., p. 221.

要求しえたこととは考えられない。IRAは，司法当局と治安当局に対して，刑務所内で特別扱いを受けることを要求したのである。ビショップとマリーはIRA指導部の心理を次のように解説している。

> 「古参の収容者が言うように，『彼らはサッチャー夫人を理解していなかった。』彼らは常に彼女の意思の強さを誤認し，逆に彼女のマターナリズム（母性的統治）に期待を寄せたのである[22]。」

サッチャーは，IRAを特別扱いしないという1976年の政府決定が正しい措置であり，IRAの5項目要求は，実のところ，刑務所を支配しようとするIRAの意図を隠すものであると見なした。ハンストに際しては，このような圧力に屈することに反対し，ハンスト続行中はいかなる譲歩も与えないことを基本姿勢とした。

サッチャー政府は，IRAの要求をのまない形の譲歩として，どの囚人にも私服着用を許可するという案を示したが，ハンスト者は全く政府提案を無視した。1981年11月，サッチャー首相がローマ法王に会見した機会にハンスト中止の呼びかけを依頼すると，法王は声明を発表してハンスト中止を呼びかけたが，イギリス政府ももっと柔軟であれとの呼びかけも忘れなかった。

サッチャー首相への国際世論の圧力は大きかったが，一切無効であった。とりわけ，アイルランド首相ホーヒー（Charles Haughey）は，再三，サッチャーにハンスト中止の方策をたてるよう建言した。サンズの死期が近づいた頃には，野党の党首マイケル・フット（Michael Foot）がハンスト者への譲歩を打診した。サッチャーはすべての圧力を断固はねのけ，一切の譲歩を許さず，そういう状況下でIRAは5名の死亡者を出した後，何も得ることなく，1981年10月3日，ハンスト中止を発表した。

> IRAは完敗したかのようであったが，サッチャーも認めるようにそうでもなかった。「IRAは，ストライキ中に組織の再編成を行い，ナショナリストの中心的存在となりつつあった。彼らは大規模な暴力行為を特にイギリス本土で行うに至ったのである[23]。」

---

22) Bishop & Mallie, op. cit., p. 375.

3．ブライトン爆破事件

　ハンスト作戦は，5人の仲間の生命を失っただけに終った。その後IRAは，イギリスの軍及び警察に対して暗殺事件を繰り返した。1981年には44名，82年には40名，83年には33名，84年には28名の治安関係者が襲撃され死亡した。暴動が発生して死者が出るのとは異なる暗殺事件であった。IRAの復讐戦は，北アイルランド内の襲撃事件にとどまらなかった。1981年10月10日，ハンスト中止の1週間後，ロンドンで爆弾テロが発生し，歩行者1名が死亡，多数の兵士が負傷したのを皮切りに，1982年7月20日，ハイドパークとリージェントパークで連続爆弾テロが発生し，死者8名，負傷者53名を出した。さらに翌83年12月17日，ハロッズ本店前で爆弾テロが発生し，警官2名及び通行人3名が死亡した。こうした断続的なIRAによる爆弾テロの最も大規模かつ大胆な事件が，サッチャー首相自身の生命を狙う爆弾テロであった。

　IRA幹部が語ったところによれば，爆弾をしかけた犯人は，1951年生まれのパトリック・マギーと称する人物と，それを手伝ったもう1人の人物であったという。マギーは，15歳の時から刑務所を往復し，イギリスにおける爆弾テロの実行部隊の中心人物であった。9月15日にブライトンのグランドホテル629号室にチェックインしたマギーは，18日にチェックアウトするまでに，バスルームのパネルをはがし，中に大量の――IRAは100ポンドと発表した――爆薬をしかけ，時限装置を24日後にセットした。セットされた時刻は，10月12日，午前2時54分で，爆弾は，操作通り真夜中に炸裂し，イギリス社会に甚大な被害をもたらした[24]。

　サッチャーは，自らがIRAの暗殺目標として挙げられていることを自覚していた。グランドホテル爆弾テロも，サッチャーの生命を狙ったものと考えられた。爆発の生じた6階はサッチャーの泊まっていたすぐ上の階であっ

---

23) Thatcher, *Downing Street Years*, p. 393 ; 邦訳，前掲書，483頁。
24) 事件の概要については，当事者のIRAが語っている記録に頼るほかなく，一方的な情報であるとの限定付きで1冊の書物を参照した。Bishop & Mallie, op. cit., pp. 423-425.

た。サッチャーは，突差に「私を殺そうと狙った連中は爆弾を間違ったところに仕かけた[25]」と思ったという。

爆発の威力は強力なもので，爆弾の仕掛けられた部屋の隣室の女性は，バスルームにいたため，吹き飛ばされて即死した。爆発の結果，大きなホテルの前面が半壊し，死傷者が続出した。結局，下院議員アンソニー・ベリー（Anthony Berry）とウェイカム院内総務の夫人ロバータ他3名が死亡し，30名が重軽傷を負った。

保守党大会の最終日に発生したこの大事件で，サッチャーは持ち前の性格を遺憾なく発揮した。首相とその党派全体を狙ったテロリズムに遭遇しても，首相の心をくじけさせることはできないことを証明しようとしたのである。最終日の大会は予定通り行われた。そこでサッチャーは堂々と演説をし，次のようにIRAを強く非難した。

> 「爆弾攻撃は……私たちの大会を妨害し中止させる企てだけでなく，民主的に選ばれたイギリス政府を麻痺させようとする企てであります。爆弾テロに激怒した人は皆そう感じています。そして，今ここに，私たちがショックを受けながらも整然と決意も固く集まっているという事実が，この爆弾テロが失敗に終わったばかりでなく，テロ行為によって民主主義を破壊しようとする試みはすべて失敗するのだということを示しているのです[26]。」

テロリズムには屈服しないというサッチャーの面目躍如といったところであろう。しかし，サッチャーも人の子，事件の後，官邸に落ち着いた時のプライベートな会話では，自分が暗殺のターゲットにされたことを恐ろしがってもおり，グランドホテルの爆破事件を，「まさかあのような目に遭うとは思わなかった」と涙ながらに語ったという[27]。

一方，IRAは爆弾テロの当日，声明を発表し，爆破事件の責任はIRAにあることを明示し，次のようにサッチャーに挑戦状をたたきつけた。

---

25) Thatcher, *Downing Street Years*, p. 380；邦訳，前掲書，468頁。
26) Ibid., p. 382；前掲書，471頁。
27) Young, op. cit., p. 373.

「本日，我々は(サッチャーを斃すことができず——筆者)アンラッキーであった。しかし，覚えておくがよい。我々は一度だけラッキーであればよいのに，あなたはいつもラッキーでなくてはならないのだ。アイルランドに平和を返せ。そうすれば戦いは終了するであろう[28]。」

実際には，サッチャー首相の生命がいつも IRA の爆弾テロのターゲットであったわけではない。IRA 指導部の 1 人が語っているように，「サッチャーが死んでいるのか生きているのかが重要なのではない。だが，我々が彼女を攻撃できるという事実が大切なのだ[29]」と考えていたと思われる。しかし，攻撃をサッチャー自身が受ければ，北アイルランド政策が変化するかもしれないと IRA が考えていたとすれば，IRA はサッチャーという人物の性格をまたしても誤解していたといえる。テロリズムの圧迫によっては何一つ動かさないというサッチャーの鉄のように固い信念を，IRA はハンスト作戦の失敗によっても学習しえていなかったと思われる。サッチャーは，アイルランド政府との間で続けられていた北アイルランドの状況への歩み寄りについても，爆弾テロにさらされたからという理由で，中止したり遅らせることは IRA のテロ行為に屈服することに通じると考え，予定通り，アイルランドと交渉を続行したのである。

4．1985 年英・アイルランド協定

　サッチャー首相は，テロリストとはいかなる交渉もしないことを繰り返し表明していた。事実，IRA の繰り出す作戦は，サッチャーから何らの譲歩も引き出しえなかった。しかしながら，サッチャーは，アイルランド政府とは特に治安の維持という観点から，何らかの合意や取り決めが必要であることを認めていた。早くも，1980 年 12 月，サッチャーはアイルランド首相チャールズ・ホーヒーとダブリンで会談し，治安・市民の人権・経済協力・相互理解に関する検討を始めることで合意した。その後 1981 年 6 月にホーヒー内閣が退陣し，フィッツジェラルド内閣が誕生すると，同年 11 月にフィッツ

---

28) Bishop & Mallie, op. cit., p. 426.
29) Ibid., p. 427.

ジェラルド首相と第1回目の2国間首脳会談が行われ，席上「英国・アイルランド政府間協議会」が設置され，今後定期的に北アイルランド（以下NIと略す。）問題を話し合うことが決定された。

　フィネ・ゲール党（Fine Gael 統一アイルランド党）を率いるフィッツジェラルド首相は，NI問題解決に強い意欲を示した。本来彼はNIのユニオニストと交渉し，ユニオニストの同意が得られる形でアイルランド統一を果たしたいと願っていたけれども，それが事実上無理とわかると，ユニオニストの頭越しにイギリス政府と交渉するに至った。フィッツジェラルドは，82年5月にBBCのテレビ講演でNI問題への対策の構想を示した。この構想によれば，NIの分裂した二つのコミュニティーは，何とかして共通の社会基盤を形成すべきであり，アイルランドは，60年前に分裂しなければそうなったと思われる多元社会に移行する必要がある。多元社会を形成し，南北融合を目指すとともに，ヨーロッパ共同体（EC）の協力強化に努め，イギリスとアイルランドが共通利益を持ち，将来はヨーロッパ共同体の下で両国が共通の市民権を持つようになることが望ましいとされた[30]。

　アイルランド政府とIRAの関係は微妙なところがあった。テロ活動に突き進むIRAをアイルランド政府が支持できるはずもなかったが，かといってこの政府はIRAの活動を厳密に取り締まる立場にもなかった。何しろIRAの活動方針には強い非難を加えつつも，その目的——イギリス政府をNIから追い出すこと——のいくらかは，この政府も共有していたのである。

　アイルランドの立場は，要約すれば，NIの多数派プロテスタントの同意を得る形で，平和裏に統一アイルランドを現出せしめることを理想とし，これに近づけるための努力を重ねるというものであった。これに対して，サッチャーの考えは，イギリスのNIにおける主権は不動のものであり，IRAを封じ込めるためにアイルランド政府の協力が必要となる，そして，NIの住民の満足が得られるように権限を委譲することにはやぶさかでない，というものであった。

---

[30] Garret Fitzgerald, 'Origins and Rationale of 1985 Agreement,' ed. Keogh & Haltzel, op. cit., p. 192.

こうした思惑に基づき、イギリス政府は 1982 年、NI に「段階的権限委譲」を提案した。この提案は、根っからのユニオニストであるサッチャーからすれば大きな譲歩であり、事実、側近のユニオニストのイアン・ガウ（Ian Gow）は反対を表明していた[31]。にもかかわらず、この案は、アイルランドでは 1982 年 2 月に総選挙で返り咲いたホーヒー首相に冷たく扱われた。NI 内部でも、ナショナリストの SDLP は初めからこの議会への参加を拒否し、ユニオニスト党も 84 年にボイコットを決めた。こうしてサッチャー首相が就任後初めて施行した NI 政策は、効果を上げることができなかったのである。

1982 年 12 月にフィッツジェラルドが政権に復帰し、サッチャー首相との非公式な対談を重ねた後、83 年 11 月、第 2 回の 2 国間首脳会談がロンドンで持たれた。アイルランド側が何らかの「共同主権（joint authority）」の樹立を目指すのに対して、イギリスは、主権は論外で、治安維持の方法こそを議論すべきと主張し、議論はかみ合わなかった。

フィッツジェラルド首相は、首脳会談に先立って 83 年 5 月に「新アイルランド・フォーラム」を提唱し、NI 問題解決に向け、NI のユニオニストの同意及び野党フィアナ・フォイル党（Fianna Fáil 共和党）の支持を得られる対策を考案する場を設定した。ホーヒーはフィアナ・フォイル党を代表し、統一国家樹立のみが解決法だと論じたものの、他のどの勢力からも支持されなかった。結局、フォーラムで形成された NI 問題解決モデルは三つに絞られた。第 1 は統一アイルランドの樹立（unitary state）、第 2 は南北の連邦国家形成（federation or confederation）、第 3 は NI の共同統治（joint authority）であった[32]。

フィッツジェラルドの腹案を知り、サッチャーもイギリス側の対策が必要であることを悟った。1984 年の前半、イギリスで検討が進められた結果、フォーラムの提唱する三つのモデルのどれも受け入れられないことが確認された。しかし、中でも共同統治の否定は慎重になされ、「共同統治」は不可能であるが「共同行動」ならありうるとし、NI の治安に関し、とりわけ IRA の

---

31) Thatcher, op. cit., p. 394；邦訳、前掲書、484 頁。
32) Fitzgerald, op. cit., 194.

取り締まりに関し，両国の共同行動は認められると，イギリス政府はアイルランドに伝えた。きわめて限られた範囲ではあったが，アイルランド政府のNI問題への関わりを承認するこの提案が，英・アイ協定の基礎となったのである。

サッチャー首相は，しかし，新アイルランド・フォーラムが示した三つのモデルについて，第2回目首脳会談後の記者会見で，あまりにもきっぱりと拒否した。

> 「プライアー氏もNI相の時言明しましたように，私も明確に申し上げます。統一アイルランドは一つの解決案ですがこれはダメ（No.）です。2番目は南北両国の連邦案ですが，これもダメ（No.）です。3番目は共同統治ですが，これもダメ（No.）です。これは主権の侵害です。フォーラム報告書が発表された時，私たちは以上のことを明確に伝えました[33]。」

新聞に発表されたサッチャー首相の「ダメ，ダメ，ダメ（"No, no, no."）」発言は，アイルランド国民の激昂を招き，交渉のなりゆきが危ぶまれたけれども，フィッツジェラルドと彼のスタッフは"主権を侵害しない"範囲でアイルランド政府のNI情勢への参入を立案すべく努めた。1985年の事務局での交渉の結果，共同統治ではなく諮問機関（consultation）の設置が検討され，共同法廷，共同治安の方法が提案された。

1985年11月15日，NIのヒルズボロー城で，サッチャーとフィッツジェラルドが署名し，「英国・アイルランド協定（Anglo-Irish Agreement 以下英・アイ協定）」が調印された。この協定によりすべての問題が解決されたわけではなく，かえって対立が鮮明化されるなど弊害も生じた。しかし，何よりも，これまでNIに対して完全に意見を封じられてきたアイルランド政府が，合法的にNI情勢に参入できる突破口ができたことに大きな歴史的意義があった。

英・アイ協定は13条で構成され，その主たる内容を挙げると，NIの地位に変化はなくアルスターはイギリスに属する（第1条），両政府間の懸隔を埋

---

[33] *Times*, 20 November 1984. 第5章 註14) 参照。

めるため，NI にロンドンとダブリンの出先機関を常設し，定期的に意見調整を行う（第2，第3条），アイルランド政府は NI の少数派の人権と差別に関して提案を述べることができる（第5条），問題解決のためアイルランド政府は公的機関の新設を助言することができ（第6条），特に治安に関して共同会議を開いて問題解決に当たる（第7条），両国の管轄下で共同法廷が開催できる方途を探究する（第8条）などとなっている[34]。

英・アイ協定は，NI ではナショナリストには大旨承認されたが，ユニオニストには激しく非難された。同協定は，アイルランドでは，与党には好感をもって受け入れられたが，ホーヒーのフィアナ・フォイルからは厳しい批判を受けた。とりわけ，ユニオニスト党は，協定調印の直後に，15名の下院議員の辞職という強い抗議を示した。さらに，ユニオニストはゼネストまで計画し，実行に及んだ。立場の相違を考えれば，NI へのアイルランド政府の意向の反映が確定されたことへの賛否両論は，理解しがたいことではない。問題は，協定調印後 NI が実際にどのように変化していくのかということであった。

たとえば，協定の第8条に見られる共同法廷の可能性につき，サッチャー内閣は，NI・英国・アイルランドの3人の判事で構成される共同法廷につき，1986年10月の閣議であっさりと拒否した。他方で，イギリスの関心事である IRA の封じ込め，殲滅についてのみアイルランドの協力を促したとしても，アイルランド政府は消極的な態度を変えないであろう。事実，1987年に首相となったホーヒーは，テロリストの本国送還を一時的に完全停止した。

英・アイ協定に基づく，実質的な NI 問題解決策は，実施困難となった。逆に，NI のナショナリストとユニオニストの対立の激化をもたらす事件が相次いだ。1988年3月6日，「アイルランド人テロリスト3名がジブラルタルでイギリスの治安警備隊に射殺された[35]。」サッチャーは回顧録では簡明にこう書いたが，殺したのは，SAS（Special Air Services 特殊空挺部隊）の隊員で

---

34) Tim Pat Coogan, *The Troubles—Ireland's Ordeal 1966-1995 and the Search for Peace*, London, 1995, p. 183.
35) Thatcher, op. cit., p. 407；邦訳，前掲書，499頁。

あり，殺された側は女性 1 名を含む IRA メンバーで，全く武装しておらず，しかも彼らは背後から無警告で射たれたことが明らかになった[36]。

　ジブラルタル射殺事件に先立つ 1987 年は，IRA のテロ活動と，IRA の動きを察知して IRA のテロ活動を封じる治安部隊の活動と，さらに，IRA に対抗するユニオニストの武装勢力のテロ活動とが交錯し，NI は血腥い修羅場と化した。IRA への反感が強まる中，総選挙が行われ，その結果，シン・フェイン党は得票率で前回と比べ 2.3％減らして 11.3％となり，当選者としては党首ジェリー・アダムズのみと激減した。英・アイ協定を締結すれば，IRA を追い込むことができ，シン・フェイン党への支持を減らすことができるというサッチャー首相の目論見は，この時点では当たっていたと言ってよい[37]。

　ジブラルタル射殺事件は殺伐とした報復合戦の中で生じた一つの悲劇的事件であった。しかもこの事件は，会葬中に 1 人のロイヤリスト武装者による乱射事件の発生によってその無秩序ぶりを全世界に知らしめた。この男は無差別発砲により，3 人を即死させ，68 人を負傷させたのである。その後に発生した怒り狂うナショナリストによる暴動も多くの暴力事件を招来した。たとえば，2 人の若い兵士が群衆に捕まり，車から引きずり降ろされ，ありとあらゆるリンチ・凌辱を加えられ殺害されたのである[38]。

　NI で IRA が追い込まれ，シン・フェイン党への支持が激減したとしても，イギリス政府の本来の目的は，英・アイ協定にうたわれているように，「平和，安定，繁栄」を NI に確立することであったことからすれば，サッチャー首相の協定への期待は，完全に裏切られた形となった。サッチャーは英・アイ協定後の展開を次のように回顧している。

　　「英・アイ協定がこれ（NI の安定化—筆者）にあまり貢献していないことは事実であった。ユニオニストは，自らの最悪の懸念が現実化しないことを知って態度を軟化させてはいるが，依然として協定に反対している。協定から全面

---

36) Coogan, op. cit., p. 290.
37) Bishop & Mallie, op. cit., p. 458.
38) Arwel Ellis Owen, *The Anglo-Irish Agreement: The First Three Tears*, Cardiff, U. K., 1944, pp. 192-199.

的に手を引くことは，アイルランドと問題を生じるのみならず，国際世論を敵に回す意味で価値的ではない。それでも，私は，諸結果には失望している[39]。」

第3節　サッチャリズムとIRA

1．サッチャリズムと北アイルランド（NI）の状況

　NIの住民は，人種的混合はあったとしても基本的にアイルランド人である。しかし，歴史的推移の中で，多数派約3分の2がプロテスタント，少数派約3分の1がカトリックと分裂し，イギリスに留まるかアイルランドと統一するかという鋭い対立が内部に残った。

　ナショナリストと呼ばれるカトリックの見るところ，イギリスの軍と警察は抑圧・反動の舞台装置であり，イギリス官憲と戦うことは，アイルランド・ナショナリズムの名においてイギリス勢力の帝国主義を追いやることであった。他方，ユニオニストと呼ばれるイギリス・ナショナリズムを奉ずるプロテスタントの見るところ，南北の分裂はイギリス帝国主義というよりは，北部の多数派住民がイギリス帰属を希望したことによるものであった。ユニオニストは，イギリスと経済的に強い一体感を持ち，アイルランドの弱い経済への合一を避け，またアイルランドとの統一でプロテスタントが少数派になり，既得権を喪失することを恐れていたのである。

　サッチャー首相は，常々自らをユニオニストであると自称した。無論，サッチャーはNIの住民ではないので，NIのユニオニストと立場が同じはずはない。しかし，本国のいわゆるユニオニスト政治家と比較しても，サッチャーのスタンスは微妙な相違があった。サッチャー自身，回顧録で「私自身は心底からユニオニストである。したがって，ユニオニストの政治家と私の関係がおおむね非常にまずいものであったことは一つの逆説であった[40]」と書いている。アイルランドの独立以来，NIではデヴォルーションが導入され，ベルファストのストーモント城に議会が開設され，当地での多数派支配が行わ

---

39) Thatcher, op. cit., p. 413；邦訳，前掲書，505頁。
40) Ibid., p. 385；同右，473頁。

れてきた。しかし，1970年代以降のパウエル流のユニオニズムは，本国とNIの完全統合が目標であり，そのため，少数派の武闘派IRAのテロ活動を潰滅させようとするとともに，デヴォルーションをも容認しないという考え方であり，NIのユニオニスト政治家の多くはパウエルに同調していた。

一方，ジム・プライアーNI相は，サッチャリズムとはかけ離れたパターナリズム政策をNIで展開し，その結果，サッチャリズムの政治的アジェンダはNIでは実行困難であったり，遅れて実行された。

実際，「ストーモント城は中央政界の厄介者の島流しの場」という噂がまことしやかにささやかれ，NIは，「ウェット」のたまり場の観を呈した[41]。プライアーNI相は，ウェットの代表的政治家と目されていた。サッチャー首相は，しかし，NI政策に関する限り，初めは反対していたものの，プライアーの進言を受け入れた。自治機能を回復させようとするデヴォルーション政策は，中央集権化の進むイングランド地方などと比べ，逆方向の政策であった。

「確信（conviction）」を持った政治家に敬意を表するサッチャー首相であったが，NIではその原則も曖昧に思われる。NIには，確信と原理に忠実な政治家が何人もいた。政治スタイルも，相手との交渉エチケットを重んじる従来の政治家でない，サッチャー好みのスタイルが多く見られた。ユニオニスト政治家たちがまさしくその好例であり，その代表的人物はイーノック・パウエルであった。しかし，サッチャーがアイルランド政治家の確信内容や政治スタイルに賛辞を表明したことはなかったのである[42]。

結局，サッチャーはNIがイギリス本国とは異なる社会であると認識していたのではなかろうか。イギリスの主権を微動だに動揺させず，しかも，現地住民の満足できる体制を構築しようとすれば，ストーモント方式のデヴォリューションが適切な政策ということになったのではないか。

NIの経済・社会状況は連合王国の他の地方とは明らかに異なっていた。失業率は際立って高く，1979年では，イングランド北部8.6％，南東部3.7％，南西部5.7％に対してNIは11.3％，1988年では北部11.9％，南東部5.2％，

---

41) Gaffikin & Morrissey, op. cit., p. 35.
42) Ibid.

南西部6.3％に対してNIは16.4％であった[43]。当然，国民1人当たりの政府の歳出はNIで最も高くなり，1980—81年で他の地方と比べ，33.4％，85—86年で41.2％高くなっている。ただし，これはNI社会の特殊性を計算していないので，治安などに必要な支出などを調整すれば，1985—86年で他の地方より1.7％多いのみという試算もある[44]。

NIと他の地方とを比較して，NIの産業の発展がより緩やかであることは統計により明らかである。1985年を100とした場合，連合王国では1989年には117.7の製造業生産力が示されたのに対し，NIでは105に留まった[45]。他の地方は80年代後半，NIの3倍以上の発展度を示したわけである。

NIには他の地方と比べ，貧困家庭が多い。居住状況を見てみると，1979年には，持家では他の地方（グレート・ブリテン島＝GB）が55％，NIが52％，公的賃貸ではGB32％，NI39％，民間賃貸ではGB13％，NI9％であり，1986年では，持家でGB63％，NI60％，公的賃貸でGB27％，NI34％，民間賃貸でGB10％，NI5％となっている[46]。公的賃貸の差が，つまりは住民の経済力の差と見てよいであろう。86年を例にとると，他の地方では4分の1の住民が公営住宅に居住しているのに対し，NIでは3分の1の住民が同条件で生活していることを意味している。

もう一つ例を挙げよう。NIでは福祉は充実しており，病院の人口当たりのベッド数は他の地域を引き離して多い。数字を挙げれば1986年で，イングランド北部7.5（人口千人に対するベッド数），テームズ川北部6.9，テームズ川南西部7.1に対してNIでは10.2の割合であった[47]。

以上のことから，NIでは，産業の発展が緩やかで，失業率が高く，かつてより福祉政策が充実していてNHS（国民保健局）の病院が完備されているという状況が容易に読み取れよう。これらすべての意味するものは，サッチャリズムとは無縁の「大きな政府」の存在である。ある意味で，NIは，本国の

---

43) Ibid., p. 56.
44) Ibid., p. 80.
45) Ibid., p. 78.
46) Ibid., p. 156.
47) Ibid., p. 188.

予算の支出を強いる地方であると言える。

　サッチャリズムの方針は，しかし，速度や浸透に相違があったとしても，NI にも着実に実施されていった。公的支出削減の方針や，教育改革も，NI の政治課題として受け入れられた。その意味で，NI は本国の他の地方と同じように扱うことができなかったとだけ言うべきであろう。

2．サッチャリズムと IRA

　サッチャー首相の IRA に対する基本姿勢はきわめて明瞭であった。それは，テロリズムには決して屈しないというものであった。それゆえ，IRA を交渉相手とせず，一切の妥協を排する方針が貫かれた。サッチャーから見れば，IRA は，冷酷無残な無法者の集団であり，イギリスの一部として留まりたいと願う多数の人々の希望を無視して NI と南アイルランドとの統一アイルランド国家を強制し，その目的実現のためにはどのような非人道的手段でも犯罪でも平然と犯すことのできる人非人の集団と映じていたに違いない。回顧録でサッチャーは IRA について述べる際，口をきわめて痛罵することをはばからなかった。それどころか，IRA の撲滅を公言したのである。

　サッチャー政権の 10 年を通じて，IRA の活動は狂暴化した。初めは必死のハンガーストライキを決行し，ハンストが何の譲歩も生まず，侮蔑のみを招来したことへの反動としてテロ活動が一気にエスカレートした。NI のみならず，イングランドでも爆弾テロが相次ぎ，やがて首相暗殺未遂事件までも引き起こすに至った。その後，プロテスタント武装派がテロ殺人行為を犯すに至り，取り締まりの RUC（アルスター警察）と協力するテロ対策の専門家集団 SAS が IRA 活動家を狙撃し殺害する状況が発生し，NI は完全な無法地帯，内戦状況の観を呈した。IRA がテロ活動をエスカレートさせ，治安当局がその IRA を包囲殲滅しようとするならば，80 年代の殺戮の修羅場は必然的ななりゆきであった。

　IRA がイギリス政府，とりわけサッチャー首相の意思を変えることはありえなかったが，逆に IRA を完全にたたき潰すこともできるものではなかった。IRA は，NI の普通の善良な市民から次々と活動家をリクルートし，戦力

を補充していた。いつ果てるともなく続くテロの応酬に，全世界の心ある者は眉をひそめていた。

　サッチャー首相にとって，IRA に対する政策とは，治安をおいて他になく，IRA の要求や主張には一切聞く耳を持たなかった。しかし，少なくとも治安の観点からアイルランド政府とは対話の必要を認め，85 年に英・アイ協定を調印した。英・アイ協定は，NI のナショナリストの心を IRA からしばらくの間離れさせるという効果はあったけれども，IRA のテロ活動の鎮圧にはほとんど何の効果も上げなかった。原則を打ち立て，原則を貫くサッチャリズムの政治スタイルは，同じく原則を立て，原則通りに刃向かってくる IRA に対しては，真正面から衝突を繰り返すのみで，将来に向けて何らの光明も得られない閉塞状況を生み出したのである。

おわりに

　1990 年 11 月に誕生したジョン・メイジャー政権は，明らかにサッチャー前首相とは異なるアプローチで，IRA 問題に当たった。サッチャー内閣の時代に任命された NI 相ピーター・ブルック（Peter Brook）は新政権でも再任され，アイルランドとの政治対話を模索し始めた。ブルック NI 相は，約 1 年半の予備交渉の後，1992 年 5 月に全当事者会議を設定するところまでこぎつけたものの，ユニオニストがアイルランド憲法（NI を自国の領土の一部として取り扱う条項を含んでいた。）の改訂が交渉の条件だと言い出し，交渉はわずかな期間で暗礁に乗り上げてしまった。

　しかしながら，メイジャー首相は IRA 問題解決に並々ならぬ関心を寄せ，1993 年 11 月 15 日，アイルランドのアルバート・レイノルズ首相（Albert Reynolds）との会談の後，12 項目にわたる「英国・アイルランド共同宣言」を発表した。骨子を要約すれば，第 1 に，両国は，NI 住民の意思を尊重し，NI のイギリスとの連合かあるいは統一アイルランドを形成するか，NI の住民の合意が得られれば，どちらでも承認する，第 2 に，両国は NI の住民の抱える諸問題につき協力し合える機構を作り出し，NI 住民の意思であれば，アイ

ルランド憲法の改訂も行う，第3に，テロ活動の永久的放棄が平和的解決の必要条件であり，テロが放棄されれば政治的対話には全当事者が参加できるというものであった[48]。

「英・アイ共同宣言」の8ケ月後，IRAが反応を示した。全世界の耳目を驚かす即時停戦宣言を1994年8月31日に行い，翌9月1日からIRAのテロ活動は停止した。

だが，その後のメイジャー首相の動きは，様々な政治課題に追われ，緩慢そのものであった。下院で，徐々に勢力を失い，ついにわずか1議席の過半数を占めるのみとなった保守党は，NIのユニオニスト政治家の支持をつなぎ止めることが政権を瓦解させないための絶対条件となってしまった。メイジャーの立場はユニオニストの意思に強く束縛されていたといってよかろう。

1年半もの間，約束していた全当事者会議は開催されるに至らなかった。業を煮やしたIRAは，1996年2月9日，ロンドン市内で大規模なビル爆破事件を引き起こし，事実上停戦を中止した。その後，2度目のテロは未然に防止されたが，2月18日にはバスで爆弾を運んでいたIRA活動家が爆弾を誤爆させ，死亡した。さらに4月17日，ロンドンの空き家で爆弾テロが発生した。

1980年代の人命をねらうテロ活動と異なる一連の警告の意味を持つ爆弾テロ活動を見て，メイジャー首相は大あわてで全当事者円卓会議の日程を決め，1996年6月10日から政治的対話を始めると発表した。ただし，シン・フェイン党はIRAのテロ活動の中止宣言がなければ参加できないと告げられた。6月10日になってもIRAは停戦を宣言しないどころか，6月15日，マンチェスターのショッピング・センターで最大規模の爆破事件を発生させた。ただ，この時の爆弾テロでは，事前に警察にIRAとわかる予告の暗号電話がかかっていた。警察当局はヘリコプターで危険を告げ，多くの警備員を派遣して買物客の避難に努めたので，奇跡的に死者は出なかったが，それで

---

48) Dennis Kavanagh and Anthony Seldon, *The Major Effect*, London, 1994, pp. 393-394.

も200名を越える負傷者を出し，莫大な損害をイギリス社会に与えた。

　IRAは1996年夏に至って何を考え，何を求めていたのか。メイジャー首相の対応の遅れに腹を立てているのは疑いないが，メイジャー自身，政治生命の限界状況で動いていることも事実であり，IRAにそれが理解できないことはなかろう。せっかくの千載一遇の和平達成への機会がこうして失われていってしまうのであろうか[49]。

---

49) 1994年の停戦，96年の停戦変更の後，1997年にブレア政権が成立すると，IRA問題の解決を最優先するブレア首相の果敢な行動により，話し合いが再開され，1998年には和平合意が成立した。さらにEUの発展とともに，南北アイルランドのヒト，モノ，カネの移動が自由になり，南アイルランドと合同したいというIRAの目的自体が失われていく中で，2005年7月，最終的にIRAの武装解除が確認された。その後，IRAのテロ活動は発生していない。

第8章　サッチャリズムと教育改革

はじめに

　サッチャー政府は，政権掌握直後から，減税やマネタリズムなどのインフレ抑制対策を皮切りに，国営企業の民営化，公営住宅の払い下げ，労働組合封じ込め政策等，様々な改革を手がけ，大旨，政府の掲げる目標を達成した。1970年代末にはあれほど冷え込んでいたイギリス経済は活気を取りもどし，雇用状況も逆転して良好な方向に向かい，1980年代後半にはインフレもおさまりつつあった。

　党首として臨んだ三度目の総選挙に三たび大勝利を博したサッチャー首相にとって，次なる改革の目標は紛れもなく教育，それも初・中等教育であった。サッチャーはヒース政権下で1970年から74年の間，教育科学相に就任したことがあった。既にその頃から，サッチャーの教育観は明瞭に確立されていた。たとえば，小学校児童に無料で配布される公費のミルクについて，サッチャー教育科学相は有料に定めた[1]。このエピソードから，サッチャーが自助努力を奨励し，助ける必要のない人は助ける方が弊害が大きいと考えていたことが理解できる。

　しかし，ヒース政権下では，サッチャーは自らの教育理念にこだわらず，後に改革することになる諸制度にも手をつけなかった。改革の必要性を訴え始めたのは，保守党党首に選ばれた1975年2月以降のことであった。その後

---

1) 8歳から11歳の小学生に学校で与えられていた無料のミルクを教育科学相サッチャーが停止させ，年間800万ポンドの歳出削減をし，その代わりに，「ミルク簒奪者のサッチャー（Thather the Milk Snatcher）」というありがたくない嘲笑的異名を新聞世論から受けた。Hugo Young, *One of Us*, London, 1989, p. 73.

75年の保守党大会で，サッチャーはイギリス教育は改革すべきであるとの演説を残している[2]。しかしながら，サッチャーが初めて組閣した1979年当時にあっては，さし迫った問題は，高インフレ，高失業率であり，沈滞したイギリス経済をいかに活性化するかということであった。それらの重要課題を克服したサッチャー政府が，いわば「サッチャー革命」の総仕上げとして教育改革を取り上げたのは，長い目で見た時，教育がその国の将来を大きく左右する基本的事業である以上，当然のことであった。

サッチャーが教育改革を考える場合，それは初等教育（Primary Education），中等教育（Secondary Education）が中心であり，高等教育（Further Education）や大学教育（Higher Education）も無論のこと改革の対象ではあるが，中心的ではなかった。なぜそうなったのかは，サッチャー政府の教育改革の目的を知れば明らかになるであろう。

サッチャーは，イギリスの初・中等教育を断じて改革するつもりであった。どのような初・中等教育をどのようにしたかったのか。改革の依拠する教育理念はどのようなものであったか。その改革はどう評価しうるのか，以上の課題について検討してみよう。

第1節　教育改革の宣言

1　公約

サッチャーは，1970年4月から74年2月まで，教育科学相に就任した。首相になる前の唯一の閣僚ポストであった。サッチャーが他の重要ポストを念願したにもかかわらず，いろいろと物議をかもす女性大臣を快く思わないヒース首相は彼女を同一ポストに留任させ，変えようとしなかったのである[3]。

2）Margaret Thatcher, 'The Conservative Party Conference', compiled by Alistair B. Cooke, *The Revival of Britain : Speeches on Home and European Affairs 1975-1988*, London, 1989, p.26, Margaret Thatcher, *Speeches to the Conservative Party Conference 1975-1988*, London, 1989, p.17.

3）Thatcher, *Revival of Britain*, p.67.

教育科学相としてのサッチャーは，イギリスの教育行政に深く関わり，教育問題改善に徹し，全面的な教育改革を唱えることはなかった。それどころか，後のサッチャーからは考えられないような妥協的態度で現状を容認したこともあった。

　当時の教育界で顕著な動向は，11歳の時の能力試験で進路がほぼ決定されてしまう教育のあり方を批判し，誰もが無試験で公立の中学に進学できるようにしようとする主張の現実化であった。具体的には，進学校たるグラマー・スクール（Grammar School）を廃止し，総合中等学校（Comprehensive School）に代えていこうとする流れがあった。ウィルソン内閣下で始められ，時代の潮流となりつつあったこの変化は，この段階では法的強制的に基づくものではなく，社会的圧力によって各地方に個別に実現しつつあった。サッチャー教育科学相は，自身グラマー・スクール出身でもあり，グラマー・スクールの存続を強く支持しつつも，実際には総合中学校新設を許可し，またグラマー・スクールの廃校をも容認した。その結果，ヒース内閣の4年足らずの間に，総合中学校の数はほぼ2倍となり，児童すべての半数を吸収するに至った。サッチャーは，後に当時のことを回顧してこう書いている。

> 「普通総合中等学校制はトニー・クロスランドのチラシと共に始まった。すべての教育当局はそのチラシに見られる"学校はすべて完全総合制に"という計画に従うようになった。私がヒース内閣の教育相の時，……この理念はジェットコースターのように飛び回り，これを止めるのは，できなくないにしても困難なことと受け止めた[4]。」

　サッチャーは，教育科学相時代に今日われわれが見るサッチャリズムの全体像を既に描いていたわけではなかった。彼女は，理論的には矛盾する二つの方向性を内包していた。たとえば，1972年に教育科学省が刊行した『拡大への枠組』（Framework for Expansion）という白書で，彼女は託児所の充実拡大について強い賛同の意を表した。無論，この公立保育所は政府の支出を要

---

[4] Margaret Thatcher, *The Daily Mail*, 13 May, 1987, cited in Clyde Chitty, *Towards a New Education System : The Victory of the New Right ?*, London, 1989, pp. 54-55.

求するものであったが，サッチャー教育科学相は，3歳児の50％，4歳児の90％を収容できる施設と体制を整えるよう訴えたのである[5]。サッチャーの主張は，いかなる両親のもとに生まれようとも，幼児には少なくとも1度は機会を与えるべきであるというものであったと考えられる。つまり，機会の平等を彼女は支持したのである。

一方，受験を必要としないで中学に進学できる総合中等学校には，サッチャーは賛同しなかった。このような普遍的機会均等は，優秀な生徒の向上心の芽を摘み取るものと見なしたのであろう。実際，サッチャーは教育科学相に就任するや否や，本省を訪れ，矢継ぎ早の指示を飛ばしたが，そのうち最初のものは，地方の教育当局に対して，「自治体教育当局は総合中等学校への移行を命じる地方の労働党の指示を無視し，グラマー・スクールを温存することができる」との通達であった[6]。

公立保育所提案に見られた普遍的な機会均等の支持と，グラマー・スクールの維持に見られる選良（エリート）の承認という一見すると矛盾する二つの傾向は，サッチャーの教育理念の全体像を検討する時，容易に了解される。

サッチャーは，上述したように，保守党党首に就任する以前には教育改革を強調していなかったものの，1975年2月に党首となると，教育に関しても，何らかの改革が必要であることを指摘し始めた。75年度保守党全国大会の席上，サッチャーはこう論じている。

>　「私たちの教育システムはかつては大変よく機能しました。私もそうであったように，普通の家庭で育った子供でも，自己を向上させるための階段として教育機関を利用することができました。しかし，あの建設よりは破壊をこととする社会主義者たちは，多くのよきグラマー・スクールを廃止してしまいました。このことは私立の学校とは関係がありません。今や社会主義の下で，公立学校に通う生徒たちの機会や優秀性が摘み取られていっているのです[7]。」

サッチャーが私立学校（Independent Schools）による私的教育（private ed-

5）Young, *op. cit.*, p. 70.
6）*Ibid.*, p. 71.
7）Thatcher, compiled by Cooke, *op. cit.*, p. 26.

ucation）を改革の対象から除外していることも重要な意味があると思われる。この除外は多くの批判にさらされながらも，最後まで貫かれた。

1979年の総選挙の時，教育問題は重要な課題ではなかった。しかし，サッチャー政府は教育には重大な関心を払い，毎年のように教育に関する法律を制定した[8]。なかでも，1987年の総選挙の時には教育問題が重要な政策目標

8）サッチャー政権下の教育に関する法律は次の通りである。
①1979年教育法（1979 Education Act）
　労働党政権下で制定された1976年教育法を廃止し，総合中学校への移行の義務を消滅させた。
②1980年教育法（1980 Education Act）
　公立学校の現場における様々な改革。第1に，親が学校区に縛られずに子供を送る学校を選ぶことができるようにした。第2に学校を運営する理事会の構成を変え，親や経営者を加え，かつその権限を強化した。第3に地方の住民にその地域の学校の性格変更や閉鎖について反対する権限を付与した。第4に学力優秀生徒に奨学金を与え，学校を変更することを認めた。第5に自治体教育局に保育所設置，託児所開設，給食サービスの権限を与えた。第6に高等教育に携わる教育者は，資格を必要とすることとした。
③1981年教育法（1981 Education Act）
　特殊教育を，必要とする生徒には受けさせることを規定した。
④1983年教育法（1983 Education［Fees and Awards］Act）
　教育相に外国人生徒への授業料を設定する権限を付与し，あわせて大臣が決める賞に関する規則を定めた。
⑤1984年教育法（Education［Grants and Awards］Act）
　地方自治体教育局に支払う奨学金に関する新しい規定を定めた。
⑥1985年高等教育法（1985 Further Education Act）
　LEA（自治体教育局）が高等教育機関を通じて，教育事業や教育施設を与えることができ，また教育ローンを教育機関に貸与することができることとした。
⑦1986年教育法（1986 Education［Amendment］Act）
　1984年教育法を修正し，LEAに支払う奨学金の金額を増額改定した。
⑧1986年教育法（1986 Education Act）
　指定機関に奨学金を預ける方式とLEAに教育関連費用をプールする方式の修正。
⑨1986年教育法（二）（1986 Education［No.2］Act）
　1984年の青書『学校における両親の影響力』と1985年の白書『よりよい学校』の示唆に基づき，学校における校長，理事会，LEAのそれぞれの役割や，理事会の構成内容について規定を加えた。
⑩1987年教師待遇改善法（1987 Teachers' Pay and Conditions Act）
　集団交渉により給与を改定するバーナム方式を取りやめ，教育相が給与見直し機関を設置する暫定的権限を認めた。
⑪1988年教育改革法（1988 Education Reform Act）
　この改革法は急進的な変革を含むもので，サッチャーの教育改革の中で最も重要な法律と言える。詳細は本文で論じる。
　以上については次の文献を参照した。Ed. by Stephen P. Savage and Lynton Robins, *Public Policy under Thatcher*, London, 1990, pp. 259-61.

として掲げられた。『1987年保守党選挙綱領』は高らかに教育改革の開始を宣言している。

「両親や雇用主は，多くの子供が基礎的な技能を身につけていないことや，よい教育にふさわしくない事柄が教えられていることや，子供たちの人格的陶冶の不十分さや個人的大志の低さを正当にも心配しています。ある場合には，教育が政治教育の場となっていたり，性的問題の誇大宣伝の場となっています。今こそ，学校改革の時が来たと言えます[9]。」

サッチャーの回顧録でも，1987年の選挙綱領が教育改革を主眼とするものであったことが明らかにされている。少し長くなるが，引用してみよう。

「教育こそ党綱領の中で新しい提案を行うべき最も重要な分野であるということではわれわれは意見が一致していた。ブライアン・グリフィス（Brian Griffiths）の仕事のおかげで，私は既にどのような改革がなされるべきか決めていた。まず，すべての生徒に基本科目が教えられることを保証するための基本カリキュラムが作成されねばならない。その他，学年別に生徒の知識を判断するテストの施行，すべての学校における財政的自立，"オープン・エンロールメント（定員なしの入学方式）"と共に，新しい人数割りの補助金システムが実施されなくてはならない。これらの新しい入学方式や補助金制度は，成功を収め人気の高い学校が経済的に潤い，さらに発展することを可能にするはずである。そして，校長にはもっと強い権限が与えられることが必要である。最後に，最も論争の的となるであろうが，すべての学校に現段階でわれわれが"直接国庫補助校"と呼んでいる学校形態に移行する権限を与えなくてはならない。すなわち，すべての学校は，地方自治体教育局（LEA）の管轄から離れ，実質的に"独立の国立学校（Independent State Schools）になりうることを意味した。教育科学省はこの名称が気に食わず，いつも私の演説のこの部分をより官僚うけのいい"国庫助成学校（Grant-Maintained Schools）"という名称にさし替えたものであるが。……（中略）……[10]。」

---

9) Cited in Chitty, *op. cit.*, p. 206.
10) Margaret Thatcher, *The Downing Street Years*, London, 1993, pp. 570, 572；邦訳，『サッチャー回顧録』，下巻，石塚雅彦訳，日本経済新聞社，1993年，150-51頁参照。ただし訳は一部変えさせていただいた。

2　イギリス教育の歴史的展開

　イギリスの公教育の歴史はそれほど古いものではない。1870年に初めて初等教育を公教育化する法律が制定され，義務教育としての初等教育の歴史が始まった。これ以前，初等教育は教会や慈善団体によって施されていた。しかし，グラッドストーンの内閣下で定められた1870年教育法は，完全な義務教育を規定するものではなく，無償でもなかった。この法律によって，5歳から13歳までの子供は親の経済力に関係なく小学校に就学できるようになった。つまり，親が授業料を払えない場合，教育は無償とされ，その結果，イングランドとウェールズでは，すべての子供が初等教育を受けることとなったのである[11]。

　中等教育は，1870年以後も私的教育機関に委ねられていた。多くの私立中学校は政府から助成金を得ていたけれども，伝統あるパブリック・スクールは完全に政府から独立していた。

　1870年以後，若干の修正が加えられたものの，公教育制度に基本的な改革が試みられたのは1944年になってであった。バットラー（Lord Richard Butler）法で知られる1944年教育法は，戦後のイギリス（イングランドとウェールズ）の公教育の基本的枠組を提供した。

　この法律は，公教育の終了年限（School Leaving Age）を15歳にひきのばし，11歳以上の教育を中等教育とし，初等教育と合わせてすべて無料とした。特に中等教育について，3種類の学校を創設し，子供たちは能力と適性に応じてそのうちの一つの学校に通うこととされた。3種類の学校とは，高校・大学への進学コースたるグラマー・スクールと，中学で教育を終える就職コースたるモダン・スクールと技術系のテクニカル・スクールであり，このコースを定めるための試験がイレブン・プラス（11＋）という全国共通テストであった。テクニカル・スクールはほとんど新設されなかったので，事実上大部分の生徒は11歳で進路を決め，グラマー・スクールかモダン・スクールに通うこととなった。その他，1944年教育法は，初めて公教育の場で，教派にはこ

---

11) Sir Llewellyn Woodward, *The Age of Reform 1815-1870*, Oxford, first pub. 1938, second ed. 1962, p. 483.

だわらないもののキリスト教の礼拝を義務づけた[12]。

1944年教育法は，初・中等教育を運営する権限を地方自治体に属する地方自治体教育局（Local Education Authority, LEA）に付与した。中央政府は学校運営の必要経費を予算化し，教育内容については，口を出さないことが期待された。教育の原理原則についても同法は規定した。政府が刊行した1943年のパンフレットには次のようにある。

> 「新教育制度では，キー概念は，子供が教育の中心であるということ，および，すべての子供は最も適応しやすいタイプの教育を受けるべきであるということになろう[13]。」

以上を要約すれば，第二次世界大戦以後のイギリスの公教育の原則は，①義務教育15歳制，②イレブン・プラスによる進路別の中学への進学，③宗教教育の義務，④LEAの権限強化，⑤子供中心の教育，ということになろう。

1970年に義務教育年限が16歳にまで延長されたけれども，この1944年教育法に基づく教育制度は，1976年教育法まで大きな変更を加えられることなく維持された。しかしながら，1960年代に入って，労働党は，新教育制度のうち，イレブン・プラスの試験制度，およびグラマー・スクールとモダン・スクールの差別を厳しく批判し始め，生徒を区別せず，試験も不要の総合中等学校への入学を奨励した。総合中等学校については，1951年から64年までの保守党の政権下でも，かなりの数の学校が設立されていたが，この時期には政府の助成を得られず，私立学校として経営されていた。1964年十月に労働党が政権に就くと，総合中等学校は公的教育機関に認知されたばかりか，政府の奨励を得て，グラマー・スクールを閉校に追い込み，生徒の大部分を吸収するようになった。

労働党がイレブン・プラス試験を批判したのは，11歳の若さで，しかも1回の試験で，人生の進路が決定されることは不当であると考えたからであり，

---

12) A. J. P. Taylor, *English History 1914-1945*, Oxford, 1965, p. 568.
13) Ed. by Michael Flude & Merril Hammer, *The Education Reform Act・1988 : Its Origins and Implications*, London, 1990, pp. 3-4.

グラマー・スクールを批判したのは，生徒を2種類の子供に分裂させ，平等に教育を受ける権利と機会を与えていないと考えたからであった。

労働党はグラマー・スクールを批判し続け，ついに1976年，私立中学に進学する生徒を除くすべての生徒に，総合中学校に進学することを義務づけた。当然ながら，グラマー・スクールもモダン・スクールも法的根拠を失い，次々と廃校するに至った。1965年では，総合中等学校262校，生徒数約24万人，グラマー・スクール1285校，生徒数約72万人，モダン・スクール3727校，生徒数約156万人，テクニカル・スクール172校，生徒数約8万人であったのが，10年後の1975年では，総合中等学校2596校，約246万人，グラマー・スクール566校，約35万人，モダン・スクール1216校，約70万人，テクニカル・スクール29校，約2万人という構成に変わっていた[14]。

一方，保守党は，イレブン・プラス試験をすべての生徒に施すことは主張せず，したがって第1節の1で触れたように，1970年代には，サッチャー自身も総合中等学校への移行を時代の流れとして容認していた。しかし，グラマー・スクールを消滅させることには保守党は断じて反対し，労働党政権の1976年教育法は次期保守党政権では廃止すると公約し，事実，サッチャー政権下の1979年教育法で早々と前教育法を廃止してしまった。

こうして，グラマー・スクールは法的には存続を許されたものの，1980年代に入ってもその閉校の流れは止まらなかった[15]。実にこの傾向はサッチャー政権の11年間を越え，1990年代にまで及んだ。この流れの逆転現象は，1988年教育改革法が施行されて5年後になって初めて見られた。総合中等学校の一つが，選抜試験を実施するグラマー・スクールになることが認められたのである。この時，グラマー・スクールの数は150校であった[16]。

これまで述べてきたのは，すべて公教育についてであった。私的教育に関しては，1870年，1944年の教育改革のみならず，1988年の教育改革でも何の

---

14) Conservative Resarch Department, *The Campaign Guide 1977*, London, 1977, p. 382.

15) サッチャー政府の下でもグラマー・スクールの減少は止められなかった。1979年と82年の初・中等学校の実態は次の表の通りである。

変革も加えられなかった。

1980年代では，通学私立学校（Day School）と寄宿舎私立学校（Boarding School or Public School）と合わせ，2340校の私立学校（Independent School）があり，全生徒数の6.1％がそこで教育を受け，厳しい選抜制をとり，輝かしい教育実績をあげている[17]。教育水準という観点から見れば，問題はこうした私立学校にではなく，公教育の分野にあるとされたのも当然かもしれない。

第2節　改革の断行

1　1988年教育改革法の成立

1944年教育法以来，数多くの教育法が定められたけれども，最も基本的な教育改革を規定したのが1988年教育改革法であった。イギリスの公教育界に大きな変革をもたらすことになる同法の成立過程では，大討論が発生する

---

15) のつづき

		1979		1982	
		学校数	生徒数	学校数	生徒数
公立学校	保　育　所	593	31,481	582	31,326
	小　学　校	21,309	4,444,538	20,650	3,922,809
	(1) 総合中学	3,823	3,327,689	4,017	3,421,635
	(2) グラマー・スクール	254	162,993	185	123,944
	(3) モダン・スクール	536	328,090	357	211,367
	(4) テクニカル・スクール	81	53,264	63	41,054
私立学校	通　　学（デイ・スクール）	1,371	270,440	1,345	266,180
	寄　宿　舎（パブリック・スクール）	993	247,494	995	249,461
特　殊　学　校		1,599	131,279	1,571	125,947
計		30,550	8,997,268	29,765	8,393,723

［出典：Conservative Research Department, *The Campaign Guide 1983*, London, p. 203.］
ただし，分類の項目には少し変更を加えた。

16) *Sunday Times*, 7 March, 1993.
17) 註（15）の付表下部を参照。

と考えるのが自然と思われるのに，実のところは極めて長い時間討議をしたにしては，それほど白熱した討論はなかったのである。

ケネス・ベイカー（Kenneth Baker）教育科学相は，法案の議会通過に関して次のように述べている。

> 「11月18日に私たちは総選挙後の最初の議会で主要な法案となる教育法案を提出した。……人々に人頭税（Poll Tax）と呼ばれ，また"悪いもの"の代名詞のように言われた市民税（Community Charge）とは対照的に，私たちは教育改革については十分根拠のあるものという評価を獲得した。法案は最初味気なく"教育法案"と呼ばれていたけれども，やがて"教育改革法案"と呼ばれるようになった。これは教育改革が世論に"よきもの"と見なされていたからであった[18]。」

自信満々のベイカーに法案提出直後に冷水を浴びせかけたのは，保守党内の親しい身内ウィリー・ホワイトローであった。ホワイトローはラジオのインタビューで，上院はオプティング・アウト（中央政府直轄校への移行）に反対するであろうと述べたのである。肝をつぶした党首脳がホワイトローをたしなめ，ホワイトローがベイカーに文書で説明するという一幕もあった[19]。

実は，教育改革に関しては，国民全体のコンセンサスのようなものが存在していた。それは，イギリスの子供たちは，初・中等教育で他の先進国の子供たちと比べ，かなりたち遅れているという認識であった。初等教育でいわゆる三つのR（読み・書き・算盤—Reading, Writing, Arithmetic）が徹底して教育できていないことの指摘は，1976年10月，ラスキン大学で労働党のキャラハン（James Callaghan）首相によってなされた。キャラハンは次のように講演した。

> 「私は国内旅行の途中で，産業側から，新しく雇った中等教育卒業者が仕事に必要な基本的な技能も身につけていないとこぼすのを聞かされました。……（中略）……また，大学や工業技術専門大学を卒業した有能な学生が，産業界に加わる意思を持たない場合が多いことも心配の種です。……（中略）……

---

18) Kenneth Baker, *The Turbulent Years : My Life in Politics*, London, 1993, p. 229.
19) *Ibid.*, p. 230.

私は，普遍的な基準を示すべく基本的カリキュラムを作成すべきか否かなどという問題に関わるつもりはありません。個人的には私はカリキュラム作成に賛成ではありますが。……（中略）……問題となっているが故に検討を必要としている事柄をもう一度整理してみましょう。基本的知識に関するいわゆる基本的カリキュラム（Core Curriculum），全国的水準を知るための検査方法，全国的水準の維持のために中央から派遣される視察官の果たすべき役割，そして，産業界と教育界との連繋の強化，以上であります[20]。」

　キャラハンの憂慮したのは，全国共通の基本的カリキュラムの欠如，共通テストの欠如，産学の隔離ということで，この問題提起に解答を与えようとするならば，解答的政策は初・中等教育でのレベルアップと実学重視ということになる。1988年教育改革法の一つの柱は，疑いもなく，「初・中等教育におけるレベルアップ」にあった。キャラハンのラスキン大学講演以来の国民的コンセンサスを基礎として，サッチャリズムの教育政策が提案されたとも言える。全国カリキュラムの設置はその代表的なもので，その他，1980年教育法で確立された「親の選択（Parental Choice）」も，人気のいい学校でなければ，親が子供を送ってこないわけであるから，学校に競争原理を取り入れた形になり，子供のレベルアップのための政策と分類されうる。88年改革法のオープン・エンロールメント（Open Enrolment＝定員なし入学制度）も学校に競争原理を導入するものと言ってよい。

　1988年教育改革法には，初・中等教育のレベルアップの他にもう一つの政策的柱があった。オプティング・アウト（Opting Out＝国立学校化）がそれである。サッチャー内閣も，オプティング・アウトが反論の的とされる覚悟を固めていた。単純に推論してみても，もし国庫から十分な予算を受領でき，地方の教育官僚から全部の学校が離脱したら，何万人というLEA（地区教育局）の職員の仕事と権限はどうなるのか。また，途中で，総合中等学校の学生と国庫助成校の学生の分裂と隔差はどう対処するのか等々難問はいろいろ考えうる。

　実際，議会での討論も，このオプティング・アウトに関するものに集中し

---

20) Lord James Callaghan, *The Times Educational Supplement*, 22 October, 1976.

た。第2読会（Second Reading）での討議の様子をのぞいてみよう。まず，ベイカー教育科学相は法案をこう説明した。

> 「本議会にとって，我が国の学校教育の質の向上は何にもまして焦眉の急であります。……（中略）……我が国の教育制度はラブ・バットラーの1944年法の定めた枠組みの上に維持されてきました。……（中略）……今や私たちはこの教育制度に新しい活力を注入すべきであります。……（中略）……
> 　私たちの法案は，学校が地区教育局の管轄から離れ，国庫からの直接的助成金を受領できるようにするものです。そうすることによって，親は，国立学校になるかならないかだけでも選択を広げることができます。この選択の広さが，国庫助成校のみならず，他の学校の水準も押し上げることになるはずです[21]。」

これに対して，労働党の教育問題のスポークスマンのジャック・ストロー（Jack Straw）は，教育の質の向上を目指す点は同じであると断った上で次のように論じた。

> 「国民の子弟の教育ほど重要な問題はありません。しかしながら，この法案は教育を害するものとなりましょう。初めから終わりまでこの法案は虚偽で固められております。第1，法案の名称"教育改革法"からして欺瞞的であります。正しくは"教育（国家管理）法"と呼ばれるべきであります。また，"親の選択"や"権力分散（Decentralisation）"の美名に隠れ，この法案は，実際には選択を拒否し，中央権力の学校に及ぼす力を強化させるでしょう。……（中略）……オプティング・アウトもまた欺瞞となるでしょう。確かに学校は地方自治体の管轄から逃れることができるようになります。しかし，学校は独立の方向に向かうのではなく，直接的・権威主義的な国家権力の管轄下に移行するだけなのです。……（中略）……人数割りの予算配分，定員なしの入学方式，そしてオプティング・アウトのすべての政策は，国家権力の管轄下に教育を導きます。法案提案者は，国家の支配を強めつつ教育界に規制なき競争の市場原理を持ち込みたいのです[22]。」

総合中等学校にすべての子供が通うことで保持されてきた教育における機

---

21) Cited in Martin Rogers, *Opting Out : Choice and the Future of Schools*, London, 1992, pp. 56-57.
22) *Ibid.*, pp. 57-58.

会均等は、ストローによれば、この法案の成立によって破壊され、学校は権力から離脱するといっても、その実態は地区教育局（LEA）の管轄から国家権力たる政府と教育科学省（DES）の管轄下に移行するだけであった。

　労働党からの批判は、保守党内が一つにまとまっておれば容易に却下される。その意味から、保守党内の古参幹部ヒース元首相の批判は注目を浴びた。ヒースは次のように論じた。

> 「私は極めて重大なオプティング・アウトの問題について触れたい。というのは、この制度は、ディズレーリ、バルフォアそしてバットラーと続く保守党指導者によって築き上げてきた教育制度を破壊するからであります。……（中略）……いくつかの学校はオプト・アウトするでしょう。次の段階で、学校はどのような生徒を入学させるか選ぶようになるでしょう。必ずしも学校周辺地区からだけでなく、優秀な生徒を広く募集するでしょう。そして次の段階は、"授業料徴集許可"でありましょう。こうして私たちは、今日の無料義務教育制度から、選択して自治体教育当局から独立した選抜式有料教育制度へ一直線に進んでいくのです[23]。」

　ヒースと並び、ヘーゼルタイン（Michael Heseltine）もオプティング・アウトの問題性を指摘した。ヘーゼルタインは、生徒数が全国的に減少していく中で、学校数も減らざるをえず、さらにオプティング・アウトする学校が増加するならば、オプティング・アウトした学校は教育の一般予算に含まれないから、年間7億5,000万ポンドの教育予算は有効に利用されないことになり、学校数の減少の中で教育水準の向上は難しいと論じたのである。

　オプティング・アウトに対しては、確かに様々な反対意見が開陳された。しかし、サッチャー首相が考えていたオプティング・アウトの真の目的については、政府もそれを明らかに示さなかったし、議会で討議されることもなかった。サッチャーは、教育改革に着手するにあたり、目的は二つあったと回顧録で明かしている。一つは、これまで述べてきた教育水準の向上であり、他の一つは、公式には"親の選択"とか"権力分散"と説明されたが、実はねらいは労働党左派が牛耳っていた地区教育局（LEA）の弱体化にあったの

---

23) *Ibid.*, p. 58.

である[24]。

　教育水準の向上のためという大義名分により，全国カリキュラム作成は比較的厳しい反対を受けることなく可決された。一方，オプティング・アウトは激しい反対に遭遇したものの，数多くの修正を施した後両院を通過した。地区教育局の弱体化については，法律の中で最大規模のLEAである内ロンドン教育局（ILEA）の廃止が決定され，政府の目的の一つが明らかになった。こうして，戦後最大の教育改革を目指す137条にわたる政府原案は，単一法案に関する審議時間としては戦後最長時間を記録し，238条，付帯条項13項の大部の法律として，1988年7月29日に成立したのである。

2　改革の断行

　1988年教育改革法は，それまでの教育制度を大きく変革するものであった。まず，全国カリキュラム及び能力試験（第1～25条）について，歴史上初めて統一的なカリキュラムが作成されることとなった。カリキュラム作成の対象は，中心科目の数学，英語，理科と，関連科目の歴史，地理，技術，音楽，美術，体育及び現代外国語の10科目とされ，新たに設置される全国カリキュラム審議会が各年齢ごとに学ぶべき到達目標を明示した形で策定することとなった。同法は，到達度を検証すべく，能力試験を設定し，生徒の年齢が7歳，11歳，14歳及び16歳の時，全国一斉にテストを行うことを規定した[25]。

　次にオープン・エンロールメントと呼ばれる改革について，同法は，公立学校（County School or Voluntary School）への入学を，物理的に可能である限り，人為的な定員枠を設けることなく認める方式（Open Enrolment）を導入した。地区教育局が各学校ごとの入学定員を定めていたため，入学時の混乱は避けえたものの，学校は特に努力しなくても定期的に一定の生徒を確保でき

---

24) Thatcher, *Downing Street*, pp. 590, 597.
25) *Education Reform Act 1988*, HMSO, 1989. なお，1991年1月，10教科のカリキュラムは，14歳の生徒まで遵守すべきこととし，さらに音楽と美術は選択科目とする，つまり必修科目は11歳までは7科目，11から14歳までは現代外国語を加えて8科目とする政策変更が加えられた。

たため，他校と競争するというような活力を失ってしまった——こう考えたサッチャー政府は，親が好みの学校に子供を送ってよいことにし，評判の悪い学校を必然的に衰退させ，競争原理を教育界に持ち込んだ。

第3に，人数の減少した学校への予算を削減すべく，予算配分を人数割りで実施する（第39条）方式を導入し，学校間競争を督励した。

第4に，改革法は国庫助成校（Grant-Maintained School）について規定した（第52～104条）。公立学校からオプティング・アウトして，国庫助成校つまり国立学校となる道を開いたこの政策は，学校の経営を地区教育局から離れさせることにより，地区教育局の影響力を削減するものであった。オプティング・アウト政策は，よくも悪しくも前例がないため，規定は詳しいものとなっている。どのような小中学校が国庫助成校となりうるのか（第52条），国庫助成校はどのように運営されるのか（第53～59条），オプティング・アウトはどのように決定されるのか（第60～63条），オプティング・アウトはどのように実行されるのか（第74～78条），その他財政問題，宗教教育問題等，第52条から104条にまで及んでいる。

第5に重要な改革として，内ロンドン教育局（ILEA）の全面的廃止（第162～196条）が挙げられる。ILEAは2年前大ロンドン市議会が完全廃止された時にも存続が認められた教育当局であった。しかし，サッチャーが回顧録で言っているように，ILEAの業績ははなはだ不振であった[26]。そこで改革法では全廃が決定されたのである。

同法によれば，今後ILEAは廃止され，すべてのロンドンの生徒の教育は他の行政と同じく区（Borough）が責任を負う。ILEAの権限は1990年4月1日にすべて失効する。ILEAの職員は区やその他の役所に配置換えすることができる。ILEAの下に12の行政区とロンドン市があるけれども，これらを13の地区教育局（LEA）に昇格させることとなった。

1988年改革法は，高等・大学教育についても規定しているが，小論では初・

---

26)「最も典型的な例は労働党左派に支配されたILEAであった。彼らは生徒1人当たり最高額を支出しながら，試験結果では最悪の成績を示してきた。」Thather, *Downing Street*, p.590.

中等教育に焦点をしぼり，高等教育の改革については校を改めることとする。

以上が改革法の要点である。では，改革法が制定され，実際に教育の現場はどのように変わったであろうか。

全国カリキュラムの策定は，労働党にも支持者がいたため，容易に決まったけれども，実際に策定作業が始まってみると，困難であることがわかった。「作成の決定」より「作成そのもの」の方がはるかに労作業であった。サッチャーも回顧録で次のように認めている。

「分権化を目指す私たちの政策——無定員入学方式，頭割り予算配分，都市工業高校（City Technology College），学校自主管理制，そして何よりも国庫助成校——は，すばらしい成功を収めた。対照的に，集権化を目指す最重要政策たる全国カリキュラムは早ばやと困難に陥った。私は，この策定作業が官僚主義と，その結果作成されたおざなりの案に遭遇するとは想像もしなかった[27]。」

サッチャーの回顧録によれば，サッチャーが全国カリキュラムで望んでいたのは，まず読み・書き・算盤（三つのR）という基本的知的能力を，あらゆる子供に段階的に身につけさせることであり，他の学科目についても，基本的知識を多くの子供に修得させることであった。ところが，全国カリキュラム審議会が1988年7月に最初に提出してきた「数学」のカリキュラム案はサッチャーを大いに落胆させた。小山ほどもある書類には専門用語が羅列されており，サッチャーの目にはどう見ても現場の教師とは無縁の代物と映ったのである。

「英語」の作業部会から渡されたカリキュラム案にも，サッチャーはひどく失望した。サッチャーの考えでは，文法と暗記が基本綱目であるべきなのに作業部会は別の方向に向かっていた。しかし，英語の作業部会は最終的には首相の注文を受け入れ，修正した。

「歴史」のカリキュラムでも，サッチャーは作業部会と激しく衝突した。サッチャーは，歴史学の門外漢を自認した。その上で，サッチャーにとって「歴史とは過去に生じた事柄の説明」であり，そうである以上，年表を覚えるこ

---

27) *Ibid.*, p. 593.

とが何より基本的な歴史学習でなければならなかった。しかるに，1988年7月に提出された「歴史」カリキュラムの中間報告は，事実そのものや年代学習を軽視し，歴史の解釈や思索が重視されていた。イギリス史の学習への比重も不十分とサッチャーには思われた。最終報告では，イギリス史には比重が傾けられたものの，記憶すべき事実についての知識が段階づけられておらず，サッチャーには不満足のものとなった。

　サッチャーは，全国カリキュラムの策定過程を苦々しく思いながら観察していた。1990年4月に新聞インタビューに答え，サッチャーは，全国カリキュラムの現状に満足していないことを明らかにした。サッチャーはこう回顧録で述べている。

　　「私が首相を辞める頃には，私は全国カリキュラムと能力試験の簡素化のための新しい取り組みが必要となるであろうと確信していた[28]。」

　新しいカリキュラムに基づく教育は，1989年から始められた。最初の能力試験は1991年に7歳児に対して実施され，翌92年には7歳児及び11歳児に対して実施された。1992年の7歳児向けのテストは約2万校で実施され，その結果，4人に1人の子供は助けなしで英単語が読めず，3人に1人の子供は6プラス2のような基本的計算ができなかった。サンデー・タイムズ紙が25万人の7歳児を分析した結果によれば，基本能力において英語は22.9％，数学は22.2％，理科は12.1％の子供が水準に達していなかったという[29]。

　教育は短期間で完成できるものではない。カリキュラムを作成したからといっても数年間では子供の能力が格段に向上することは期待しがたい。しかし，子供の三つのRに代表される基本的知的能力を開発するならば，やがて教育水準の底上げの努力は報いられるであろう。

　カリキュラム問題以上にイギリス教育界を震撼させたのはオプティング・アウト政策であった。1988年教育教革法は，公立学校の生徒の両親の秘密投票による国庫助成校へのオプティング・アウトを定めた（第60条）。オプティ

---

28) *Ibid.*, p. 597.
29) *Sunday Times*, 29 November, 1992.

ング・アウトを決めた学校は，国立学校になる6ケ月以前に教育相に申請書を送らなければならず，またオプティング・アウトの投票率と投票結果や，学校の性格，地位その他の情報を教育相に伝えなくてはならない（第61・62条）。

では，実際にどれぐらいの学校がオプト・アウトしたであろうか。1988年では，全部で12校が投票を行い，10校がオプト・アウトした。1989年前半では，31校が投票を実施し，20校がオプティング・アウトに賛成した。このうち，1989年9月から国庫助成校になったのは18校，1月で2校，7月までに10校，全部で30校であった。全国の小中学校は約7500校であったから，0.4%の学校が最初の1年でオプト・アウトしたことになる。すべての学校が渡りに舟とばかりにオプト・アウトしたわけではなかったのである[30]。

国庫助成校への移行を促すため，1990年の保守党大会でジョン・マクレガー（John MacGregor）教育科学相は，国庫助成金の大幅増額——3万ポンドから6万ポンドへ——を約し，またオプト・アウトする時の小学校の規模の条件——生徒数300人以上——を取り外した。こうした懸命の努力の結果，1990年9月から翌年7月までに204校が投票を行い，162校がオプティング・アウトを支持するに至った。こうして，1992年4月の総選挙までに，217校が国庫助成校となる許可を政府から得た。

助成校への移行を公式に承認された217校のうち，74校は総選挙の直前，8日前に一挙に許可されたものであった。準備期間を含め，前年の8月末までにオプティング・アウトを決定する必要があるとの教育科学省の献言は無視され，2月にオプティング・アウトを決定した39校，3月に決定した35校が，わずか数週間の準備期間の後，国庫助成校への移行を認められた。性急さは隠しようもなかった。それでもトータルで3%弱の学校が国立学校となったにすぎない[31]。サッチャーは国庫助成校への移行促進政策は全国カリキュラムと比べて成功していると回顧録に述べているが，事実の上ではそれほど成功しているわけではないと言わざるをえない。

---

30) Rogers, *op. cit.*, pp. 63-64.
31) *Ibid.*, pp. 62-68.

第2節　改革の断行

　"改革の断行"という見出しにふさわしい内容の改革は，改革法最後部にあるILEA（内ロンドン教育局）の廃止であろう。改革法を概観したところで述べたが，この法律は1990年4月1日を期限として，ILEAの全機能を無効とし，ILEAを廃止し，すべての機能をより小さな行政単位であるロンドン行政各区およびロンドン市に移行することを規定していた。

　ILEAは，職員の配置換えに大変な苦労を強いられた。またILEAは予算を超過執行していたので，ILEAの機能を分化分担することとなった区とロンドン市は財政的危機に陥った。政府は4年償還ものの臨時予算を交付し，ロンドン市と区の財政的困難を乗り越えさせようとしたのである[32]。

　現実に官僚が働いている役所たるILEAを，サッチャー政府はどのようにして廃止することができたのであろうか。このように画期的な行政改革の断行ができた理由としては，何よりもサッチャー政府の強い意思と長年にわたる周到な準備が考えられる。

　大ロンドンの教育のすべてを管轄権におさめるILEAは，長い間保守党指導者にとって改革の対象であった。サッチャー自身も，「急進左翼の支配するILEAは，他のどの地方よりも予算を使いながら，最底の教育水準しか達成することができない典型であった[33]」と激しい敵意を隠さなかったし，ベイカー教育科学相もILEAへの不快感を明確に表明していた。特にベイカーは，1980年に当時の教育科学相カーライル（Mark Carlisle）に依頼され，ILEAに関する報告書を作成した。公表されるに至らなかったこの報告書には既にILEAは廃止されるべきと書かれてあった。1983年の総選挙綱領で大ロンドン市議会（Greater London Council=GLC）の廃止を公約した時，ベイカーはILEAも同時に廃止すべきことを主張したけれども，政府の一致を見ず断念した。

　GLCの常置機関の一つとしてILEAは存在していたわけで，GLCが廃止されるならその事務局も廃止されるのが当然という考え方は十分ありえた。実際ILEA以外の事務局は存続しなかったので，大ロンドンを管轄とする役

---

32) Ed. Savage, *op. cit.*, pp. 140-41.
33) Thatcher, *Downing Street*, p. 590.

所としてはILEAのみが残された形となった。

教育科学相に就任したベイカーはILEAの廃止に向け最大限の努力を傾けた。GLC廃止法に規定されていたILEAの選挙による再編が実施された後でも，ベイカーの意思は全く変わらなかった。こうして，1987年に教育改革法案が提議された時，ILEAの廃止はその改革の1項目として上呈されたのである[34]。

ILEAは保守党が政権を掌握した時から標的となり，世論のILEA批判が高まりつつあった。1988年の世論調査では，大ロンドンの生徒の両親は52％，住民全体では63％がILEAの廃止を支持するに至った[35]。GLCが廃止され，生徒の成績は向上せず，世論にも背を向けられた形となったILEAは，廃止を決定されれば従う以外に道はなかった。

無論，サッチャー首相とベイカー教育科学相の主導したILEA廃止を批判する識者も多かった。批判は大旨どのような教育が望ましいかという教育論よりも，サッチャー政府の強権的政治手法に向けられていた。たとえばマクヴィカールは，「ILEAの廃止ほどイギリスの地方自治体が中央権力に隷属していることを示す実例は他にない」と評している[36]。

第3節　サッチャリズムの教育理念

教育改革に見られた諸政策は，どのような教育理念に基づいていたのであろうか。まず指摘すべきこととして，サッチャーおよびサッチャー主義者は，戦後イギリスで確立しつつあった「進歩的教育」に対して，反感を覚えつつ，実際には進歩的な時代の波に従ってきたはずであった。

19世紀ドイツの教育学者フレーベル（Friedrich Froebel）は，近代的幼稚園を創設するにあたり，「すべての教育活動の第1の根源は子どもの諸々の本

---

34) Baker, *op. cit.*, pp. 222-27.
35) *Ibid.*, p. 228.
36) Malcolm McVicar, 'Education Policy : Education as a Business ?', ed. by Savage and Robins, *op. cit.*, p. 141.

能的・衝動的な態度および活動に存するのであって，他人の観念を借りるにせよ，或は本人の感覚にうったえるにせよ，とにかく外部的な材料を提示し，適用することに存するのではない[37)]」ということを教育的方法の基本原理とした。

　フレーベルを高く評価したデューイ（John Dewey）の教育思想は，大戦間の時代からイギリスでもてはやされていた。進歩的教育の中核的内容は「子供中心の教育」ということであり，大戦間に設立された極端な進歩主義の学校では，子供が受けたいと望む授業だけに出席すればよいことになっていたと言われる。

　戦後のイギリスで教育理念の上で重要な役割を果たしたものの一つに，1967年にプラウデン女史を委員長とする委員会が作成したプラウデン報告（Plowden Report）がある。小学校教育のあり方について献言されたこの報告によると，クラスの大きさは固定的でなく，学年の違う生徒との学習や小集団での学習が奨励され，特別企画や道徳や"自由表現"の科目が重視され，通常の基礎的科目の学習は重視されなくてもよいこととなった[38)]。

　進歩的教育の最も極端な例は，恐らく「人種平等開発計画（Development Programme for Race Equality）」であろう。この計画の下で，「子供たちは文法やスペリングなど"ブルジョア的"教育水準の向上を目指すのではなく，自分たちの言葉がどれほど標準的英語からかけ離れたものであれ，"自然に"話す言葉で"自らを表現する"よう"しむけ"られた[39)]。」一言でいって，この時代の教育の原理は，いかなる人種も事実上平等であると主張しようとした点で「結果の平等」を目指すものであったと思われる。

　「結果の平等」はレベルアップを保証するものではなく，1970年代に入ると親たちは，子供の基礎的学力の欠如に対する不満を募らせていた。サッチャーは，この進歩的教育の理念を覆し，初・中等教育を急進左翼の手から保守党にとりもどそうとしたに違いない。そこでサッチャーが主張したのが

---

37) ジョン・デューイ，『学校と社会』，宮原誠一訳，岩波文庫，1957年，121—22頁。
38) Chitty, *op. cit.*, p. 75.
39) Shirley Robin Letwin, *The Anatomy of Thatcherism*, London, 1992, p. 231.

"教育水準の向上"と"親の選択権の強化"というスローガンであった。さらにサッチャーは「分権化（Decentralisation）」を加えたけれども，この目標は，他の二つと比べて明白さに欠ける要素を含んでいた。地区教育局（LEA）の影響力をそいで親たちの決定権を強化することは"分権化"かもしれないが，それはまた，オプト・アウトした場合，学校は直接政府と教育科学省（DES）の管轄下に置かれることになるから，"中央集権化"とも言いうるものであった。

　教育改革の諸政策と，「レベルアップ」と「親の選択」と「分権化」という三つの目標との関連を考えてみると，まず教育水準向上のためには，全国カリキュラムの設定，オープン・エンロールメントの導入，頭割りの予算配分，教師の再訓練計画などが考案された。全国カリキュラムは，何をどの年齢で教えるべきかの基本的な共通認識を教師に与え，教師の専門的な再訓練は教師の資質の向上を促し，オープン・エンロールメントと頭割り予算は，他校より評判が悪ければ生徒も入学しない，予算もつかないということで，各学校に競争原理をもたらし，ひいては教育水準を上昇させることが期待された。

　親の選択権の強化のためには，オープン・エンロールメントの他に，オプティング・アウトが導入された。親たちが秘密投票により，地方公共団体の管轄の公立学校から直接国庫から予算を受ける国立学校にオプト・アウトすることができることは，学校の性格決定の主役がLEAから親に移行したことを意味する。この他，生徒数200人を越すすべての小学校には，予算の編成・使途，教職員の任免など幅広い権限を持つ理事会（Governing Body）を設置し（1986年教育法），オプト・アウトしたすべての小・中学校には自主管理委員会（Local Management of School）を設置し，選挙によって選ばれた親の代表がこれらに加わることとなった。

　三つ目のスローガン，分権化についてはLEAの権限を縮小することになるすべての政策があてはまる。オプティング・アウト，ILEAの廃止，理事会の権限強化などがこの政策として挙げられよう。

　ところで，以上の三つの基本目標，多くの政策は，サッチャリズムの基本原理から見るとどう評価しうるであろうか。私見によれば，教育改革の際に

見られた原理的課題は，第1に国家干渉か不干渉かということであり，第2に消費者と供給者の間で競争を起動力とする市場の論理が教育界に適合しうるか否かということであり，第3に機会の均等な選択自由か機会の均等か結果の平等かということであり，第4にエリート主義の良否ということであった。

第1の国家干渉について，サッチャーが自ら気付いていたか否か定かではないが，全国カリキュラムの設定・精緻化は，干渉主義の政策であり，教育省も望むところであったと思われる。無論，労働党も異論があるはずはなく，反対意見は急進左翼の牛耳るLEAと進歩的教育の家践家から提出されたぐらいであった。問題はカリキュラムの中味であり，サッチャーは，カリキュラムについて議論を深めようとすれば，さらなる国家干渉に踏み込むこととなった。結局，サッチャーの望んだ全国統一カリキュラムは，数学でいえば，1けたの数字の計算のようなものであり，あまりに煩瑣な内容については否定的であったのである。

ベイカーの回顧録は以上の経緯を次のように描いている。

> 「首相は，美術と音楽のカリキュラム作成委員会の席で，『私自身，学校で美術と音楽を大いに楽しんだものだわ』と語った。つまり，これらの科目に先に予定された学習項目を作る必要はないと信じているようであった。彼女はまた，歴史，地理，技術などは主要3科目—英語，数学，理科—と同じようなカリキュラムは不要と考えていた。主要3科目さえ力を入れればよいというようなカリキュラムは19世紀には適していても，とても21世紀に適合するものではないと私には思われた。私は全部の科目にカリキュラムを用意しなければ，教育水準の向上に資するところはほとんどないと同僚と首相に力説した[40]。」

第2に教育界に市場理論を導入するとは，要するに供給者たる各学校にその評判を競わせることであり，消費者たる父兄と生徒は最良のサービスを選ぶことができる。この方式がテストの結果を押し上げることはほぼ推測することができる。しかし，今までの進歩的教育は完全に取りやめなくてはならない。また，テストの結果を向上させるために教育の現場たる学校はぎすぎ

---

40) Baker, *op. cit.*, p.196.

すした人間関係を教師と生徒，生徒同士にもたらすであろう。しかし，教育水準の向上が目標である以上，オープン・エンロールメントもオプティング・アウトも，サッチャリズムの原則通りの政策と言ってよい。

　第3に，機会の均等について，サッチャーは，公費の支出が拡大することは承知の上で保育所の増加・充実を主張したこともあり，機会の均等な選択自由を支持していたと思われる。一方，1960年代以降，労働党が推進してきた機会の均等と称して学校の入学定員を定め，誰もが中等教育を受けられるようにし，中学が実績を上げなくても運営上問題ないという教育のあり方に，サッチャーは強く反対したのである。ここでも，サッチャーが認める機会は，出発点のみであり，小学生であれ，中学生であれ，特別に優秀ならば選ばれて，水準の高い学校に奨学金付きで転校することができる制度（Assised Places Scheme）を政権掌握の翌年導入した。

　第4に，オプティング・アウトも特別奨学生制度も，"選抜"に勝ち抜くことを前提とする意味で，エリートの養成と言えなくもないが，真のエリート教育は伝統的に私立のパブリック・スクールにより実施されている。サッチャー政権11年間で，私立学校は全く改革の対象となっておらず，サッチャーは公立の初・中等教育の水準を底上げさせることにより，優秀な労働力を産業界に送り出す体制を考えているのであろう。つまり，イギリス教育の伝統的エリート養成は温存しつつ，これまで放置されていた均質の準エリートの育成を急ぐというのがサッチャーの教育政策の眼目であったと思われる。

　反サッチャリズムの立場から多くの学者がサッチャリズムは「国民を二つに分裂させる主義」と批判してきた。例を挙げよう。

> 「この政府の政策は，生産的対非生産的，裕福対貧乏，北部対南部，被雇用者対失業者等の社会的亀裂に複雑で多様な衝撃を与えている。……（中略）……徐々にトーリーのポピュリズムは，特権を与えられた"良き市民"あるいは"勤勉な人"を一つに統一し，そうでない人々，つまり内ロンドンを越えた静かで従属的な人々や，イングランド南東部以外で非熟練工を多く含む民族的少数派の人々に対決させようとしている。この意味で，われわれはサッチャリズムと

は"二つの国民"創出計画であると見ることができると断ずる[41]。」

　1988年教育改革法は，この論文に見られるような"二つの国民"の架橋となるべき政策であると考えられる。しかしながら，改革法は，教育水準の向上による国民的統一に成功を収めたとしても，別の意味での"二つの国民"を自明のものとしていると言わねばならない。つまり，パブリック・スクールなどから成長してくる伝統的エリートと，公教育を受ける広範な人々の二つの国民をサッチャーは否定しない。しかし，改革が不首尾に終わると，公教育を受ける生徒の中で競争の勝者と敗者との分裂が生じ，結局"三つの国民"が現出することになる。これはサッチャーとしても望まない結果であるに違いない。いずれにしろ，サッチャーが「1つの国民保守主義」の潮流に属さないことは確かであろう。

　以上，教育改革の基本方針，政策，サッチャリズムの原則との関連について述べてきた。最後に，サッチャー首相がこの教育改革で真に為し遂げたかったであろうことに一言しなくてはなるまい。「親の選択」等さまざまな表現を用いはしたものの，改革におけるサッチャーの真の標的は，急進左翼の影響を消滅させることであったと思われる。ILEAの廃止については，行政簡素化の大義は存するものの，ILEAが左翼の牙城になっていたことを看過することはできない。LEAの権限も次から次へと削減されていったけれども，この施策はLEAの多くは労働党系であったという事実と無関係ではありえない。

　ブラウンは，「親の選択」について次のように批判している。

　　「両親の支配（Parentocracy）は，公平でもなければ国民的利益に合致するわけでもない。強引な両親支配は教育的配慮からではなくむしろイデオロギー的考慮から打ち出された。この支配は，イギリス教育界の直面する社会的・教育的，経済的問題を解決することにはならないであろう[42]。」

---

41) Bob Jessop, Kevin Bonnet, Simon Bromley and Tom Ling, *Thatcherism*, Cambridge, 1988, p. 87.
42) Ed. by Phillip Brown and Richard Sparks, *Beyond Thatcherism : Social Policy, Politics, and Society*, Milton Keynes, U. K., 1989, p. 45.

サッチャーは，親の裁量権を確かに拡大したけれども，サッチャリズムにあっては教育改革の決め手は，結局親ではなく，教育省であり中央政府ということなのであろう。

おわりに

イギリスの教育改革は，強烈な LEA（地区教育局）への圧迫を別とすれば，大旨，社会のニーズに応ずるものであった。進歩主義の教育理念は，"平等"と"子供中心"ということであり，あるいは"ゆとり"とか"子供の自由"というものであり，ここから進学校たるグラマー・スクールの廃止運動が生じ，学業成績の軽視が生じた。そこで教育水準の向上と進歩的左翼の多いLEA を弱体化させるという政策がサッチャー政府の方針となった。

サッチャー政府のオプト・アウト政策も，「中庸」が適切であり，徹底して行われた場合，どれほどの混乱が発生するか予想しがたい。その意味で，ベイカーが自由民主党のパディ・アッシュダウン（Paddy Ashdown）を軽蔑的に批判した言葉があるけれども，アッシュダウンこそ中庸を重んじていることになりはしないであろうか。

> 「彼は両親の権力を認めています。が，ほどほどにです。彼は選択を望んでいますが，ほどほどにです。彼は自主管理予算を認めていますが，ほどほどにです。彼は優秀さを望んでいますが，ほどほどにです[43]。」

サッチャーは大多数の国民に全国カリキュラムを与えた。彼女自身は，横一線の教育でなく，大いに生徒を競争させ，学校を競争させ，教育水準の向上を図ろうとしたのであるが，結果として，公教育の全体的な底上げをし，中産階級予備軍の育成をはかる改革となったことは否定しがたい。結局，サッチャー政府の教育改革の位置づけは次のベイカーの党大会での講演が示す通りなのであろう。ベイカーはこう述べている。

---

43) Baker, *op. cit.*, p. 231.

「私たちは，疲れたフェビアン主義者や色あせた社会主義者のいう，イギリスは帝国の経営にはもうふさわしくないなどという警告に耳を貸すのはやめましょう。一体誰が，この新しい世界に必要な技術的競争力を私たちの子供から失わせてしまったのでしょうか[44]。」

---

44) *Ibid.*, p. 252.

第9章　デイヴィド・キャメロンの試行錯誤

イギリスでは，ゴードン・ブラウン（Gordon Brown）労働党政権に対して，デイヴィド・キャメロン（David Cameron）率いる保守党の優位が確実になっている2009年8月の今日，次期総選挙ではどちらが政権を掌握するかではなく，いつ首相が交代するのか，あるいは選挙結果はどのような大差になるのかにもっぱら関心が移っている。

ゴードン・ブラウンは，トニー・ブレア（Tony Blair）前首相が2007年6月27日に辞任した後を継いで即日，首相に就任した。ブラウンは就任直後，同年秋に総選挙を実施すると発表したにもかかわらず，10月に国民の支持率が激変して労働党の支持率が保守党を下回ったのを見て総選挙の延期を決めた。その後労働党政権への支持が低迷し，2009年8月，下院の任期が1年を切っても一向に総選挙を挙行する気配はない。5月下旬の時点で官邸筋から2009年10月実施説を新聞にリークしているが，そしてまた新聞の社説などでは，事情によってもっと早期の首相交代から総選挙実施がありうると予想しているけれども，実際には多くの人は結局任期切れ直前2010年5月の実施になるのではないかと考えている[1]。

---

1) 2008年8月以後2015年12月までに，2010年5月6日及び2015年5月7日に，二度総選挙が実施された。2010年の総選挙の結果は，650議席中，保守党が307議席（97議席増，36.1%），労働党258議席（91議席減，29.3%），自由民主党57議席（9議席減，22.9%）であった。どの政党も過半数に達しないハング・パーラメントとなり，保守党は，自民党と連立政権を組んで，政権を運営することとなった。2015年の総選挙では，再びハング・パーラメントが出現するという大方の予想（ほとんどすべてのメディアがそう報じていた）を覆して，保守党が過半数を制し，保守党の単独政権が成立した。総選挙の結果は，保守党が331議席（24議席増，36.9%），労働党232議席（26議席減，30.4%），自民党50議席（7議席減，4.7%）であった。Cf. Dennis Kavanagh & Philip Cowley, *The British General Election of 2010*, Hampshire, U. K., 2010; Do., *The British Election of 2015*, Hampshire, U. K., 2015.

ブラウン政権は，2009年になっても国民の評判が芳しくない。世界同時不況の真っ只中でイギリス経済も不況に苦しみ，しかも3月には労働党政府高官が1月から保守党領袖の名誉毀損にあたる中傷記事をウェブサイトに載せていたことが暴露され，外交で高得点を挙げようと張り切って臨んだ4月初めのロンドンG20では，警察が抗議デモ参加者を殴ったことが直後の死亡をもたらしたと批判され，ロイヤルメールの一部民営化（オランダの同業会社への売却計画）も国民の不人気を理由に断念することになり，ネパール・グルカ兵に対する退役後の移民規制の撤廃を全野党に迫られて容認するなど，国民の不人気を招く失策が続いた上に，国会議員の住宅手当不正使用スキャンダル[2]で大きなダメージを受け，ブラウン政権は，13年前完全なレームダック状態だったジョン・メイジャー（John Major）保守党政権の末期と酷似している。

　1997年にトニー・ブレアの労働党によって歴史的な敗北を喫して以来，12年の長きにわたり野党に甘んじてきた保守党は，今，復活の勢いをかさ上げしつつある。新しく体制を整えた保守党は，サッチャリズムの次にイギリスをどのように導こうとしているのであろうか。

　保守党党首キャメロンは，サッチャー時代に保守党本部の政策研究機関に就職しており，1990年代にはサッチャリズムの申し子と見られていた[3]。党

2）イギリス下院議員の年俸は2008年現在，64766ポンドと決められている。これはBBCの若手のニュースキャスターの年俸より低く，したがって，議員の出費を支援するための諸手当が定められており，地方選出の議員はACA（Additional Costs Allowance）として年間23083ポンドまでの金額で，ロンドンでの議員生活に必要な第二住宅の生活コストを請求できる。しかし，多くの議員はこの手当の規定を軽視し，実質的にロンドンに住んでいるのに，地方の住宅を第一住宅と登録し，ロンドンの住宅の諸費用を請求したり，ロンドンの住宅に別人を住まわせておきながら，その維持費を請求したりして，不正使用を続けてきた。これには，レシートなしでも受け取れるものがあったり，レシートの確認はないに等しいことから不適当な請求が行われる温床となるような制度的欠陥も見られる。議員はこの第二住宅維持費補助手当を年俸補助金と受け取り，ずさんな請求で受領し続けてきたものと思われる。Cf. The Complete Expenses Files, *The Daily Telegraph*, June 23, 2009.

3）キャメロンは1988年9月にCRD（Conservative Research Department）に就職し，サッチャリズムの政策を推進した。その後，1992年3月に保守党本部に職場を移したキャメロンは，1992年の第二次メイジャー政権で，ノーマン・ラモント蔵相の特別顧問に任命され，メイジャー首相からもウルトラ・サッチャライトと見られていた。

首となった今日でも，言葉の上では決してサッチャリズムを批判したりしないが，実際には，政治哲学の上でも政策の上でも，サッチャリズムと決別し，その枠組から大きく離れようとしているように見える。しかし，国民の声を聞くために2009年の新聞の声欄を拾い読みしても，サッチャリズムに対しては，厳しい批判の声とノスタルジアに似た声とが交錯しており，未曾有の不況下で，キャメロンの保守党による政治経済の舵取りは容易ではなさそうである。

一方，2008年5月にそれまで圧倒的な選挙強さを誇っていた現職ケン・リヴィングストン（Ken Livingstone）を破り，見事ロンドン市長に当選したボリス・ジョンソン（Boris Johnson）は，保守党の若手を代表する旗手の一人であるが，キャメロンとは政治手法も考え方もまったく異なる。キャメロンが宗教やモラルを重要視しつつ，ノブレス・オブリージュの伝統を遵守しようとするのに対して，ジョンソンは高級誌『スペクテーター』の編集者という知的な仕事をこなしつつ，破天荒な私生活を展開し，個人の自由を基底とする政治を標榜してきた。

対照的な二人の若き保守党指導者の政治哲学と実践を検証し，サッチャリズム，ブレアの政治指導と強烈な政治体験を経てきたイギリスの近い将来を占うことは，小泉政権によってミニサッチャリズムを体験したわが国の今後を考える上で有意義であろう。

第1節　キャメロンの生い立ちと政治哲学

デイヴィド・キャメロンは，久しぶりに生まれも育ちも保守党らしい指導者といえる。実際のところ，ここ四半世紀の保守党指導者の出自を見る限り，保守党は貴族の党であるとか大富豪の党であるとかのイメージは描きにくくなっていた。1970年代のエドワード・ヒース（Edward Heath）党首は立派な家庭での出ではあったが，父親は大工であった。よく知られているように，80年代のマーガレット・サッチャー党首は雑貨屋の娘であったし，90年代のジョン・メイジャー党首はサーカス一家の息子であった。

キャメロンの父方は，曽祖父の代に投資会社の共同経営者として裕福な中産階級となり，その後代々資産を増やし，バークシャー州のピースモアに邸宅を構え，今日でも長兄アレグザンダーの家族が両親と生活している。この家系は教育にも力を入れ，父親がイートン校からすぐに仕事を始めた以外，祖父も兄もデイヴィド自身もイートン校からオックスフォード大学を出た。兄は実業を，弟は政治を志したが，どちらも優秀な人材であると子供の頃から注目されていた。

 キャメロンの母方はもっと華々しい経歴を誇る。デイヴィドから数えて五代前のウィリアム・マウント以来，代々イートン校からオックスフォード大学を出て法廷弁護士になって保守党下院議員を勤めてきた。曽祖父の W. G. マウントが1880年の国勢調査に答えた記録によれば，500エイカーの土地を耕すために32人を雇い入れ，6人の子供の世話をするのに15人の召使を住まわせていたとある[4]。祖父 W. M. マウントは曽祖父の後をついで1900年にニューベリー選出保守党下院議員に無投票で当選している。18世紀以来バークシャー州の治安判事はマウント家の誰かが務めてきた。デイヴィドの母親メアリーは，結婚後もずっと治安判事として法廷に立ってきた。

 デイヴィド・キャメロンは1966年10月9日にバークシャー州ピースモアの田園にある大きな館で誕生し，イートン校からオックスフォード大学というかつてのお決まりの政治家養成コースで教育を受けた。＜かつての＞と書いたのは，今日ではこのようなコースで政治家になる人が多くなくなっただけでなく，キャメロンの＜影の内閣＞にイートン校及びオックスフォード大学出身が3名存在することが新聞で大々的に問題視されるのが今日の状況だからである。

 大学時代，性格が温和で，背が高く，ハンサムで大富豪となればもてて当然であるが，キャメロンは在学中女友達はもちろんいたものの，特に将来を共にする相手と付き合ったわけではなかった。特に優れた成績を残したわけ

---

[4] Francis Elliot & James Hanning. *Cameron : The Rise of New Conservative* (London : Harper Perennial, 2009), p. 7. 以下，キャメロンの伝記的情報は基本的に本書による。

ではないもののよく勉強し,選抜選手ではないけれども,テニスやクリケット,ゴルフに興じることがよくあった。ブリンドンクラブという美食を楽しむクラブに所属し,最高の料理を楽しむことも学んだ。キャメロンは,学生時代から疑いもなく,将来の政治家への道を模索していたと見ることができる。

キャメロンは,大学を卒業するとすぐ保守党本部への就職を決め,政策研究所に配属された。初出勤は1988年9月26日,サッチャー首相がベルギーのブルージュでEU不信の有名な演説をした6日後であった。90年に政治部に配属され実力を蓄え,同年,政策エキスパートとしてジョン・メイジャー首相の政策アドバイザーに登用され,92年の総選挙キャンペーンまでメイジャーに仕えた。92年からノーマン・ラモント(Norman Lamont)蔵相の政策アドバイザーとして情報分析,演説原稿作成,政策提言に従事したものの,93年にラモントが首相に更迭された後に,ハワード(Michael Howard)内相に仕えることとなった。ところが,ハワードも反EU政策を強調して首相を批判し,そのあおりでキャメロンはメイジャーから超サッチャライトと見られ,前途が危ぶまれようになった。するとキャメロンはさっさと方向を転換し,保守党の政治家のたまり場として名高いカールトン・クラブ[5]の広報担当として働き始めた。ここで,テレビの番組作りから,メディア対策,ジャーナリズムへの投稿などを経験し,政策プランナーの技量を磨いた。

7年の準備期間を経て,2001年の総選挙でキャメロンは下院議員に初当選した。この頃の保守党は低迷時代で,1997年にメイジャーが降板してから同年ウィリアム・ヘイグ(William Hague),2001年にイアン・ダンカン・スミス(Iain Duncan Smith),2003年にマイケル・ハワードと指導者交代劇を繰り返しており,こうした失意の状況下で,2001年の総選挙では実は保守党の政治家の世代交代が着々と進んでいた。やがてキャメロンの盟友となる,キャメ

---

[5] 1832年に保守党の政治活動の拠点として創設されたカールトン・クラブは,今日でもSt James's Streetに存在し,保守党の支配下にあるが独立採算の会社経営をしている。ちなみに,男性のみの会員制を続けてきたが,キャメロンの強い意向で2008年5月に史上初めて女性の会員受け入れを決定した。

ロンよりさらに若いジョージ・オズボーン（George Osborne），本章で取り上げている現在はロンドン市長のボリス・ジョンソンもこの年下院に初当選を果たしている。

　2005年5月，保守党は3回続けて総選挙に敗れた。直後，ハワード党首が辞任を宣言し，新しい党首の選任作業が始まった。キャメロンはこの時，保守党の党首選挙に立候補したが，しかし，もちろん本命はキャメロンより経験豊かな政治家，デイヴィッド・デイビス（David Davis）と目されていた。ほかに立候補したケネス・クラーク（Kenneth Clarke）はサッチャー時代から活躍している大ベテランであったし，リアン・フォックス（Lian Fox）は1999年から影の内閣の閣僚の地位にあり，2003年から党の議長を務める働き盛りの政治家であった。この党首選挙でキャメロンには少なくとも3つの弱点があった。第1は，彼の出自が他の議員のやつかみを招きやすいこと，第2は39歳という若さ，第3はキャメロンがウルトラサッチャライトと見られていたことであった。第1の問題はいかんともしがたいけれども，第2，第3の問題に対しては，キャメロンは見事なカウンターパンチを用意した。政策能力に対する不安に関しては政策見直しチームを形成して，選挙で勝てる政策を練り直した。実際，この時キャメロンが示した政策が保守党の基本的な政策となった。若さへの不安については，周到に準備した演説ぶりを党大会で披露し，用意した演説メモを一度も見ずに堂々と主張を展開して老練な政治家の片鱗を見せ，議員と党員の支持を一気にひきつけることに成功した。投票はデイビスとキャメロンの決選投票にもつれ込んだが，結局，党大会での演説を高く評価した全国の党員の圧倒的な支持を得て，キャメロンが最終的に圧勝したのである。

　最大野党党首となったキャメロンは，まず政策の見直しを確実に推し進めた。サッチャリズムの申し子という立場を隠さず，自らサッチャー首相のファンであることを認めつつ，しかしサッチャリズムに心酔するサッチャライトではないと自分の立場を説明し，微妙に立場を修正していった。2007年の時点ですでにキャメロンは新しい政治原則を打ち立て，次期の首相になるべく怠りなく準備を重ねている。2007年10月にベルリンで開陳したキャメロン

の演説を聞いてみよう。

　「現実主義と理想主義のバランスは私の信ずる次の主義によって到達できると思います。自由主義的保守主義——市民の諸権利，民主主義，多元主義，法治主義，進歩，持続的安全を信ずるがゆえに自由主義的であり，人間性の複雑さを理解し，ユートピア主義を懐疑的に見て，自己の価値観をまじめにかつ現実的に追及するがゆえに保守主義であります[6]。」

　"思いやり保守主義"はアメリカのブッシュ，jr. 大統領が唱えたもので，キャメロンがそのエッセンスをとって，自由主義的保守主義を主張していることは明らかであろう。キャメロンと政策形成チームは，国民の求めるものがどこにあるかを探究し，個人の自由を基本とするサッチャリズムの価値観を継承しつつ，"一つの国民保守主義 one-nation conservatism" の理念あるいは福祉の充実を承認するトーリー主義の価値観の導入を図った。国民の求めるものに適応しようとする政治姿勢一つを取り上げても，独断が多かったサッチャー時代とはまったく異なることがわかるであろう。逆に，キャメロンとそのチームの政策形成に関しては，選挙民に迎合するポピュリズムに傾いていないかとの観点から検討を加える必要があるかもしれない。

　こうして，かつて自由市場経済に賛同し，EUから距離を置き，移民を制限する政策を支持したキャメロンは，いまや，NHS（国民医療制度）の充実，性急なロイヤルメールの民営化に反対を唱え，イギリス軍に属したネパール人グルカ兵のイギリス居住権を認めるなど，保守党の政策をサッチャリズムから大きく転換し，中道寄りのものとした。この作戦は，12年前にトニー・ブレアが保守党の経済政策を自家薬籠中のものにしたように，今度は保守党が労働党の社会政策を取り込んで選挙民の支持を勝ち取ろうとしたものといえる。新しい保守党の原則を尋ねられてキャメロンは次のように答えている。

　「トニー・ブレアは，正当にも，階級闘争などの過去を振り向かず，向上心に満ちた一つの国民形成の必要を確信しました。……経済に関して大胆な改革を実行し，小さな政府を樹立したサッチャー保守党政府と同様に，私が今語って

---

6) Elliot & Hanning, op. cit., p. 351.

いるのは，大胆な改革を（労働党の得意とする――筆者）社会政策において実現しようとするのが私の保守党だということです[7]。」

第 2 節　ジョンソンの登場

　2008 年 5 月 4 日，それまで圧倒的強さを誇っていた現職を破り，新たにボリス・ジョンソンがロンドン市長の座を射止めた。この市長選挙は幾重にもいわくのある格別の選挙であった。まず，ロンドン市長が長期間存在しなかったことがおかしなことと思われるが，サッチャーが首相のとき（1986 年），市長不存在どころか現存した大ロンドン市議会と市庁全体が廃止された。これは，日本で言えば，東京の 23 区の区議会があるし，国会があるのだから，都議会と都庁は不要とするのと同じことであった。サッチャー政権の政策執行により，大ロンドン市議会議員はすべて職を失い，市庁職員は市内のボロ（borough＝区）や郊外のカウンティに配属されたり退職したりした。しかその後 1997 年にトニー・ブレア政権が政権を取るとすぐに市議会と市庁を復活させる準備をはじめ，2000 年には市議会と市庁を復活した。ブレア政権は同時にロンドン市長を新しく設置した。ケン・リビングストンが 2000 年にロンドン市長選挙に，労働党下院議員から立候補しようしたものの，ロンドン市民の強い支持があったにもかかわらず労働党の公認が得られず，結局無所属で立候補して保守・労働の政党からの両公認候補を破って当選した。そして初代のロンドン市長として臨んだ 2004 年の第 2 回目の選挙では，労働党公認候補を勝ち取り，連続当選を果たした。

　保守党は三度目の市長選挙を断固勝つために，現職の下院議員で高級雑誌『スペクテイター』の編集者ボリス・ジョンソンを候補に立て，一大キャンペーンを張って重要なポストを手に入れることができた。ジョンソンは，異例ながら国会議員とジャーナリストの現職のまま，第二代ロンドン市長に就任したのである。

　ボリス・ジョンソンは，セレブリティといえばそうであるが，きわめて特

---

7) Dylan Jones, *Cameron On Cameron* (London : Fourth Estate, 2008), pp. 306 & 309.

異な生い立ちで,キャメロンとはある意味で対照的と言ってよい。キャメロンが家系的にも生い立ちの上でもイギリスを代表するセレブリティであることは議論を待たないが,ジョンソンは,まず家系の面から見て本人が認めるように,自分ひとりの中で"人種の坩堝"のような存在であった。まず父方の曽祖父アリ・ケマルはれっきとしたトルコ人ジャーナリストで,近代トルコを建設したケマル・アタチュルクの革命政権内で1919年5月に内相に抜擢されたものの,1922年にアタチュルクが政権を掌握した後,ジャーナリズムに戻り,民族派の運動を批判したため革命軍に誘拐され,直後に私刑により処刑された。イギリス人の曾祖母が産褥で死亡し,残された祖父が後に名前をイギリス風に変え,フランス貴族の血筋の女性と結婚したため,ジョンソンの名前の一部にその片鱗が残っている。(彼の正式名は Alexander Boris de Pfeffel Johnson) 一方,父スタンリーが結婚したシャーロットの母親はユダヤ人であった。数世代遡る中にスイス人,オランダ人もつながっており,まさにボリス・ジョンソン自身が坩堝的存在(one-man melting pot)であると実感できる。

　ボリス・ジョンソンは,両親が奨学金を得てニューヨークに留学している間の1964年6月19日に生を享けた。母親シャーロットはオックスフォード大学に戻るためイギリスに帰国し,かなり重度の聴覚障害があったボリスを手元において手厚く教育した。9歳のとき,ボリスは父親スタンリーの欧州委員会への就職に伴い家族とともにベルギーに移り,ブリュッセルの学校で優秀な成績を示し,1975年11歳の時イースト・サセックスの学校でよい教育環境に恵まれた。その後,イートン校からオックスフォード大学に進み,ギリシャ語,ラテン語,古典を学び,大学でも抜群の成績を残した。大学時代,彼は一方でキャメロンと同じ美食団体ブリンドンクラブに所属してぜいを尽くした食事の体験も積み,他方で学生政治団体のオックスフォード学生自治会連合の会長に選ばれるなど,知的・社交的・政治的に極めて活発な日々を送った。

　弁論術,文章力,古典知識など能力にあふれたボリス・ジョンソンであったが,キャメロンと異なり,ジョンソンにはイートン校の校風,オックス大

学の慣習など意に介さない，大胆というか不敵というか，風変わりなところがあった。彼は大学にはベターハーフを探しに来たのだと友人たちに広言し，身なりは一向気にしないで，学ぶときは真剣に学び，言いたいことがあれば歯に衣着せずに言いたいことを言い切るところがあった。競争心をむき出しにし，権力志向を一切隠さず，将来の志望は英国首相と断言する性格で，当然というか，結果的にというか，彼はいつも一匹狼的存在であった。

才気にあふれるジョンソンは，就職探しに苦労することはなかった。1987年，大学卒業後経営コンサルタント社に勤め始めるが，不向きと判断すると直ちに，つまり1週間後に職を辞し，ザ・タイムズ新聞社に入社し，1年たたないうちに原稿書きに関する不祥事件を起こして解雇されるや，ザ・デイリー・テレグラフに移り，1989年から5年間，同紙のブリュッセル駐在員として健筆を振るった。彼は94年から38歳の若さでデイリー・テレグラフの副編集者に昇任し，同時に雑誌『スペクテイター』の編集員に抜擢され，コラムを担当した。さらに99年には同誌の編集長に就任し，2001年にはジャーナリストの職業を継続しつつ，保守党から下院議員に当選したのである。

ジョンソンの演説，テレビ出演，政治批評のどれも国民に高く評価され，当選1期にもかかわらず，新聞によく投稿し，しばしばテレビに登場して辛口の批評をする彼は，すぐにおおかたの大臣よりも知名度の高い若手政治家になっていった。一つには，彼の極めて目立つ黄色の毛髪と若者のような髪型の風貌が多くの人の関心を集めるのと，彼の物言いが通常の政治家と異なるいわゆる直截的快刀乱麻で人の関心をひきつけることが，急激に彼を国民的有名人に押し上げた要因ではないかと思われる。優れたジャーナリストである彼は，自らのプロファイルを高める術を熟知しているように思われる。

ただし，ジョンソンに問題がないわけではない。というか，彼は，ジャーナリズムにおいても私生活でも党活動でも大いに問題を引き起こしてきた。たとえば，リバプール事件では，2004年10月14日発行の『スペクテイター』で，ある筆者が，イラクで殺害されたリバプール出身のイギリス人人質に対するリバプールの人々のセンセーショナルな反応を批判し，次のように述べたとき，編集者のジョンソンに一斉にリバプール人の激怒が向けられ

た。

　「ビグリー氏殺害に対するリバプールの極端な反応は，彼がリバプール出身ということに由来する。……わが国がEUに加盟した結果の影の部分を代表する造船ドックの経済的不幸と，過度の福祉待望主義とのコンビネーションが，特異な全然魅力のない心理作用をリバプール人に形成したのである[8]。」

　ジョンソンは，編集長としてリバプールに赴き，自分が書いたものではないなどとは言わず，率直に謝罪した。

　ジョンソンを語るとき，省略することが困難なのが私生活の問題であろう。結婚と離婚を繰り返すのは，いまや有名人でなくとも，世界中で見られる現象で驚くには値しない。彼は，学生時代の恋愛相手と強引に結婚し，数年で別れた。離婚成立の1週間後，再婚したジョンソンは，子供を4人もうける間に，労働党下院議員の娘で『スペクテイター』で働いていた女性と不倫問題を起こし，そのことが2002年2月8日の新聞デイリー・メイルで暴露され，大問題となった。この政治家の不倫問題は，翌年相手の女性ペトロネッラが妊娠し，中絶するに及び，社会問題に発展した。しかし，ジョンソンは特異な信念の持ち主で，自著にその信念を隠さず書いている。

　「婚外の性交渉は直ちに政治問題になると人は言う。……そのような行為は"悪い見本"だとマスメディアは書き立てる。……しかし結婚生活の破綻，不適切行為の増加は，往々にして女性の解放，失業，および福祉国家の充実に原因があるのであって，それらが夫たるものの役割を侵食したことが直接原因と見るべきである。メディアは故意に問題を複雑化し，人々のやつかみをかきたてている。
　そうだ，やつかみなのだ。われわれはなぜ政治家に若い女性が惹きつけられるのか知っている。それは，彼らにそれだけの力があるからであり，その力をわれわれは彼らに与えたのである[9]。」
　「クリントン大統領の発言は，性に関するウソであった。われわれはその種のウソは避けたいが，時にはそれが許されることがあることも，あるいは神のみ

---

8) Andrew Gimson, *Boris : The Rise of Boris Johnson* (London : Simon & Schuster, 2006), pp. 193-194.
9) Boris Johnson, *Lend me your ears* (London : Harper Perennial, 2004), pp. 419-420.

ぞ知るだが，時にはそれが望ましいことがあることも承知している[10]。」

　ジョンソンは，情事の発覚が党活動に及ぶということを体験した。保守党党首マイケル・ハワードは2004年11月のある日ジョンソンを呼び出し，情事の真偽について問いただし，ジョンソンが断固として否定するのを見て，処分を思いとどまった。しかし実は新聞報道は事実であったことが判明すると，ハワードは，情事の有無についてではなく，党首に対して虚偽の発言をしたことへの反省を求め，ジョンソンが政治家の私生活と政治実績とは無関係であって，私生活に関するウソをつくことは許されているとの信念から一切の反省行為を拒否すると，党の責任職のすべてを解任し，ジョンソンを更迭した[11]。

　ジョンソンは，2005年秋に2歳年下で頭脳の明晰さでは高く評価していないキャメロンの党首擁立に賛同し，党首選挙でキャメロンを積極的に支援した。党首に選出されたキャメロンは，一筋縄ではいかないジョンソンに対して，ジャーナリズムの仕事を続けていることを理由に影の内閣ですぐには要職に登用しなかったものの，結局，党首に就任した年の暮れには，ジョンソンを影の内閣の高等教育担当相に任命した。

　さらに，キャメロンは，リヴィングストンに勝てる知名度と実力を兼ね備えた保守党政治家として，ジョンソンを指名し，それを受けたジョンソンが2008年にロンドン市長に当選したことはすでに述べたとおりである。

　ジョンソンの政治家としての真価はまだこれからというところであろう。ジョンソンの政策といっても下院議員を1期務め，2期目の途中で辞職したので，独自の政策は未定と言ってよい。ただ，ロンドン市長としては，市の最高責任者であるだけに，市行政の独自性を見て取ることができる。

　ジョンソンのロンドン市政の特色は，第1に，市長がよく市民に姿を現す

---

10) Ibid., p. 418.
11) 更迭と言っても，影の内閣でのことであり，ジョンソンは引き続き下院議員であった。実際，翌年5月の総選挙では，ボリス・ジョンソンだけでなく，父親のスタンリー・ジョンソンも，落選はしたものの保守党から選挙に立候補することができた。Gimson, op. cit., p. 232.

ことである。自らテレビやラジオのインタビューによく出演し，工事現場や社会問題となっているところに駆けつけてコメントを加えたり，通勤に自転車を愛用し，"バイク（自転車）乗りのボリス"をテレビに配信し，常に市民に顔が映るよう配慮している。

　また，ジョンソンは『デイリー・テレグラフ』紙に定期的に政治分析を寄稿するコラムを持っており，ジャーナリストとしてオピニオン・リーダーの一角も担っている。2009年6月4日の欧州議会選挙とUK地方選挙の結果は労働党にとっては悲劇的な敗北であった。どちらの選挙でも労働党は第3政党の地位に落ち込んだ。しかしもっと悲劇的だったのは，この大敗北の前後にメルトダウンと表現できるような，閣僚級の相次ぐ辞職であった。この時，労働党内にブラウン首相の辞職を迫る機運があったのに，何も起こらなかったのを見て，ボリス・ジョンソンは6月8日に筆を執り，「もし労働党の無能さの決定的証明がほしいなら，今がそのときである。彼らは，敗北責任者の政治的暗殺すら組織できなかった[12]。」と評した。同日，記者に取り囲まれたキャメロンがテレビ報道者に応えて，「昨夜内閣の閣僚たちは，ゴードン・ブラウン首相に辞職を迫ろうとしたが，結局反乱を組織する力もなかった。」と語っていたが，ジョンソンやキャメロンは政治家であると同時に，辛らつな政治批評家でもあった。

　第2に，ジョンソン市長は，キャメロンが首相に就任したら緊縮財政の実現をはかり，経済の健全化を目指すことを知りつつ，ロンドンにおける建設・土木事業の拡大路線を突っ走っている。保守党の指導者と，ロンドン市長は何点かで政策的に衝突を余儀なくされている。一つには，2012年にロンドンで開催されるオリンピックに向けての準備で，現在，ロンドン東方のストラッドフォード周辺が大規模に再開発されつつある。これは，しかし，どの政党が政府を形成しても実行しなくてはならない再開発と言える。開発は不可避

---

12) このコラムでボリス・ジョンソンは，ゴードン・ブラウン首相が次期選挙まで首相の座に居座って，労働党を根絶やしにしてしまうつもりらしいのに，労働党の政治家はその流れを変えることができないと揶揄している。*The Daily Telegraph*, June 8, 2009.

との条件で，実際にどのような開発をするのかという各論が問題となるであろう。第二点目として，この事業と関連して，ヒースロー空港からストラットフォードまで，直通の列車を走らせる計画があるが，これも巨大な支出を予定しなくてはならない。キャメロンは，インタビューに答えて，ロンドン市長に直接指図することはない，市長は完全なフリーハンドを持っていると明言しているけれども[13]，一国の首相になったら，ロンドン市の方向が国家の方針と衝突する場合にどのような采配が可能か注目する必要がある[14]。

第3節　2010年代のイギリス政治

　ブラウン首相の失策は数多い。なかでも総選挙のタイミングは首相として最重要な課題に属するが，その時機を失した感がある。2007年7月の政権を受け継いだ直後には，お祝儀株のように世論の支持が上昇したが，それは9月までで，10月に保守党支持は労働党を上回り，(9月保守党32%，労働党43%，10月保守党41%，労働党38%) その後，繰り返し行われた世論調査で，労働党が逆転することは一度たりともなかった[15]。10月の世論調査による政党支持の逆転現象は，確かに一つの留意すべきできごとであった。ブラウン首相は，この世論調査の結果を見て総選挙の延期を決定した。しかし，このことが決定的に首相の評判を落とした。その後，通常なら議会の任期5年を1年前倒しして2009年5月に総選挙となるところをそれもできなくなった。作戦としては，早期に引退して，若い世代のデイヴィド・ミリバンド (David Miliband) 外相や人当たりのいいアラン・ジョンソン (Alan Johnson) 内相を党首にたてて戦う方法があった。しかし，総選挙を2010年に行うなら，疑いなく，自分で最期まで指揮を取るほかない。これは悲劇的敗北の路線といえる。さらに，2009年6月の時点で，閣僚が相次いで辞任し，欧州議会と地方議会の選挙で

---

13) Jones, op. cit., p. 307.
14) 2015年12月の時点で，ヒースロー空港からロンドン中心部のパディントン駅をつなぐHeathrow Expressのような直行便は，ヒースロー空港とロンドン市東部のストラットフォード駅の間には完成していない。
15) *The Sunday Telegraph*, June 7, 2009.

大敗北を喫したブラウン首相は，内閣総辞職を選ばず内閣改造を行った。どうやら，この最悪の路線を採択する決意を固めたように思われる。

　保守党は，21世紀になってから急激に世代交代が進み，現在の党首キャメロンは2009年8月の時点で若干42歳である。40代から50代の若い世代が保守党の近い将来を担うことになる。キャメロンを取り巻く有能な若い世代のジョージ・オズボーン，スティーブ・ヒルトン（Steve Hilton），マイケル・ゴヴ（Michael Gove），オリバー・ルトウィン（Oliver Letwin），アンドリュー・フェルドマン（Andrew Feldman），エド・ベイズィー（Ed Vaizey）に加えて，一世代前のマイケル・ポーティリョ（Michael Portillo），ウィリアム・ヘイグらがその中心的アクターとなるであろう。なかでも，現党首デイヴィド・キャメロンとロンドン市長ボリス・ジョンソンは，保守党内の2つの極になる可能性が高い。

　キャメロンとジョンソンは，イートン校からオックスフォード大学で同じ時期に学んだことが共通点であり，そのほか強烈なサッチャリズムの時代に政治活動を始めたがゆえにサッチャリズムが出発点になっていることも共通点としてあげてよい。しかし，そのほかの多くの面ではきわめて対照的な政治家といえる。

　キャメロンのもっとも顕著な人格的特色はオールラウンドプレヤーという点であろう。知的な訓練も受け，スポーツもたしなみ，社交も慣れている。人当たりがよく，取り巻きの言うことをよく聞く一方，自らも政策チームに属して演説草稿作りや政策形成の仕事に従事した体験を持つ。カールトンクラブ時代に，経営にタッチし，またメディアとの付き合いにも精通し，自らクラブの広報担当として刊行物やテレビの番組作りにも取り組んだ。長男は障害を負って生まれ，2009年2月に短い生涯を閉じたものの，残った2人の子供と有能な妻サマンサとともに円満な家庭を築き，政府与党としての出番を待っている。

　政治信条と政策に関していえば，キャメロンは内的なジレンマを抱えている。パブリックスクールの予備校時代から，学校でも家庭でも彼はノブレス・オブリージュ（指導者の責務）の観念を叩き込まれる一方，職業として始めた

保守党政策研究所では自助の理念に立脚する自由市場主義の洗礼を受けた。この信条の対立は，政策面では，NHS の充実にはじまる福祉の充実を推進するか，個人の自由の理念に基づく小さな政府を目標にするかという大きな分岐となる。キャメロンの党首就任以後の演説を聞く限りでは，彼は"一つの国民保守主義"というトーリー主義の伝統に立ち返り，その原則を自由主義的保守主義，あるいは思いやり保守主義と名づけ，個人主義的自由主義の裏面で進んできた＜なんでもあり＞，＜何をしても自由＞といった社会モラルの荒廃を止め，NHS の充実など労働党のお株を奪うような政策を展開しようとしているようである。

　実際にはサッチャリズム以来の自由主義経済の原則を変えることはきわめて困難であるばかりでなく，キャメロン自身，そこまでは考えていないであろう。これまでの保守党よりは社会政策にも力を入れるとの意思表明と受け取るのが自然と思われる。現実問題として，ある新聞の調査によると，保守党の平議員の三分の二は党首の NHS 政策に反対し，支出の拡大を防ぐべきと主張しているという[16]。

　キャメロンはイデオロギーに束縛されるタイプではなく，現在主張している福祉政策も，状況が変化すればどうなるかわからないものであろう。キャメロンを便宜主義者だとか風見鶏だと批判する声も聞かれるけれども，彼には鋭く響かないであろう。元来，政策は柔軟であるべきと彼は考えているからである。

　キャメロンがよりどころとするものは何か。失ってはならないと考えるものは何か。おそらくそれは，長い歴史に培われてきたトーリー主義の伝統であろうと考えられるが，この伝統の上にどれだけ確固とした基礎を築き，どのように状況に応じた政策を展開できるかは今後の推移を持つほかない。

　一方，ボリス・ジョンソンは，既述したように，円満とは程遠い性格の人物であり，彼の強みは，第一に誰に遠慮することもなく，自分の考えを思い

---

[16] 保守党の多数の議員は，NHS ではなく，民営の医療機関がより大きな役割を果たすことを望んでいる。調査を受けた議員の三分の二は，現在のあり方では NHS を続けることはできないと答えた。*The Sunday Times*, August 23, 2009.

通りに表現できる点と思われる。言葉だけでなく，行動の上でも彼は常に個人の自由に基づいて行動してきた。イートン校の伝統もオックスフォード大学の慣習も彼を思いとどまらせることはなかった。保守党の党首マイケル・ハワードといえども，ジョンソンの行動に歯止めをかけることはできなかった。現在の党首キャメロンはジョンソンのこういう性格を熟知しているがゆえに，首相になってもロンドン市長ジョンソンに指図することはないと断言している。とりわけ，私生活面でのスキャンダルに対して，政治と情事は別物と主張するジョンソンに制裁を加えることはなさそうである。

想い詰めた相手と結婚し，数年で別れ，結婚中に付き合い始めた女性と再婚し，婚外の女性を妊娠させ，もつれた話が清算されるとたちまち別の不倫事件を引き起こす——やりたい放題の人生に見えるが，懲りないジョンソンという前に，かの経済理論家ハイエクがイギリス人のイギリス人たるゆえんについて語っていることも参考になる。

「イギリス人の強さ，性格，達成力は，おおむねその自発性の開発の結果である[17]。」

ジョンソンは，私生活への他人の容喙を峻拒している。その一方で，政治家として政策実行の実績を重視し，自ら先頭に立ってロンドン市行政の指揮を取り，常に市民から顔の見える市長，政策のわかる行政になるよう努めている。しかし，選挙民の潔癖好みの傾向が前面に出る場合，あるいは，ジョンソン自身の協調性の欠如という性格が強調される場面から考えて，おそらく彼は現代の保守党の指導者として選ばれないであろうが，にもかかわらず，最も自発性を重んじ，生きたいように生きる中で能力を発揮する点で，実は最もイギリス人らしい性質を示しているのがジョンソンともいえる。キャメロンが反面教師としてジョンソンに敬意を払い，良好な関係を結び続けるならば，自由主義経済を奉じつつ，労働党よりも手堅く社会政策を実行しようとする保守党が2010年代のイギリスを牛耳ることは十分予想できる。

---

17) Cited in Gimson, op. cit., p. 262.

おわりに

　保守党が政権を掌握したら、キャメロンの描くイギリスは実現できるであろうか。彼の説く"壊れた社会の修復"は書生の理想主義に近いものがあるように思われるけれども、何らかの形でトーリー主義の伝統の復活を意識していることは間違いない。実際には労働党がやろうとしてできなかったこと、たとえば経済の大不況からの回復を、保守党が実現できるかが問われる。保守党の政策の適否に関わらず、保守党政権下で経済の不況脱出ができたなら、保守党は長期政権になるであろう。逆に党首が若く、エネルギーにあふれていても、メイジャー時代のようにスキャンダル続きで議員の辞職が相継げば、長期政権は困難になろう。

　わが国においても、保守主義は富めるものに有利で、現状維持を目指すものというステレオタイプはそろそろ反故にして、自然な発想に立ち返るべきではなかろうか。そうすれば、問題に遭遇した時に、過去を回顧しながら、歴史に学び、歴史から知恵を抽出しようとするのが保守主義的方法であり、新しい時代に適応して改革を受容しつつ、よきものを守ろうとする主義信条が保守主義に結実し、未来を見据えて、現在の悪しきものを断ち切って改革しようとする主義信条が革新主義であるという自然な考え方に至り、どちらの方向もありうることが理解できるであろう。キャメロンが、サッチャリズムの残滓とブレアの残した課題との複合的な問題と見る不況と社会的無責任に対して、イギリスのよきものを残しつつ、どのように新時代を切り拓こうとしているかは予測できない。しかしながら、ボリス・ジョンソンのようなサッチャライトの人物がロンドン市長に座り、キャメロンが労働党の政策を取り込んだような政策を打ち出し、保守党は依然として複合的政策集団として新時代を生き抜いていくのではなかろうか。

【主な参考文献】（邦語の文献は割愛する）

P. A. Adelman, *Peel and the Conservative Party 1830-1850*, London, 1989.
Bruce Arnold, *Margaret Thatcher : A Study in Power*, London, 1984.
Paul Arthur, 'The Anglo-Irish Agreement : a device for territorial management?,' eds. Dermot Keogh & Stuart Ball, *Winston Churchill*, New York, 2003.
Kenneth Baker, *The Turbulent Years : My Life in Politics*, London, 1993.
Patrick Bishop & Eamonn Malie, *The Provisional IRA*, London, 1987.
Robert Blake, *Disraeli*, London, 1966.
Robert Blake, *The Conservative Party from Peel to Thatcher*, London, 1985.
Robert Blake, *The Conservative Party from Peel to Major*, London, 1997.
Ed. Peter G. Boyle, *The Churchill-Eisenhower Correspondence 1953-1955*, NC, U.S.A. 1990.
Kevin Boyle and Tom Hadden, *Northern Ireland : The Choice*, London, 1994.
Ed. by Phillip Brown and Richard Sparkes, *Beyond Thatcherism : Social Policy, Politics, and Society*, Milton Keynes, U.K., 1989.
Edmund Burke, *Reflections on the Revolution in France*, London, 1790.
Richard Austin Butler, *The Art of the Possible : The Memoirs of Lord Butler*, London, 1971.
Peter Byrd, *British Foreign Policy under Thatcher*, London 1988.
Ed. Peter Catterall, *The Macmillan Diaries: The Cabinet Years 1950-1957*, London, 2003.
James Callaghan, *The Times Educational Supplement, 1976*.
David Cameron & Dylan Lones, *Cameron on Cameron*, London, 2008.
Hugh Cecil, *Conservatism*, London, 1912.
Clyde Chitty, *Towards a New Education System : The Victory of the New Right?*, London, 1989.
Winston Churchill, *Lord Randolph Churchill*, London, 1905
Winston Churchill, *My Early Life*, Thornton Butterworth, Open Library, 1930.
G. Kitson Clark, *Peel and the Conservative Party : A Study in politics 1832-1841*, London, 1929.
John Colville, *The Fringes of Power : Downing Street Diaries 1939-1955*, London, 1985.
Conservative Research Department, *The Campaign Guide 1977*, London, 1977.
Tim Pat Coogan, *The Troubles—Ireland's Ordeal 1966-1995 and the Search for Peace*, London, 1995.
Alistair B. Cooke, *The Revival of Britain : Speeches on Home and European Affairs 1975-1999*, London, 1989.
Tam Dalyell, *Thatcher : Patterns of Deceit*, London, 1986.
Tam Dalyell, *Thatcher's Torpedo*, London, 1983.
Tam Delyell, *One Man's Falklands---*, London, 1982.

Mary Dicken, *Disrali*, London, 2004.
Benjamin Disraeli, Vindication of the English Constitution, 1835, ed. by William Hutcheon, *Whigs and Whiggism：Political Writings*, London, 1913.
Benjamin Disraeli, *Coningsby or the New Generation*, London, 1844
Benjamin Disraeli, *Sybil or the Two Nations*, London, 1845.
Ed. by David C. Douglas, *English Historical Documents*, Vol. IX, London, 1956.
Anthony Eden, *The Memoirs of Sir Anthony Eden：Full Circus*, London, 1960.
Dwight D. Eisenhower, *The White House Years：Mandate for Change 1953-1956*, New York, 1963.
Francis Elliot & James Hanning, *Cameron：The Rise of New Conservative*, London, 2009.
Eric J. Evans, *Sir Robert Peel：Statesmanship, Power and Party*, London, 1991.
Garret Fitzgerald, 'Origins and Rationale of 1985 Agreement,' eds. Keogh & Haltzel, op.cit.
Ed. by Michael Flude & Merril Hammer, *The Education Reform Act 1988：Its Origins and Implication*, London, 1990.
R. E. Foster, *Lord Randolph Churchill*, Oxford, 1981.
Norman Fowler, *Ministers Decide*, London, 1991.
The Franks Committee, *The Franks Report* (The Falkland Islands Review), London, 1983.
Lawrence Freedman, *Britain & Falklands War*, London, 1988.
Lawrence Freedman, 'The Falklands Factor,' *Contemporary Record*, Vol. 1, No. 3, London, 1987.
Milton & Rose Freedman, *Free to Choose*, New York, 1980.
Frank Gaffikin and Mike Morrissey, *Northern Ireland：The Thatcher Years*, London, 1990.
Ed. by Norman Gash, *The Age of Peel*, London, 1968.
Ian Gilmour, *Inside Right：A Study of Conservatism*, London, 1977.
Martin Gilbert, *Churchill：A Life*, NH, U.S.A., 1991.
Martin Gilbert, *Churchill and America*, New York, 2005.
Ian Gilmour, *Dancing with Dogma*, London, 1992.
Andrew Gimson, *Boris：The Rise of Boris Johnson*, London, 2006.
Graham Goodlad, *Peel*, London, 2005.
Michael H. Haltzel, *Northern Ireland*, Cambridge, 1993.
Friedrich von Hayek, *The Road to Serfdom*, London 1944.
Lord Hailsham, *A Sparrow's Flight*, London, 1990.
F. J. C. Hearnshaw, *Conservatism in England*, London, 1933.
Eric Hobsbawm, 'Falklands Fallout', eds. Stuart Hall & Martin Jacques, *The Politics of Thatcherism*, London, 1983.
Martin Holmes, *The First Thatcher Government 1979-1983*, london, 1985.
Chris Horrie & David Matthews, *True Blue*, London, 2009.

Samuel P. Huntington, Conservatism as an Ideology, *The American Political Science Review*, Charleston, SC, 1957.
Douglas Hurd, *Robert Peel : A Biography*, London, 2007.
Bernard Ingham, *Kill the Messenger*, London, 1991.
Ed. Robert Rhodes James, *Churchill Speaks : Winston S. Churchill in Peace and War, Collected Speeches 1897-1963*, New York, 1980.
Robert R. James, *Anthony Eden*, London, 1986.
Roy Jenkins, *Churchill*, London, 2001.
Bob Jessop, Kevin Bonnet, Simon Bromley and Tom Ling, *Thatcherism*, Cambridge, 1988.
Boris Johnson, *Lend me your ears*, London, 2004.
Boris Johnson, *Seventy Two Virgins*, London, 2004.
Boris Johnson, *The Dream of Rome*, London, 2006.
Dennis Kavanagh and Anthony Seldom, *The Major Effect*, London, 1994.
Dennis Kavanagh and Anthony Seldom, *The Blair Effect 2001-2005*, Cambridge, 2005.
Dennis Kavanagh, *Consensus Politics from Attlee to Thatcher*, London, 1989.
Dennis Kavanagh, *Thatcherism and British Politics : The End of Consensus?*, Oxford, 1990.
Dennis Kavanagh, *The Reordering of British Politics : Politics After Thatcher*, Oxford, 1997.
Dennis Kavanagh and David Butler, *The British general Election of 2005*, London, 2005.
Dennis Kavanagh and Philip Cowley, *The British general Election of 2010*, London, 2010.
Dennis Kavanagh and Philip Cowley, *The British general Election of 2015*, London, 2015
Russell Kirk, *Conservative Mind : From Burke to Santayana*,Washington, DC, 1953.
Ed. Warren Kimball, *Roosevelt and Churchill : The Complete Correspondence*, 3 vols, Princeton, NJ, U.S.A.,1984
Paul Knaplund, *The British Empire 1815-1939*, New York, 1969.
Ed. Richard M. Langworth, *Churchill by Himself : The Life, Times and Opinions of Winston Churchill in his Own Words*, New York, 2008.
Nigel Lawson, *The View from No. 11*, London 1992.
Ed. by Simon Lee and Matt Beach, *The Conservatives under David Cameron : Built to Last?*, London, 2009.
Shirley Robin Letwin, *The Anatomy of Thatcherism*, London, 1992.
Walter Little, 'Anglo-Argentine Relations and the Management of the Falklands Question' in Peter Byrd, *British Foreign Policy under Thatcher*, op.cit.
F. S. L. Lyons, *Ireland Since the Famine*, London, 1971
Karl Mannheim, *Archiv für Sozialwissenshaft und Sozialpolitik*, 1927.

Malcolm McVicar, 'Education Policy : Education as a Business?,' ed.by Stephen P. Savage and Lynton Robins, *Public Policy under Thatcher*, London, 1990.
Martin Middlebrook, *Task Force : The Falklands War*, London, 1985.
W. F. Monypenny and G. E. Buckle, *The Life of Benjamin Disraeli Earl of Beaconsfield*, London, 1929.
Kenneth Morgan, *Britain Since 1945 : The People's Peace*, Oxford, 1990.
Philip Norton, '"The Lady's not for Turning" But What about the Rest?,' *Parliamentary Affairs*, Vol. 43, 1990.
Arwel Ellis Owen, *The Anglo-Irish Agreement: The First Three Years*, Cardiff, U.K., 1994.
Malcolm Pearce & Geofrey Stewart, *British Political History 1867-2001 : Democracy and Decline*, London, 1992.
Robert Peel, *The Speeches of the Late Right Hourable Sir Robert Peel*, London, 1853.
Robert Peel, ed. by Lord Mahon and Edward Cardwell, *Memoirs of Sir Robert peel*, London, 1856-57.
Francis Pym, *The Politics of Consent*, London, 1984.
Clinton Rossiter, *Conservatism in America*, New York, 1955.
Martin Rogers, *Opting OUT : Choice and the future of Schools*, London, 1992
David Sanders, *Losing an Empire, Finding a Role : British Foreign Policy since 1945*, London, 1990.
David Sanders, Hugh Ward and David Marsh, 'Government Popularity and the Falklands War,' *British Journal of Political Science*, Vol. 17, No. 2, London, 1987.
Ed. by Anthony Seldon, *Blair's Britain 1997-2007*, Cambridge, 2007.
Robert Stuart, *The Foundation of the Conservative Party 1830-1867*, London, 1978.
A. J. P. Taylor, *English History 1914-1945*, London, 1965.
Margaret Thatcher, *The Revival of Britain : Speeches of Home and European Affairs 1975-1988*, London, 1989.
Margaret Thatcher, *The Downing Street Years*, 1993.
Margaret Thatcher, *The Path to Power*, London, 1995.
Andrew Thompson, *Margaret Thatcher*, london, 1989.
Mike Tomlinson, 'Can Britain leave Ireland?', ed. Bill Rolston, *Ireland : New Beginning?*, Nottingham, U.K., 1995.
Harry Truman, *The Truman Memoirs*, 2 vols., London, 1955, 1956.
Peter Viereck, *Conservatism Revisited : The Revolt Against Ideology*, New Jersey, 1949.
Peter Viereck, *Conservatism : From John Adams to Churchill*, Van Nostrand, U.S.A., 1956.
John K. Walton, *Disraeli*, London, 1990.
Stanley Weintraub, *Disraeli : A Biography*, London, 1993.
Sabin Wichert, *Northern Ireland Since 1945*, London, 1991.
Neville Williams, *Chronology of the Modern World 1763-1965*, Middlesex, U.K.,

1966.
Sandy Woodward, *One Hundred Days*, London,1989.
Sir Llewellyn Woodward, *The Age of Reform 1815-1870*, Oxford, 1938, second ed. 1962.
Hugo Young, *One of Us*, London, 1989.

あとがき

　本書は，愛媛大学に 30 余年の長きにわたり奉職している間に，筆者が折に触れ書き溜めたイギリス保守主義に関する研究を集めたものである。願わくは，イギリス保守主義研究に一石を投じる研究を成し遂げたかったのであるが，御覧の通りの研究対象に関する断章に過ぎないものとなってしまった。研究序説というのも気が引けるが，対象に向かって体系的な研究を志していることは今もこれからも変わらないので，タイトルはイギリス保守主義研究のままにしておいた。

　大学を定年退職してはっきり分かったことは，今日の大学の研究者は，研究と教育という本来の仕事に加えて，自己評価やシラバス作成などの事務仕事，委員会や教授会などの学内行政，果てはボランティア活動などの地域社会貢献等の使命を帯びて，すべてをやり切るのは相当な能力でないと務まらないということである。結局，筆者の場合，しわ寄せはもっぱら研究の遅れという形に集約した。人生は，長いようで短いものと痛感する昨今である。

　とはいうものの，実は退職して多大な時間を与えられ，本当の研究はこれからできるのだということも，喜びとともに悟った次第である。今後，体力と知力の続く限り，自分で満足できるまで研究を深めたいと念願している。

　政治学を研究したいと志した学部生のころ，漫然と政治の本質とは何なのか迷っていた。政治とは，つまるところ，権力者の意思の行使だけなのか，税から得られる利権の分配の技術なのか，それとも，社会に正義を行うものなのか，実践と研究の相違は何なのか等，とりとめのない思考で，研究の対象がはっきり像を結んでいなかった。筆者の漠たる考えを知った京都大学の恩師勝田吉太郎先生からイギリス保守主義の研究がおもしろいのではないかと示唆を受けたが，浅学の当時，筆者は保守主義とは，支配者や利権享受者の現体制擁護の理論と理解していたため，イギリス保守主義についても何も深く研究したことがなかった。エドマンド・バークの『フランス革命の省察』すらも読んでいない状態で，本当のところ，イギリス保守主義がなぜ重要な

示唆に富んでいるのか皆目見当がつかなかった。上述したように保守主義とは既得権益を守ろうとする体制派の弁解哲学と心得ていたため，真剣な関心を持てなかったのだけれども，研究を始めてみると，イギリス保守主義がただ単に支配者の哲学であるなら，大衆民主主義時代の到来とともに打倒されていたはずであり，実際には，国家社会を形成する底辺の部分にも共鳴されうる何かを包含していたがゆえに，イギリス保守主義はその政治的生命を永らえることができたのだということを知った。

　政治学の研究が進むとともに，自分の漫然たる政治哲学上の問題関心もくっきりと見えてきた。それは，言ってみれば中国の尭舜の時代，農民たちが自分たちの生活の安寧に満足しつつ，為政者に協力する庶民保守主義のようなものに近いと言える。政治哲学上では，プラトンの哲人王の理念も近かったのかもしれない。あるいは現実的には，国家の指導者が国民の福利厚生を願い，国家百年の平和を求める一方で，国民は自己規範を守り，生活の中に残すべき伝統や価値を生み出す世の中こそが，求めるべき政治学の対象なのではないかという思いが募るようになった。現実の政治は尭舜の時代と真逆に，指導者はいかに福祉予算を削減するかに腐心し，国民大衆は個人的事故まで行政の責任として脛かじり的に政府を追及し，補償を求める。王政の場合，ここに避けがたい緊張がみられるものであるが，民主主義時代にあっては，政府とは国民が国民の中から選んだ国民の代表であるから，政府が責任を逃れようとし，国民が責任を追及しようとする構図は，結局，その国民の自己統治能力の限界を示していると言える。政治家を悪口雑言する国民は，そのような政治家を選んでいるのは自分たちであり，民主政治は，結局，国民の政治的成熟度に見合う形でしか展開できないと知るべきであろう。

　イギリスにおいて近代保守主義が政治生命を保っている理由は，イギリス国民が現代のイギリス保守主義の中に国家体制の安定発展とともに，労働者大衆も恩恵を期待しているからであり，自らの思考にも，国家体制を形成するものの中に何らかの価値を見出し，それを守りたいと願う心理があったか

らであろう。一般的に言って、人には悪しきものを改革したいと望む傾向と、価値あるものを大切に守りたいと思う傾向が共存している。前者を政治の世界で強調すれば、革新思想となり、後者を前面に出そうとすれば、保守主義的思想に結実する。イギリスで保守党がいかにして国民の保守主義的傾向を掬い上げたのかは、その理論と実践ともに、大いに関心をそそるテーマとなった。

日本においてもイギリス保守主義の理論と実践は参考になるものと思われる。"保守的な思想"といえば、現体制を正当化する議論とされるのが常のわが国では、ディズレーリの説くトーリー主義のような貴族と労働者の同盟は、文字通りなら荒唐無稽であるし、意をくんで、指導者と一般大衆の協力という観点から理解しようとしても、実現は容易なことではない。

しかし、イギリス保守主義を学ぶ中で、筆者の心のなかには、支配者の自己弁護哲学ではない、トーリー主義の日本版のようなものが可能ではないかという考えが芽生えた。仮にこれを「周辺保守主義」と表現するならば、この「周辺保守主義」は次のようにあらあら定義づけられる。それは、現体制の変革を否定するものでは決してなく、現体制の中に守るべき価値を見だしてそれを擁護しようとする主義であり、その担い手は必ずしも支配階級ではなく、国民大衆である。仏教界でも、「本覚思想」が説かれた時、現象面と本質面の二面性を超えて本来ある一なるものを悟ろうとする深い哲理が、結局、多くの人が現状をそのまま認める現実追随主義に堕していったという過去の歴史があるけれども[1]、現実追随主義は隷属の哲学であって、大衆が主役となろうとする民主主義の時代では、とても受け入れられない思想であろう。

「周辺保守主義」は、生活者が日常生活の変革を何となく拒むような、いわ

---

1) 例えば、中村元、福永光司、田村芳朗、今野達、『仏教辞典』、岩波書店、1989年、745-746ページ参照。本覚思想は日本天台を中心に説かれた深い理念であったが、空海が現状をそのまま受容する契機を教えに取り込んでいた。やがて多くの人々によって迷いの凡夫がそのままで肯定されるに至り、深い仏教哲理は定着しなかったとある。

ば生活保守主義と呼びうる思考とも明らかに異なる。惰性あるいは慣性の法則は，国民の生活の中にも当然作用していると考えられ，したがって，大なり小なりただ変革を基本的に嫌うという傾向が多くの人に見られても不思議ではない。しかし，そのような思想の持主は物言わぬ羊の群れであって，為政者にとってくみしやすく，喜んで受容されそうである。変革の機運を持たない生活保守主義者は，現体制に隷属したり，現体制を積極的に受け入れたりはしないものの，結局は現体制に追随するのであり，そうした人々が新しい時代を切り開く社会的エネルギーを生み出すことは極めてまれであろう。

一方で，「周辺保守主義」にあっては，変革を受容するといっても，過去から現在まで存在してきた国家体制を大切に保護したうえでの話となる。理想の国家体制を真っ白なキャンバス上に自由に描くような手法は「周辺保守主義者」から最も遠いアプローチである。現存する価値，あるいは国家体制や安定的秩序を大切にし，周辺あるいは底辺から変革と保守のバランスを維持しようとする考え方である。「周辺保守主義」はまだ見ぬ理念の段階である。だが，上に立つ政治指導者が，「周辺保守主義」の認識と育成に努めるならば，"失われた十年" とも "失われた二十年" とも言われる我が国の政治の漂流に，終止符を打つことができるようになるかもしれない。

本書を上梓するにあたり，諸方面の方々のお世話なった。まず当然のこととして，諸先生や学兄に学恩をこうむっていることに感謝申し上げたい。「蒼蠅驥尾に付す」ように，遅々たる歩みで研究を進めてきたが，これからも，亀のごとく蝸牛のごとく歩みを止めないで行くつもりである。

愛媛大学法学会からは，叢書に加えていただき，出版の補助をしていただいた。ここに心より，御礼申し上げる。

出版に当たっては，成文堂の飯村晃弘氏にただならぬご面倒をおかけしてしまった。これはひとえに，筆者ののろい仕事ぶりに起因するものであり，心よりお詫びするとともに，感謝申し上げたい。

最後に，退職も間近に迫った折に胃がんを発症し，手術，退職，出版準備

とあわただしい日々を送る筆者を，黙々と支えてくれた妻恭子に，本書をささやかな贈り物として捧げたい。

著者紹介

戸澤健次（とざわけんじ）

略　歴
1949 年　愛知県に生まれる
1974 年　京都大学法学部卒業
1978 年　京都大学大学院法学研究科博士課程退学
1978 年　愛媛大学法文学部助手
1988 年　愛媛大学法文学部教授
2015 年　愛媛大学法文学部定年退職

主要著書
『啓蒙思想の展開』［共著］（成文堂・1984）
『現代政治を解読する』［共著］（ミネルヴァ書房・1990）
『現代民主主義と歴史意識』［共著］（ミネルヴァ書房・1991）
『現代社会の諸相』［共著］（晃洋書房・1992）
『アメリカがわかるアメリカ文化の構図』［共著］（松柏社・1996）
『サッチャーの遺産』［共著］（晃洋書房・2001）
『アメリカ帝国と多文化社会のあいだ』［共著］（開文社出版・2004）
『ブレアのイラク戦争』［共著］（朝日新聞社・2004）
『現代イギリス政治』［共著］（成文堂・2006）
『インド世界を読む』［共著］（創成社・2006）
『イギリス現代政治史』［共著］（ミネルヴァ書房・2010）
『保守主義とは何か』［共著］（ナカニシヤ出版・2010）
『激動するアジアを往く――中国リスクの分散を求めて』［共著］
　（桜美林大学東北アジア総合研究所）
『The British Commonwealth and the Allied Occupation of Japan, 1945-1852』［共著］
　（Global Oriental・2013）
『現代イギリス政治［第2版］』［共著］（成文堂・2014）

愛媛大学法学会叢書 18
イギリス保守主義研究

2016 年 3 月 20 日　初版第 1 刷発行

著　者　戸　澤　健　次
編　者　愛媛大学法学会
　　　　理事長　小　川　竹　一
発行者　阿　部　成　一

〒162-0041　東京都新宿区早稲田鶴巻町514番地
発行所　株式会社　成　文　堂
電話03(3203)9201代　Fax03(3203)9206
http://www.seibundoh.co.jp

製版・印刷　三報社印刷　　　製本　弘伸製本
☆落丁・乱丁本はお取り替えいたします☆　検印省略
© 2016 K. Tozawa Printed in Japan
ISBN 978-4-7923-3343-0 C3031
定価(本体 4000 円＋税)

愛媛大学法学会叢書

1 抗日民族解放戦争序説
　　　　　　藤井高美著　　　　2800 円
2 空商法論
　　　　　　野上鉄夫著　　　　3200 円
3 アメリカ憲法と司法審査基準の研究
　　　　　　土居靖美著　　　　2700 円
4 憲法と政教分離
　　　　　　百地　章著　　　　4175 円
5 近代日本の労働法と国家
　　　　　　矢野達雄著　　　　5825 円
6 家族法論集
　　　　　　高松　靖著　　　　8500 円
7 労働契約解消法の諸相
　　　　　　木村五郎著　　　　4200 円
8 現代日本の都市計画
　　　　　　北原鉄也著　　　　4500 円
9 独占及び取引制限規制の研究
　　　　　　鈴木加人著　　　　5000 円
10 婚姻成立過程の研究
　　　　　　宮崎幹朗著　　　　3700 円
11 フランス旧制度の司法
　　　　　　鈴木教司著　　　　5600 円
12 中世君主制から近代国家理性へ
　　　　　　南　允彦著　　　　5300 円
13 不法行為準拠法と実質法の役割
　　　　　　不破　茂著　　　　5300 円
14 墓地法の研究
　　　　　　竹内康博著　　　　5000 円
15 基地イワクニの行政法問題
　　　　　　本田博利著　　　　6000 円
16 不法行為責任概念の形成
　　　　　　西村隆誉志著　　　5400 円
17 刑事制度の周縁
　　　　　　松原英世著　　　　4500 円
18 イギリス保守主義研究
　　　　　　戸澤健次著　　　　4000 円

1～3 嵯峨野書院，4 以降成文堂扱　　（本体価格）